本书受国家社会科学基金重点项目资助出版

我国区域产品质量影响因素分析及监管对策研究

Woguo Quyu Chanpin Zhiliang Yingxiang Yinsu
Fenxi Ji Jianguan Duice Yanjiu

于　涛　朱立龙　刘长玉　著

人民出版社

序

  产品质量是生产加工出来的，不是检验出来的！产品质量出问题是企业内部出了问题，而不是被市场发现的问题，也不是被监管查出的问题。因此可以说，产品质量的高低取决于生产加工水平的高低，产品质量问题取决于企业内部管理（控制）的高低。可问题是企业为什么生产加工不出高质量的产品，为什么会有如此之多的假冒伪劣产品充斥市场，扰乱市场，误国害民。究其原因不外有三：一是能力所致（由技术水平决定）；二是故意为之（能赚则赚，不计后果，铤而走险）；三是意识不到位（遵规守法观念淡薄）。

  纵观几十年质量管理活动的进展，在增强企业质量意识，提高企业核心竞争力方面都取得了长足进步，甚至是举世瞩目。但不可忽视的是上述现象依然存在，在某些领域（区域）甚至是在愈演愈烈。

  如何应对如此不良现象，仅靠企业自律，仅靠社会舆论监督，已非解决问题之良策。因此，加强政府监管，采取依法监管、科学监管、诚信监管应是遏制这种不良现象的有效手段。基于这种认知，笔者在从事企业质量管理研究多年的基础上，置身于企业之外，从"区域质量"的视角，从政府监管的角度，探究一下如何提高我国的产品质量水平，如何解决日益增加的困扰我国消费者生活、影响我国经济发展的质量问题，是我们的出发点。

  近年来，我国各种产品质量问题层出不穷，且具有典型的区域（或行业）特征（如"三聚氰胺"事件、"皮革奶"事件、"瘦肉精"事件、

"地沟油"事件、"毒馒头"事件等），已引起全社会对于区域产品质量问题的高度重视，这些问题不仅反映了生产企业在产品质量方面存在唯利是图和道德缺失等问题，还揭示出政府监管部门存在严重的质量监管不力等弊端……因此，加强我国区域产品质量问题整治，遏制区域产品质量违法行为、提升区域产品质量水平、保障消费者应有权益，推动区域经济健康持续发展，促进我国产品质量总体水平的提升，提高我国企业的国际竞争力，已成为当前政府监管部门、商界与学界的热点关注领域。

实际上，我国区域产品质量的总体状况是在现有制度、机制下，效率与效益、投入与收益、攫利权益、违法与诚信等多重矛盾间相互博弈而达到均衡的结果。紧密联系我国区域产品质量现状，选取质量竞争力指数（Quality Competition Index，QCI）和顾客满意度指数（Customer Satisfaction Index，CSI）作为重要指标，客观分析、识别影响我国区域产品质量的因素，探究区域产品质量形成机理，构建区域产品质量影响因素指标体系，探索政府、企业、消费者、第三方检测机构等博弈主体之间行为策略，从政府、企业、第三方检测机构、消费者、新闻媒体及社会公众诸多层面，寻求提升区域产品质量的路径及应采取的有效监管对策具有重要的现实意义。

围绕上述问题，本书的主要内容有：

第一，密切联系我国产品质量现状，从产品质量重要性和监管必要性两个方面，阐述了我国区域产品质量研究的背景、现实价值和理论意义，进一步确立了研究思路、研究内容、技术路线及研究方法。在此基础上，主要从区域产品质量相关理论、区域产品质量影响因素及政府监管策略等方面，对比分析国内外质量现状和监管制度，围绕产品质量监管的区域特征，运用定性、定量相结合的分析方法，对政府、企业、第三方、消费者等多方利益相关者之间博弈的内在机理进行了探索。

研究从产品质量的区域特性入手，在行政区域、行业区域和产品区域等划分方式的基础上，采用二分网络用以界定产品质量的不同区域特性，运用 Newman 快速算法划分出地区—产品二分网络的拓扑结构，以确定产品质量监管的不同区域范围。依据该法所进行的监管区域划分，可更加科学合理地确定产品质量区域聚集程度、不同种类产品的质量分布，以及更加客观准确地确定监管的重点地区区域、关键产品，并可依此合理配备监管人力、财力和物力等资源，为从科学监管角度提升区域产品质量提供理论依据。

第二，通过对美国、欧盟、日本的产品质量现状、监管体系及存在问题的分析，针对其近年来所发生的典型产品质量事件，从监管体系和监管制度两个方面分析了这些国家在区域产品质量管理方面的优势与不足。然后围绕我国近年来所发生的典型工业产品质量、食品质量、日用品质量、医疗保健产品质量等事件，进一步从政府、企业、消费者角度深入剖析导致产品质量问题产生的动因。以此为基础，以我国区域产品质量现实问题为依据，借鉴国外先进的质量监管方法与制度，为区域产品质量影响因素的分析、产品质量监管主体间的博弈关系及区域产品监管对策进行了有益探索。

第三，采用质量竞争力指数（QCI）和顾客满意度指数（CSI）等指标，综合梳理衡量与评价产品质量的影响因素，以此构建的我国区域产品质量影响因素指标体系不仅考虑了区域产品质量主体内生关系，还对外部区域经济发展等因素对区域产品质量的影响进行了探析。进而通过应用结构方程模型（Structaral Equation Modeling, SEM）对区域产品质量影响因素进行定量分析，将指标体系中的主观因素予以量化，使得影响区域产品质量的各项因素间更具有可比性，使得政府监管决策更具有科学性。

第四，以博弈理论为基础，构建了政府监管部门与生产企业之间质量监管博弈模型，分析了纯战略 Nash 均衡博弈机理、占优战略 Nash 均衡博弈机理、混合战略 Nash 均衡博弈机理等不同情形，并提出了实施对策与建议；构建了第三方检测机构与生产企业间博弈模型，探讨双方就寻租、不寻租等影响区域产品质量行为策略选择问题；通过建立政府、第三方检测机构与企业共同参与的三方演化博弈模型，对三方博弈策略的权力寻租、机会成本等内在机理进行了剖析。

通过构建政府、企业及消费者间三方演化博弈模型，并结合我国近几年实际发生数据运用 Matlab 7.0 进行的仿真计算表明，政府、企业与消费者之间的行为具有高相关联动性，两两之间的多种博弈行为对区域产品质量均具有重要影响。对政府部门提高监管效率，妥善处理博弈主体间的利益诉求，杜绝权力机构寻租行为，严禁生产企业从事违规违法活动均具有重要参考价值。

第五，虽然构成区域产品质量的各方均存有不同程度的诚信缺失，但从政府角度讲，监管不力是导致假冒伪劣猖獗、企业竞争力下滑的重要影响因素之一，表现在有法不依、有禁不止、执法不力、公信缺失等诸多不良监管行为。在沿袭已久的"依法监管、科学监管"的传统指导思想基础上，提出了将"诚信监管"理念纳入区域产品质量监管现代指导思想体系中，可使法律、科学、道德三个层面有机地融为一体，从而使监管的理论和方法更趋合理和完善。基于这种理念，以食品行业为例，通过构建政府诚信监管与企业诚信生产的完全信息动态博弈模型，确定影响政府诚信监管及企业诚信生产的关键因素与实现政府和企业诚信合作的前提条件，为提升区域产品质量提供了新的研究视角。

本书围绕区域产品质量及监管对策等方面所进行的研究成果主要有以下几个方面：

一是在区域产品质量研究内容方面，有别于以往对企业产品质量具体特性的关注，而是从"区域质量"角度，着重从一个地域或一个行业的层面对"中观质量"进行的探索，研究既包括对原有企业为研究对象的具体产品质量，又涵盖了一个区域内影响这些产品质量特性的企业外部质量要素；对比于对生产企业的内部质量控制研究，该研究更加侧重于从监管角度分析监管方与被监管方之间的相互关系；再是从"区域质量"的角度，将政府监管部门、生产企业、第三方、消费者及媒体等多种影响因素综合为一个整体，从各自理念、模式、路径、要素等各方利益关系的协调平衡与策略选择问题进行了探讨。

二是在区域产品质量研究方法方面，依据产品质量的典型区域特性，采用二分网络法对区域产品质量进行科学论述，并实现了对关键区域、重点区域的划分；全面分析并辨识出我国区域产品质量的影响因素，采用构建的区域产品质量影响因素 SEM 模型，对监管中的主观因素进行了科学有效的量化分析；创新性的构建了政府、企业、第三方检测机构和消费者等多方共同参与的两两监管博弈、三方监管博弈和演化监管博弈模型，为政府监管政策、法规的决策制定提供了重要参考依据。

三是在区域产品质量监管研究内容方面，从区域角度研究监管问题，明确指出监管的重点和难点；在依法监管、科学监管的基础上，首次提出了"诚信监管"的新理念，构成了"依法监管、科学监管、诚信监管"完整的现代系统监管体系理论，从不同视角，为产品质量监管提供新的研究方向和内容，为产品质量监管提出新的对策和建议。

本书紧密结合我国产品质量现状，从不同侧面探讨了影响产品质量的要素和与之相对应的监管问题；探讨了产品质量的消费对象——消费者、第三方及媒体等在区域产品质量形成过程中所扮演的角色和应起的作用，既从理论上做了探索也从应用上提出了若干解决实际问题的对策。希冀能对提升我国区域产品质量监管水平，提高我国企业产品质量在国际、国内市场上的竞争力，满足社会对高质量产品的需求提供一定的借鉴、参考作用。

作　者

2018 年 12 月

目　录

第一章 区域产品质量概述

第一节 研究背景

一、产品质量的重要性

进入 21 世纪，随着经济全球化的深入发展，世界范围内围绕产品质量的竞争日趋激烈，各国都把产品质量提升到战略地位。因此，产品质量已成为衡量一个国家经济发展水平和文明程度的重要指标之一。

美国著名质量学家约瑟夫·莫西·朱兰（Joseph M.Juran）提出"21世纪是质量的世纪"，质量决定了企业经营的成败，质量竞争力决定了国家竞争力，随着社会的进步和经济的不断发展，人们对产品质量的要求也将越来越高。尽管我国在 2014 年国内生产总值已突破 10 万亿美元，经济总量跃居全球第二位，但是一直以来，经济粗放式增长，追求数量，忽视质量，导致产品质量不高，国际竞争力不强。

为此，习近平总书记在 2014 年中央农村工作会议上就提出"中国速度向中国质量转变，要坚持质量至上，把质量问题摆在关系官兵生命、关系战争胜负的高度来认识，贯彻质量就是生命、质量就是胜算的理念，建立质量责任终身追究制度"。李克强总理于 2014 年 5 月 14 日主持召开的国务院常务会议讨论通过了《中华人民共和国食品安全法》（修订草案），提出"发展必须是提高增效升级的发展，提质就是要全面提高产品质量、服务质量、工程质量和环境质量，从而提高经济发展质量"。

2012 年 2 月 6 日，国务院以国发〔2012〕9 号文件正式公布《质量发展纲要（2011—2020年）》，提出"质量发展是兴国之道、强国之策。质量反映一个国家的综合实力，是企业和产业核心竞争力的体现，也是国家文明程度的体现；既是科技创新、资源配置、劳动者素质等因素的集成，又是法治环境、文化教育、诚信建设等方面的综合反映。质量问题是经济社会发展的战略问题，关系可持续发展，关系人民群众切身利益，关系国家形象"。

德国政府在2013年4月的汉诺威工业博览会上正式推出"德国工业4.0"战略，其目的是大力提高德国制造业产品的质量水平，以奠定德国在制造业上的领军地位，并将使德国成为新一代工业生产技术的领军者，继续保持德国制造业产品在全球的竞争力。

因此，我国政府于2015年5月8日正式公布《中国制造2025》（国发〔2015〕28号文件），提出"质量为先，坚持把质量作为建设制造强国的生命线，强化企业质量主体责任，加强质量技术攻关、自主品牌培育。建设法规标准体系、质量监管体系、先进质量文化，营造诚信经营的市场环境，走以质取胜的发展道路。切实提高我国制造业的产品质量水平，打造具有国际竞争力的制造业，把我国建设成为引领世界制造业发展的制造强国"。

产品质量已经成为反映国家综合实力、企业和产业核心竞争力、国家文明程度的关键因素。为此，2013年国务院批准设立中国质量奖，开展涉及政府质量工作考核，召开面向国际的中国质量会议，部署全面改革标准化，推进修订质量的多部法律进程的各项工作。产品质量总体水平关系到可持续发展、人民群众的切身利益及国家的形象。因此，开展我国产品质量问题整治，加强产品质量监管，遏制产品质量违法行为，提高消费者满意度，促进我国各行业产品质量总体水平的提升，已成为当前政府部门乃至全社会的热点关注领域。

二、产品质量监管的重要性

产品质量监管是指国家指定的政府产品质量监管部门或行业机构，根据国家法律法规和正式产品标准的规定，依照法定职权和法定程序，对企业产品质量所进行的监督、检查与检验，并按照相关技术标准，对企业的产品质量进行评价、考核和鉴定，以促进企业加强质量管理，执行质量标准，保证产品质量，维护用户和消费者权益。

产品质量监管运行机制：一是国家指定的政府产品质量监管部门要依据国家法律法规和正式产品标准进行依法监管；二是国家指定的政府产品质量监管部门要按照"科学、规范、标准"的要求进行科学监管；三是国家指定的政府产品质量监管部门要按照"诚信、道德、公开"的要求进行诚信监管。

产品质量监管的范围包括全社会所有产品，如工业制造业产品、原材料产品、建筑业产品及建筑工程、农产品、药品等。其监管类型主要包括国家政府部门监管、行业监管与社会媒体（群众）监管。

在社会主义市场经济条件下，产品质量监管是政府实施市场监管制度，促进企业保证产品质量，维护社会经济平稳运转、保障消费者权益和人民群众生活质量的重要手段。为适应改革开放迅速发展的经济社会新形势，我国政府相继出台了多项与产品质量监管相关的法律和政策，如表 1-1 所示。

表 1-1 我国质量监管相关法律和政策

时间	相关法律和政策	内容
1993 年 2 月	《产品质量法》	加强对产品质量的监督管理，提高产品质量水平，明确产品质量责任，保护消费者的合法权益，维护社会经济秩序
2009 年 2 月	《食品安全法》	国家建立食品安全风险监测制度，对食源性疾病、食品污染以及食品中的有害因素进行监测。国务院卫生行政部门会同国务院食品药品监督管理、质量监督等部门，制订、实施国家食品安全风险监测计划

时间	相关法律和政策	内容
2012 年 2 月	国务院颁布《质量发展纲要（2011—2020 年）》	加强产品质量问题整治及监督工作，完善产品质量保障体系，产品质量国家监督抽查合格率稳定在 90% 以上，形成以技术、标准、品牌、服务为核心的产品质量新优势
2012 年 12 月	党的十八大报告	把推动经济发展的立足点从数量和速度上转到提高质量和效益上来
2013 年 3 月	国务院成立国家食品药品监督管理总局	负责对食品、药品的研究、生产、流通、使用进行行政监督和技术监督，旨在解决监管过程中职责不清、执法不严、监管混乱的问题，使产品尤其是食品质量有所提高
2013 年 12 月	中央农村工作会议	产品是"产"出来的，也是"管"出来的，最严谨的标准、最严格的监管、最严厉的处罚、最严肃的问责，确保广大人民群众的合法质量权益
2014 年 5 月	国务院通过《中华人民共和国食品安全法》（修订草案）	对生产、销售、餐饮服务等各环节实施最严格的全过程管理，强化生产经营者主体责任，完善追溯制度；建立最严格的监管处罚制度。对违法行为加大处罚力度，构成犯罪的，依法严肃追究刑事责任。加重对地方政府负责人和监管人员的问责；健全风险监测、评估和食品安全标准等制度，增设责任约谈、风险分级管理等要求；建立有奖举报和责任保险制度，发挥消费者、行业协会、媒体等监督作用，形成社会共治格局
2015 年 5 月	国务院发布《中国制造 2025》	要完善质量监管体系，健全产品质量标准体系、政策规划体系和质量管理法律法规。加强关系民生和安全等重点领域的行业准入与市场退出管理。建立消费品生产经营企业产品事故强制报告制度，健全质量信用信息收集和发布制度，强化企业质量主体责任。将质量违法违规记录作为企业诚信评级的重要内容，建立质量黑名单制度，加大对质量违法和假冒品牌行为的打击和惩处力度。建立区域和行业质量安全预警制度，防范化解产品质量安全风险。严格实施产品"三包"、产品召回等制度。强化监管检查和责任追究，切实保护消费者权益

2012 年，国务院在《质量发展纲要》制定的政府质量监督管理中对质量法律法规、执法队伍建设、质量安全风险监测等要求基础上，制定了《政府质量工作考核》，明确指出若发生区域性、系统性产品质量安全事件，考核结果一律为 D 级。在 2015 年颁布的《中国制造 2025》中又提出建立区域和行业质量安全预警制度，国家对区域产品质量的重视、制定的政策，与本书研究的重点内容基本契合。

第二节　研究的现实价值和理论意义

一、研究的现实价值

近年来，我国各种产品质量问题层出不穷，且具有典型的"区域"特征。区域在此有两层含义，一是指传统概念上的行政地域，二是指产品属性相同的"行业"（详见第二章中第二节关于区域产品质量的定义），如"三聚氰胺"事件、"皮革奶"事件、"瘦肉精"事件、"地沟油"事件、"毒馒头"事件等，各种食品质量事件在我国不同区域均有发生，已引起全社会对于区域产品质量问题的高度重视。这些食品问题不仅反映了生产企业存在着唯利是图和道德缺失等问题，还揭示出政府监管部门在这些领域存在严重的质量监管不力等问题。

为了整治产品质量存在的问题，2007 年 8 月，国务院专门成立了国务院产品质量和食品安全领导小组。在《中华人民共和国产品质量法》的基础上，2007 年 10 月，国务院常务会议通过了《中华人民共和国食品安全法（草案）》，全国人民代表大会于 2009 年正式通过《中华人民共和国食品安全法》并颁布实施。2009 年 2 月 25 日，国家质量监督检验检疫总局专门下发《关于深入开展区域性产品质量问题整治工作的实施意见》的通知。2012 年 2 月 6 日，国务院颁布了第二个《质量发展纲要（2011—2020 年）》，强调要深入开展区域产品质量问题整治及区域质量监管工作，并且创新质量发展机制，强化政府质量宏观管理体制。

习近平总书记在 2014 年中央农村工作会议上强调"要形成覆盖从田间到餐桌全过程的监管制度，建立更为严格的食品安全监管责任制和责任追究制度，使权力和责任紧密挂钩，抓紧建立健全农产品质量和食品安全追溯体系，尽快建立全国统一的农产品和食品安全信息追溯平台"；2014 年 5 月 14 日，李克强总理主持召开国务院常务会议，强调"建立最严格的监管处罚制度，对违法行为加大处罚力度，构成犯罪的，依法严肃追究刑事责任。加重对地方政府负责人和监管人员的问责；健全风险监测、评估和食品安全标准等制度，增设责任约谈、风险分级管理等要求"。

2015 年 5 月，国务院正式发布《中国制造 2025》（国发〔2015〕28 号文件），强调要切实提高我国工业产品与制造业产品的质量水平，并加强对工业和制造业产品的质量监管及质量抽查力度，增强我国工业及制造业产品的全球竞争力。

为此，北京、上海、山东、浙江、广东、江苏、四川等许多地方政府也出台相关文件，大力开展区域产品质量整治力度，明确提出区域产品质量水平的提升在促进企业生产、引导顾客消费、推动区域经济发展中的重大意义，提升区域产品质量总体水平日益变为我国企业国际竞争力的关键，已经上升为国家战略。

二、研究的理论意义

对于我国区域产品质量影响因素及监管对策的研究，其理论意义主要基于以下三个方面：

第一，有别于以往侧重于对企业内部质量管理理论和方法的研究，本书侧重于从"中观"区域角度探讨政府相关部门监管方面对产品质量的作用和影响，侧重于质量监管对企业产品质量意识、质量决策、质量措施等方面的促进、提升和影响，并对其中产品质量监管理论和方法进行分析。

一家企业、一个行业、一个区域出现的质量问题往往是由于区域内总体技术水平、市场竞争激烈程度、文化习惯、质量意识、市场监管等原因所致，既对人民的生命健康造成威胁，影响社会经济协调发展；也使该区域因声誉受损而使企业产品在国内市场以及国际市场上缺乏核心竞争力。因此，对我国区域产品质量影响因素进行分析与识别，探究区域产品质量形成机理，全面提升区域产品质量水平具有积极的理论意义。

第二，有别于以前对产品质量研究侧重于对具体产品质量特性的评价、表征，而对企业个体的产品质量水平的考核、检查，本书侧重对局部地域，不同行业的总体产品质量综合评价分析，希望所涉及的影响区域产品质量指标，既包括表征产品质量特性的实物性指标，又涵盖直接或间接影响区域产品质量的相关指标（诸如监管效用、舆情、法律法规等影响因素）。依据该指导思想应用现代管理理论和科学方法所构成的评价指标体系，可以客观准确地对区域产品质量总体状况予以反映评价，从而为区域有关部门提供有实际应用价值的相关理论和科学辨析手段。

第三，鉴于我国社会主义市场经济所决定的多元经济主体共存的现实，各经济主体之间企业微观管理与国家宏观治理之间的矛盾，人民日益增长的美好生活需要和不平衡、不充分的发展之间的矛盾。各方利益和矛盾之间均处在有形或无形的对抗、冲突和竞争状态中。本书借鉴让·梯若尔（Jean Tirole）等经济学家关于市场理论的指导思想，采用行之有效的经济学、管理学理论方法，运用结构方程模型对区域产品质量影响因素间内在机理及关联程度等进行探讨，采用博弈理论对多种主体间的矛盾冲突策略对弈进行分析论证，从应用性上力求做到良好的可操作性，从理论探索方面力求解析出区域产品质量影响因素及监管领域内在规律的科学对策。

本书一方面可丰富目前质量管理学的理论体系和技术方法，另一方面又有很强的现实针对性，为提升我国区域产品质量监管水平，提高我国企业产品质量在国际上的竞争力，满足我国广大消费者对高质量产品的需求，提出了对策及建议。

第三节　研究思路、研究技术路线及研究方法

一、研究思路

本书的研究思路主要包括以下四个方面：

（一）国内外主要发达国家及我国区域产品质量现状、监管制度及存在问题分析

一是结合美国、欧盟、日本近年来主要产品质量事件，对以上发达国家的区域产品质量现状及特点、监管体系、特例事件及存在问题进行了分析；二是对我国产品质量总体趋势进行评价，详细分析了我国产品质量监管体系、社会质量组织及基于实地调研的企业产品质量管理现状；然后结合我国近年来所发生的典型食品质量事件、日用品质量事件、工业产品质量事件、医疗保健产品质量事件，从利益相关者视角，即政府、企业、消费者角度分析区域产品质量存在的问题；三是总结与对比分析国内外在区域产品质量监管制度。

（二）区域产品质量影响因素分析及结构方程模型构建

归纳出当前衡量与评价产品质量的因素指标具体有哪些，为进一步构建区域产品质量影响因素指标体系提供依据。结合质量竞争力指数（QCI）和顾客满意度指数（CSI），采用结构方程模型（Structural Equation Modeling，SEM）方法对我国区域产品质量的影响因素进行梳理、分析和识别，构建我国区域产品质量影响因素指标体系，通过实际调研数据，客观准确地确定各因素的主次作用及相互关系。

（三）运用博弈理论，构建区域产品质量监管主体博弈模型

就产品质量监管多方主体间博弈关系进行探讨，一是建立监管博弈主体的政府、企业、第三方检测机构和消费者共同参与的我国区域产品质量监管博弈模型（两方监管博弈机制、三方监管博弈机制及演化监管博弈机制）；二是对该模型中的纯战略纳什均衡、占优战略纳什均衡、混

合战略纳什均衡以及演化博弈进行分析，揭示各主体间策略选择的内部机理，并指明该模型在区域产品质量监管中的具体应用模式。

（四）将"诚信监管"纳入区域产品质量监管体系中

从方法、制度、道德三个方面探讨构建"依法监管、科学监管、诚信监管"的区域产品质量监管体系的必要性和可行性，之后选取典型的食品行业，通过建立政府诚信监管与企业诚信生产的博弈模型，分析影响政府诚信监管及企业诚信生产的关键因素，分别给出了实现政府和企业诚信合作的前提条件，最后从政府层面、生产企业层面、第三方检测机构层面、消费者及社会公众层面就区域产品质量监管提出对策及措施。上述研究思路如图 1-1 所示。

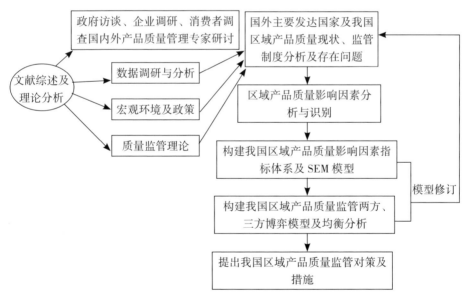

图 1-1 研究思路图

二、研究技术路线

本书采取理论研究、系统分析、实践调研与验证相结合的技术路线进行研究，技术路线图，如图 1-2 所示。首先，在分析区域产品质量现状、存在问题及制度分析基础上，提炼区域产品质量影响因素；其次，通过构建区域产品质量影响因素指标体系，运用结构方程模型实证分析因素之间的关系；再次，运用博弈方法探究区域产品质量监管主体间的策略选择，针对区域产品质量监管各利益相关者提出措施；最后，构建依法监管、科学监管、诚信监管的区域产品质量监管体系，进一步提出提升区域产品质量的对策与建议。

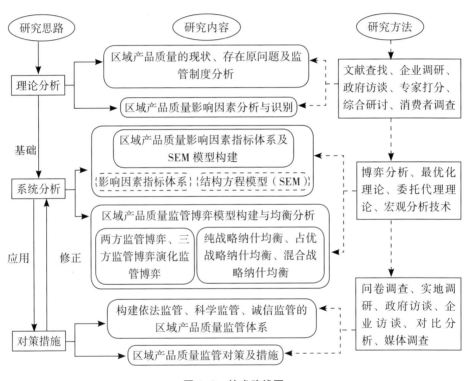

图 1-2　技术路线图

三、研究方法

首先，按照理论研究、系统分析、实践调研与实证模型相结合的研究技术路线，运用文献综述、企业调研、消费者调查、政府访谈、专家论证等方法，获取真实可信的一手资料，为研究奠定了坚实的基础。

其次，运用经济学、管理学等行之有效的理论作为指导，选用问卷设计与调查、统计分析、对比分析法、相关性分析等数理统计方法，充分借鉴 CSI 和 QCI，使用 SEM 方法客观准确辨析区域产品质量影响因素，构建我国区域产品质量影响因素指标体系，以对区域产品质量予以综合反映、客观评价。

最后，运用市场监管理论、博弈理论，对区域产品质量监管中的多个主体构建多种情况的博弈模型，从政府层面、企业层面、第三方检测机构层面、消费者及社会公众等多个层面，探索区域产品质量监管的对策措施。

第四节　创新之处

本书创新点主要有以下几个方面：

第一，从"区域"角度开展对产品质量的探索，有别于以往在质量方面对企业产品质量的具体特性的研究，该研究既包括以原有企业为研究对象的具体产品质量，又涵盖了影响这些产品质量特性的企业外部质量要素，着重从一个地域或一个行业的角度探索质量要素，探究提升企业产品质量的路径和方法。

第二，有别于对生产方的内部质量控制研究，本书从监管角度分析研究被监管方与监管方之间的相互关系，一是对监管理念、监管模式、监管路径的探讨；二是对构成监管体系要素的各方利益关系的协调平衡与对策措施选择问题的探讨。

第三，参照市场经济条件下，经济学、管理学中的市场监管和博弈理论与方法，结合我国产品质量实际水平和产品质量监管现状，在定性与定量分析相结合的基础上，使用 SEM 方法对影响区域产品质量影响因素予以科学表述、客观评价，以此建立多指标构成的区域产品质量影响因素指标体系，可更加直观、准确地观测区域产品质量的现状；结合区域产品质量监管体系中多个主体共存且相互制约、相互依存的现实，运用博弈理论构建了静态、动态、完全信息、不完全信息状态下的两方博弈模型、三方博弈模型、演化博弈模型，并通过均衡分析为政府监管部门、生产企业、消费者、第三方检测机构等多个方面所应采取的对策措施进行了探讨。

第四，现行产品质量监管中"依法监管、科学监管"的监管理念，是分别建立在"法治"和"科学"基础上，本书从"道德"角度提出了将"诚信监管"纳入现行监管体系的观点，并在对"诚信监管"纳入监管体系中进行理论探讨的同时，结合行业案例，运用博弈理论进行了实证研究。

第二章　区域产品质量相关理论及影响因素

第一节　产品质量相关概念发展与演变

科学界定产品质量的相关概念，分析产品质量概念的演变与发展过程，不仅是研究产品质量问题的首要前提，也是从区域角度分析产品质量问题，提出解决区域产品质量问题的首要工作。

一、质量概念的发展过程

质量的概念历时已久，伴随着符合性质量、适用性质量及全面性质量的三个质量发展阶段，质量的内涵也得到了不断深化和拓展。在不同的质量发展阶段，质量管理学者对质量概念的界定也逐渐明确和丰富，其中具有代表性的质量定义，如表2-1所示。

表2-1　质量管理学者对质量定义

质量专家	目标	特点	质量观点或定义
克劳士比	与要求一致	消除所有缺陷	符合事先给定的或约定的规格或标准
戴明	满足消费者需求	持续改善循环	必须用客户满意度界定，质量是多维的，不能用单一的特点来界定产品或服务的质量
石川馨	控制质量	控制	同于客户满意度，须全面界定。质量的定义须随客户的需求变化而变化，界定质量还要考虑价格

续表

质量专家	目标	特点	质量观点或定义
朱兰	满足社会需求	适用	顾客满意度与产品特点符合产品规格是相关联的
费根堡姆	符合要求满足客户	符合	必须以客户满意度界定，质量是多维的，全面界定的符合程度和质量满足客户

伴随着质量发展过程，不同时代质量内涵的界定有所不同，在符合性质量阶段，质量仅是从生产企业的角度出发，是指产品对特定规范或要求的符合程度，产品是否能够满足事先设定的技术规则或标准，达到可测定或已测定的规格标准。[①]偏离制定标准的程度越低，产品的质量越好；反之则产品的质量越差。在适用性质量阶段，质量由顾客的满足程度来衡量，企业致力于满足顾客对产品质量的要求，尽可能达到顾客的消费期望；在全面性质量阶段，质量贯穿于产品的整个生命周期，覆盖产品设计、生产、加工和销售等各个环节。[②]

此外，不同时期的国际标准对质量的定义范畴也在不断拓宽，表 2-2 所示。例如，2015 年国际标准化组织最新国际质量标准 ISO9000：2015 提出质量不仅包括其预期的功能和性能，还涉及顾客对其价值和利益的感知，质量的高低取决于满足顾客的能力以及对相关方的影响。

表 2-2　国际标准对质量定义

标准	质量定义
ISO8402：1986	反映产品或服务满足明确和隐含需要的能力特征和特性的总和
ISO8402：1994	反映实体满足明确和隐含需要的能力特征和特性的总和
ISO9000：2005	质量就是一组固有特性满足需求的能力
ISO9000：2015	质量促进组织所关注的以行为、态度、活动和过程为结果的文化，通过满足顾客和相关方的需求和期望实现其价值

---

① Crosby P B., *Quality is Free: The Art of Making Quality Certain*, New York : New American Library, 1979.

② Feigenbaum A.V., *Total Quality Control*, Mc Graw-Hill Professional Publishing, 1986.

根据质量的发展阶段以及国际标准对质量的定义，质量概念发展越来越呈现出"大质量"的特征，主要表现为：

一是质量的范畴不断拓宽，从最初只局限于产品质量，到现在向环境质量、工程质量、工作质量和服务质量等领域延伸拓展，甚至是应用到经济运行质量、社会发展质量等方面。从企业微观层面的质量向无所不包的宏观层面转变，已超出了传统的质量范畴。

二是相对于质量的客观属性而言，即产品质量本身的性能、可靠性、可维护性等固有特性，产品质量满足消费者需求的能力得以强化，其所占比重越来越大，更加强调以顾客为中心的理念。

三是涉及更多的质量利益相关者，对企业内部而言，质量已经由质量管理部门向所有部门、全体员工延伸。从企业外部来讲，由对企业单一主体要求，扩展到多主体的需求和期望，比如供应商、销售商等相关方，质量管理的边界也由单个组织扩展到组织群体。

二、产品质量概念的演变

产品是劳动或活动的一种物化成果。从法律的角度，不同国家对产品概念的界定也不尽相同，如表 2-3 所示。研究依据《产品质量法》对产品的定义，是指企业加工、制作，用于销售的产品，不局限于某种或者某类产品，只要经过企业生产后投入市场销售的产品都在研究范围之内。

表 2-3　各国法律对产品的定义

时间	国家	法律	定义
2000 年	中国	《产品质量法》	产品指加工、制作，用于销售
1979 年	美国	《统一产品责任示范法》	产品是具有真正价值的、为进入市场而生产的，能够作为组装整件或作为零部件零售、交付的物品
1999 年	欧盟	《欧盟产品责任指令》	指一切动产，包括依附于其他动产或不动产的动产

时间	国家	法律	定义
1990 年	德国	《产品责任法》	产品是具有真正价值的、为进入市场而生产的，能够作为组装整件或作为部件零售交付的物品
1994 年	日本	《日本制造物责任法》	产品是指经过制造或加工的动产

对于产品质量的概念，1986 年我国发布的《工业产品质量责任条例》提出产品质量是指国家有关法规、质量标准及合同规定的对产品适用、安全和其他特性的要求；1993 年颁布的《产品质量法》相关条款规定，产品质量是指产品在正常使用的条件下，满足合理使用要求所必需的可靠性、适用性、安全性、耐用性、维修性和环境性等特性的总和。

对产品质量界定需要在满足法律、标准及相应条款规定条件下，既包括产品的外观质量，例如产品的形态结构、花色图案、款式规格、包装等外表形态；也包括产品的内在质量，如产品的化学、物理、机械、热学及生物学性质等固有特性。本书基于区域角度对产品质量问题进行探讨，除符合产品质量所固有特征之外，还需要满足消费者的需求，综合反映出产品质量的自然符合性和社会适应性。区域产品质量作为产品质量的延伸拓展研究，还具有受到外部环境约束的特征。

第二节　区域产品质量的概念与界定

一、区域概念的界定与发展

"区域"是一个使用十分普遍的概念，本义是指地区、范围的意思。1984 年，美国区域经济学家胡佛（Hoover）提出区域是为了叙述、分析、管理、规划或制定政策等目的，根据内部经济活动同质性或功能同一性，将客观实体的一片地区加以划分。[①]不同学科对区域概念的定义不尽相同，

---

① Hoover E. M., Giarratani F., "An Introduction to Regional Economics", *The Economic Journal*, 1972(82).

但是最为普遍使用的即是将区域定义为地理区域、经济区域以及行政区域。不同学科对区域概念的界定，如表2-4所示。

表2-4　不同学科区域概念界定

角度	区域定义	例子
地理区域	区域是指一定范围的地理空间，是人们在地理环境差异的基础上按一定的指标划分出来	山区、平原区
经济区域	具有较强自组织能力的城市为中心，通过某一城市体系进行交易活动的所有消费者的居住空间	珠三角、长三角
政治区域	区域是行政单元，由国家实施行政管理	省级区域、县级区域
社会区域	具有语言、民族、文化等人类某种相同社会特征	华人文化圈、东方文化圈

　　地理学是最早将区域作为研究对象，并指出区域是指一定范围的地理空间，具有一定的面积、形状和范围的具体地区，其内部的特定性质和功能相对一致而与其他地区有差别。地理学所界定的区域是人们在地理环境差异的基础上按一定的指标划分出来的，例如山区、平原区。[①]在经济活动中，经济区域是指以具有较强自组织能力的城市为中心，通过某一城市体系进行交易活动的所有消费者的居住空间，例如我国的珠三角地区、长三角地区；从行政的角度，区域是国家实施行政管理的单元，比如依照《宪法》第二十九条实施，我国行政区域的划分为省、自治区、直辖市。省、自治区再分为自治州、县、自治县、市；县、自治县还可细分为乡、民族乡、镇。[②]区域经济学则是由经济地理逐步演化而来的，将区域理解为一个相对完整的经济单元，从宏观角度研究不同区域经济发展及其相互关系的决策性科学。[③]实际上，随着区域理论、区域应用范围的不断扩展，区域也可以指行业区域、企业集群和系列产

---

　　①　栗贵勤：《区域循环经济学》，清华大学出版社2008年版。

　　②　《GB/T 2260-1999.全国县及县以上行政区划代码表》，中国标准出版社1999年版。

　　③　金浩、张贵、李媛媛：《中国区域经济发展的新格局与创新驱动的新趋势——2014中国区域经济发展与创新研讨会综述》，《经济研究》2014年第12期。

品等集合，新的区域划分多是在行政区域划分的基础上，对行政区域划分方式的补充。

以行业为界的区域划分，我国行业划分以及行业代码依照《国民经济行业分类》（GB/T4754—2002）[①]和国家统计局的相关文件实施[②]，比如《三次产业划分规定》中的第一产业是指农、林、牧、渔业，第二产业是指采矿业、制造业、电力、燃气及水的生产和供应业、建筑业，第三产业是指除第一、二产业以外的其他行业；以企业与产品类别为主要特征的区域划分，企业可根据企业规模、公有和非公有控股经济进行分类，比如国有企业、民营企业的划分；而产品类别的区域划分则不考虑企业类型，仅从企业生产产品种类划分，比如国家统计局的"统计上使用的产品分类目录"，主要参考国家标准《国民经济行业分类》（GB/T 4754-2002）、联合国统计司制定的《产品总分类》（CPC 1.0 版）标准分类；产业区域划分是指生产同类商品或提供同种服务的所有企业的集合，主要反映的是产业空间布局状况以及由此所决定的区域间横向经济关系。

时至今日，区域也可按照预先制定的标准进行划分。实践表明，根据研究对象所具备的相同或相似的特征进行聚集和划分，更能体现研究问题的主要特征及表现，以事前制定的标准进行的区域划分在实际应用中发挥着举足轻重的作用。早在 1935 年，胡焕庸研究中国人口问题时，根据我国人口密度，大致将我国划分为两个区域。"胡焕庸线"的西北一侧有中国 64% 的土地和 4% 的人口，东南一侧有 36% 的土地和 96% 的人口，通过该区域划分明确提出"多寡之悬殊，有如此者"。[③]

该区域的划分直观地展示出我国东南地狭人稠、西北地广人稀的特征，尽管八十多年过去了，但胡焕庸线两侧的人口分布变化并不

---

① 《GB/T 4754-2002. 国民经济行业分类》，中国标准出版社第 2002 年版。

② 国家统计局：《关于划分企业登记注册类型的规定调整的通知》，2011 年 11 月 17 日，见 http://www.gov.cn/zwgk/2011-11/17/content_1995548.htm。

③ 胡焕庸：《中国人口之分布——附统计表与密度图》，《地理学报》1935 年第 2 期。

大。①2014年11月，李克强总理仍然提出"胡焕庸线"怎么破的问题，这也充分说明该区域的划分在经济的统筹规划、协调发展中具有重要的指导作用。

除此之外，该区域划分也预言了我国未来近百年的区域发展，例如2016年春运期间的人口迁徙及腾讯QQ软件即时在线人数等，无不都体现了"胡焕庸线"所提出的区域特征。之后我国的新型城镇化、经济转型乃至"一带一路"都与该区域的划分密切相关。

区域划分研究为经济发展提供了新的研究课题，也使得经济发展的研究对象、研究视角逐步拓宽。20世纪20—50年代是区域经济学的雏形阶段，此后各国学者对区域经济学进行了广泛研究。我国在高度集中的计划经济体制下，基本上不存在相对独立的区域经济。直到1978年改革开放以后，随着经济体制的转轨，区域经济发展理论研究才进入活跃期。目前我国工业经济区域划分主要包括三个方面：第一方面是全国经济带的东部、中部与西部地区的划分，第二方面是泛珠三角经济区、泛长三角经济区和环渤海经济区三大板块，第三方面是八大经济区域，例如南部沿海地区(广东、福建、海南)、东部沿海地区(上海、江苏、浙江)等。表2-5汇总了我国政府规划的工业经济区域划分方法。

表2-5　我国工业经济区域划分方法汇总表

划分方法	划分项目	省、自治区、直辖市
东中西部	东部	辽宁 河北 北京 天津 山东 江苏 上海 浙江 福建 广东 海南 广西
	中部	吉林 黑龙江 山西 内蒙古 安徽 江西 河南 湖北 湖南
	西部	陕西 甘肃 青海 宁夏 新疆 四川 重庆 云南 贵州 西藏

① 陈明星、李扬、龚颖华等：《胡焕庸线两侧的人口分布与城镇化格局趋势——尝试回答李克强总理之问》，《地理学报》2016年第2期。

划分方法	划分项目	省、自治区、直辖市
三大块	泛珠三角经济区	广东 福建 海南 广西 湖南 湖北 江西 重庆 贵州 云南
	泛长三角经济区	江苏 浙江 安徽 河南 陕西 甘肃 宁夏 青海 新疆
	环渤海经济区	辽宁 山东 河北 吉林 黑龙江 内蒙古
八大区域	东北综合	辽宁 吉林 黑龙江
	北部沿海	北京 天津 河北 山东
	东部沿海	上海 江苏 浙江
	南部沿海	福建 广东 海南
	黄河中游	陕西 山西 河南 内蒙古
	长江中游	湖北 湖南 江西 安徽
	大西南	云南 贵州 四川 重庆 广西
	大西北	甘肃 青海 宁夏 西藏 新疆

我国在"十一五"规划（2006—2010 年）中首次提出区域协调发展，根据区域经济划分区域范围，不断调整区域发展战略，在"十二五"规划（2011—2015 年）中区域协调发展占据了单独一个篇目并继续作为重要任务强调，而"十三五"规划（2016—2020 年）中则明确提出以区域发展总体战略为基础，更是体现了从区域划分角度制定国家发展的战略，见表 2-6。

2014 年，我国经济总量位居世界第二，经济增长速度举世瞩目。相对独立、完整的经济区域，更能找准区域的特色定位，结合资源优势、市场吸纳优势及微观机制优势加快区域发展的速度。[①] 不同区域在自然资源、经济基础、文化背景及地理区位等方面，均存在着一定差异，区域划分对推动区域经济发展的作用有目共睹。从政策扶持、政府资金投入到人才引进等方面，对不同区域经济发展制定相应的发展策略，例如在

---

① 于涛：《关于我国县域经济的表现特征及面临机遇分析》，《东岳论丛》2007 年第 1 期。

我国东部、中部、西部区域经济发展的重点各有不同，提出了"东部新跨越""中部崛起"和"西部大开发"的战略决策。

表 2-6　国家发展规划中区域发展战略

国家发展规划纲要	区域经济发展内容
"十五"规划（2001—2005 年）	2002 年党的十六大报告中首次将东北振兴问题提升到了国家战略层面 2003 年《关于实施东北地区等老工业基地振兴战略的若干意见》，标志着振兴东北战略全面启动
"十一五"规划（2006—2010 年）	2006 年，中部崛起的纲领性文件《中共中央、国务院关于促进中部地区崛起的若干意见》正式出台，首次完整论述区域协调发展，坚持实施推进西部大开发，振兴东北地区等老工业基地，促进中部地区崛起，鼓励东部地区率先发展的区域发展总体战略，健全区域协调互动机制，形成合理的区域发展格局
"十二五"规划（2010—2015 年）	区域协调发展占据了一个单独的篇目并继续作为重要任务被强调，促进区域协调发展和城镇化健康发展，推进新一轮西部大开发，全面振兴东北地区等老工业基地，大力促进中部地区崛起，积极支持东部地区率先发展，加大对革命老区、民族地区、边疆地区和贫困地区扶持力度
"十三五"规划（2015—2020 年）	以区域发展总体战略为基础，以"一带一路"建设、京津冀协同发展、长江经济带建设为引领，形成沿海沿江沿线经济带为主的纵向横向经济轴带

资料来源：《中华人民共和国国民经济和社会发展计划纲要》。

综上所述，通过区域划分不仅能清晰定位区域之间的显著差异，特别是区域经济发展条件的异质性，如区域经济总量、经济结构、人均消费水平、经济运行效益等，而且能找准区域的发展方向，因地制宜并且辐射影响到该区域的各行各业。

二、区域产品质量概念的界定

产品质量与区域经济发展水平密切相关。由于区域特色、区域环境和区域重点发展规划的不同，使得许多生产同类产品的企业自发集聚到一个特定区域，尤其是在转轨时期的各行各业各地区，同类产品集聚到某个特定区域，便形成了具有区域性的产品集群。所以，区域政策的不同、区域经济发展的差异最终使得产品质量也表现出明显的区域特征。例如，浙江经济的一个明显特点就是块状经济特征，形成具有浙江特色的区域性产品集群。

目前学界将区域特征与质量相结合的研究范围比较宽泛，主要涉及区域经济质量、居民生活质量、区域水资源质量及区域空气质量等，如周茜（2011）基于我国东部、中部、西部地区分析区域经济增长对环境质量的影响。[①] 何伟（2013）、贾名清等（2009）构建了区域经济增长质量的评价指标体系，对我国区域经济发展质量进行综合评价。[②] 普拉比（Przybyla K.，2014）对波兰地区城市生活质量的衡量指标进行了界定，基于住房条件、自然环境的状态、劳动力市场、个人安全和文化服务指标，提出了提高区域城市居民生活质量的措施。[③] 桑特等（Sonter L. J. et al.，2013）分析了为保障区域水资源质量，企业在投资项目时应该权衡发展、投资对区域利益相关者的影响。[④] 鲁道卡斯等（Rudokas J. et al.，2015）、王兴杰（2015）以实施新空气质量标准的 74 个城市为例，从京津冀、环长三角、珠三角及省会城市总结区域的差异，分析经济增长和

[①]　周茜：《中国区域经济增长对环境质量的影响——基于东、中、西部地区环境库兹涅茨曲线的实证研究》，《统计与信息论坛》2011 年第 10 期。

[②]　何伟：《中国区域经济发展质量综合评价》，《中南财经政法大学学报》2013 年第 4 期；贾名清、汪阔朋：《我国东部地区区域经济增长质量评价》，《经济问题》2009 年第 1 期。

[③]　Przybyla K., Kulczyk-Dynowska A., Kachniarz M., "Quality of Life in the Regional Capitals of Poland", *Journal of Economic Issues*,2014 (1).

[④]　Sonter L. J., Moran C. J., Barrett D.J., "Modeling the Impact of Revegetation on Regional Water Quality: A Collective Approach to Manage the Cumulative Impacts of Mining in the Bowen Basin, Australia", *Resources Policy*, 2013 (4).

人口集聚对城市环境空气质量的影响。[①]加尼（Ghani E.，2014）研究了区域服务业和制造业中存在的集聚经济现象，提出区域基础设施和劳动力教育质量发挥着重要作用。[②]史提芬与乔尔（Steven B., Joel W.，2010）以餐饮业为例研究了区域市场规模对产品质量的影响，表明产品平均质量随着市场规模的增加而增加，但市场并没有提供更多的产品种类。[③]

　　近年来，将区域特征与产品质量结合的研究越来越受关注，区域产品质量与监管结合的研究也日渐增多。郑亚平（2012）提出区域性产品质量问题是指在一定时间内，同一地区反复、多发、成规模地出现生产假冒伪劣产品或质量严重不合格产品等行为，反映的是一个特定的经济区域特色产业产品质量总体水平。[④]本书作者则提出以区域产品质量为研究对象，从企业的外部环境和战略角度，从政府职责、经济发展、社会建设、技术创新四个方面确定区域产品质量综合评价指标体系。[⑤]黄庚保（2009）提出区域质量是由区域内所有产品的产品特性、所有企业对质量保障的流程能力和所有社会效果三个要素的集合所共同表现出来的区域特性。[⑥]程虹（2010）认为区域产品质量属于宏观质量管理，研究的是一个国家或区域总体质量现象，并对总体质量进行有效监管。[⑦]盖亚（Gaia R.，2012）、麦克纳利等（Mcnally R. C. et al.，2011）研究了区域产品质

---

　　① Rudokas J., Miller P J., Trail M. A., et al., "Regional Air Quality Management Aspects of Climate Change: Impact of Climate Mitigation Options on Regional Air Emissions", *Environmental Science& Technology*, 2015(8). 王兴杰、谢高地、岳书平：《经济增长和人口集聚对城市环境空气质量的影响及区域分异——以第一阶段实施新空气质量标准的 74 个城市为例》，《经济地理》2015 年第 2 期。

　　② Ghani E., "Spatial Determinants of Entrepreneurship in India", *Regional Studies*, 2014(6).

　　③ Steven B., Joel W., "Product Quality and Market Size", *Journal of Industrial Economics*, 2010 (1).

　　④ 郑亚平：《基于质量评价的区域经济管理研究》，中国矿业大学，博士学位论文，2012 年。

　　⑤ 于涛、刘长玉：《基于因子分析的产品质量影响因素及评价体系研究》，《东岳论丛》2013 年第 2 期。

　　⑥ 黄庚保：《区域质量形势评价及预测技术研究》，重庆大学，博士学位论文，2009 年。

　　⑦ 程虹：《宏观质量管理的基本理论研究——一种基于质量安全的分析视角》，《武汉大学学报（哲学社会科学版）》2011 年第 2 期。

量的研发和设计，提出企业越来越认识到区域因素对产品质量、开发成本、新产品性能影响的重要性。[①]

质量的区域性已经引起了较多研究学者们的重视，并对区域产品质量属于宏观质量管理研究范畴达成共识。但是针对产品质量的区域特征研究，或是重点强调同一地区产品质量存在的问题，或是针对同一地区所有产品表现出来的特征，还未能深入探讨产品质量的区域本质特征，如何表现出产品质量区域特点的分析相对较少。除此之外，也未能从利益相关者视角切入，研究分析针对区域新特征提出相应的措施。例如从政府角度，针对产品质量的区域特征，采取何种有效的监管措施才能妥善解决区域产品质量问题。

针对我国产品质量发展现状，结合上述学界研究成果，根据本书研究内容，将区域产品质量界定为：区域产品质量（Regional Product Quality）是从区域或行业角度出发，在界定区域范围内产品所表现出来的整体质量特征，是在区域或行业内政府监管能力、企业产品质量管理能力和社会监督能力等要素集合的总体表现。通过概念界定，区域产品质量主要有如下几个特征：

一是产品质量的区域特性或行业特性，即界定的地域特征和行业特征。总而言之，区域产品质量不是以个体产品质量的形式体现，而是总体质量水平的表征，而予以表征的这种总体质量与其他地域或行业有着显著的区别。以家电企业为例，在珠江三角洲地区以广东省为主，家电企业数量占全国的60%，销售收入占全国的50%以上；长三角洲地区，以江苏省、上海市、浙江省和安徽省为主，销售收入占全国的33%以

上。① 又如近年来屡屡发生的质量事件往往集中在食品行业、工业产品行业等。

二是产品质量的区域经济性。理论上讲，某区域的产品质量水平高因而具有较强的核心竞争力，则该区域的经济发展水平就高，经济社会效益就高。产品质量水平与经济发展呈正相关关系，如江苏昆山一带聚集了全世界顶尖水平的信息技术工厂，使该地区的 GDP 和人均收入在全国名列前茅。但就我国实际情况来讲，产品质量的区域经济性更多表现为盲目追求 GDP 和严重的地方保护主义，一切以区域"经济效益"为中心，对高能耗、高污染、高排放项目的纵容与支持，对低劣产品的放任和保护，使得区域内"柠檬市场"堂而皇之地存在，假冒伪劣产品泛滥成灾。

三是区域产品质量的外部性，区域产品质量的"正外部性"体现在它的市场正效应上，以质量为基础的企业，充分发挥其核心竞争力的作用使生产效率更高，资源配置更趋于合理，可更好的满足社会物质方面的需求。与之相反，其"负外部性"则会对社会、对人类造成明显的侵蚀和破坏，比如过度开采带来的生态破坏、资源枯竭，违规生产带来的环境污染、能源浪费，劣质产品和违禁药物造成的生命健康问题、人身安全问题。

四是区域产品质量的机械趋同性。位于同一区域的企业，为了适应市场的变化，其产品也是一个不断开发与退出的动态过程，由其聚生出的区域产品质量也是在不断变化。在这个过程中，区域内企业间相互影响、相互联系，在追求利润最大化的目标驱动下，在市场竞争日趋激烈的情况下，企业所采取的对策往往不是提升质量意识、技术能力，而是以最小投入、最低成本来获得利润，更为直接的是采取非法手段生产假冒伪劣产品获得暴利。

美国心理学家弗洛姆（Vroom）把"机械趋同"解释为人们按照文化

① 数据来源于中投顾问发布的《2016—2020 年中国家电行业深度调研及投资前景预测报告》。

模式把自我融入社会，接受社会认同的感觉、思想和愿望，久而久之将这些感觉和思想误认为是自发的观点。实际上上述的感受并非是自发的，而是受到社会环境中各种力量的影响。即当一家企业能够通过非法途径获得不菲利润时，其他企业则纷纷效仿，这种负面趋同性使得"劣币驱逐良币"，优质产品被劣质产品取代。

由此可知，从产品质量呈现出的区域特征角度对产品质量进行研究和探讨，为产品质量理论研究提供了新的研究视角和思路。根据区域间显著差异研究区域内重点产品、重点区域性行业、关键支柱产业，不仅能加强区域性产品质量水平的提升，集中整治区域产品质量问题，而且能以转型升级和质量提升为动力，实现区域经济又好又快的发展。

第三节　基于二分网络的产品质量的区域划分

依据产品的不同类型、不同对象，产品质量的区域划分可有多种方法。比如按照其所在行政区域、经济区域、人文区域的划分，或者是根据产品属性分布划分，如在自然界和经济社会中，许多复杂的系统都可以用网络和图来描述[1]，如产品—消费者网络[2]、投资者—持有股份的公司[3]，企业—产品网络。例如在汽车产业中，将企业抽象为一类节点，产品抽象为另一类节点，有些企业同时生产货车和客车，有些企业同时生产客车和轿车，在企业与其所生产的产品之间连边，得到一个企业—产品二分网络，从而抽象成一个二部图称之为二分网络。[4]

---

[1]　Stogate S. H., "Exploring Complex Networks", *Nature*, 2001.

[2]　Wang D. H., Zhou L., Di Z.R., "Bipartite Producer - consumer Networks and the Size Distribution of Firms", *Physica A*, 2006(2).

[3]　Battiston S., Catanzaro M., "Statitical Properties of Corporate Board and Director Networks", *Physics of Condensed Matter*, 2004(2).

[4]　欧瑞秋、杨建梅、常静：《企业—产品二分网络的社团结构分析——以中国汽车产业为例》，《管理学报》2010年第9期。

二分网络是两类不同的节点和它们之间的连边组成，而同类节点之间不存在连边，基于该种特点构建出地区—产品的二分网络，用 $m \times n$ 的矩阵表示区域之间的空间邻接关系。假设 M 有地区为 C_1，C_2，…，C_m，N 种产品为 P_1，P_2，…，P_n，定义地区—产品的二分网络的邻接矩阵为 R，如果 C_i 地区生产 P_j 产品，则 $a_{ij} = 1$，否则 $a_{ij} = 0$。

$$R = \begin{bmatrix} a_{11} & a_{12} & ... & a_{1n} \\ a_{21} & a_{22} & ... & a_{2n} \\ ... & ... & ... & ... \\ a_{m1} & a_{m2} & ... & a_{mn} \end{bmatrix}$$

由上述分析可知，地区—产品二分网络可以通过矩阵明确描述产品与生产地区间的关系。从产品质量监管的对象"产品"来讲，二分网络法更能科学、准确、客观地将相同产品质量特性的产品规划为某一特定区域，且可利用其所具有的特性进行有效监管。

基于地区—产品二分网络，将该二分网络进行社团结构划分即可得出产品质量的区域。社团结构划分是指将大的网络分割成互不重叠的若干个社团，社团内部节点连接紧密且相互作用强，而社团与社团之间节点连接比较稀疏，不同社团结点相互作用较弱。[①] 网络社团结构划分方法有很多，例如 Kernighan-Lin 算法、谱分析法、分裂算法和凝聚算法等。2007 年巴伯（Barber）将纽曼（Newman）快速算法拓展到无权二分网络上，也就是当前应用最为广泛的凝聚算法的一种，该算法是基于社团模块度划分社团结构。[②] 社团模块度指数的计算公式为 $Q_1 = \dfrac{1}{m} \sum\limits_{i,j} (a_{ij} - q_{ij}) c(i,j)$，其中

---

① Newman M. E., Girvan M., "Finding and Evaluating Community Structure in Networks", *Physical Review*, 2004(2).

② Barber M. J., "Modularity and Community Detection in Bipartite Networks", *Physical Review*, 2007(6).

K_i 表示节点 i 的度 $K_i = \sum_j a_{ij}$ ，节点 i 和节点 j 连边的期望值为

$q_{ij} = \dfrac{k_i k_j}{m}$ ，网络的总边数用 $m = \sum_{i,j} a_{ij}$ 表示。$c(i,j) = 1$ 当且仅当节

点和节点同属于一个社团，否则 $c(i,j) = 0$ 。a_{ij} 表示在同一社区的顶点 L_i 和 U_j 间实际存在的关系，q_{ij} 表示顶点 L_i 和 U_j 间随机连接所产生边的期望值。由模块度公式 Q_1 可知，其值的范围为 $[0,1]$ 。因此，若地区—产品二分网络的模块度指数越大，说明社团内部实际存在边的比例与随机连成边的期望值之差越大，区域内部的节点相似度较高，而在社区外部节点的相似度较低，因而网络的社团结构就越明显。

通过示例图 2-1，圆形代表地区（总计 18 个），方形代表产品（总计 14 个），当某个地区在某种产品时，两者之间连一条边，形成了一个地区—产品二分网络图。利用 Newman 快速算法划分网络结构社团，可得出产品质量的区域。从图中可得出，地区—产品二分网络被划分成三个区域。

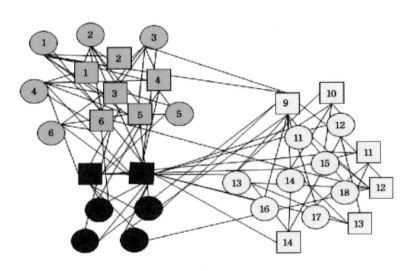

图 2-1　产品质量区域划分示意图

通过对地区—产品的二分网络进行网络结构社团划分得到区域，不仅可以知晓哪些地区在同一区域里，也可明确在同一区域中产品种类主要有哪几种。例如图中黑色部分，区域中有 7、8、9 和 10 四个地区，生产的产品种类是 7 和 8。因此，政府在产品质量监管时便可有的放矢，根据不同区域中地区产品质量状况，突出重点地区和重点产品，对频繁爆发产品质量事故的区域进行重点监管。

基于该种分析方法可把产品清晰地进行区域界定，这种界定既有利于正确分析该区域的主要特征，又可对该区域的主要影响因素进行正确辨析、准确划分并可针对区域特征采取适合的博弈策略，以使该区域产品质量得以有效管控和提升。

第四节 区域产品质量影响因素

在中国知网（CNKI）数据库中搜索 2005 年至 2017 年间"区域产品质量"和"影响因素"的相关研究文献，发现研究区域产品质量影响因素的文献仅有 11 条，可见对区域产品质量影响因素的研究还处于初始阶段。

对区域影响因素的研究，主要集中于区域经济影响因素的探索。区域经济发展主要包括区域在经济总量、增长速度、经济产业结构等方面，一般用区域经济总量、人均水平、经济结构、经济运行效益等指标进行分析。袁晓玲等（2010）从产业结构、政府对经济活动的干预程度、对外开放程度、人力资本等方面，分析了我国区域经济发展的影响因素。[1]张文等（2011）提出影响我国区域经济发展水平的因素，主要从人口的

---

① 袁晓玲、仲云云：《我国区域经济发展效率的时空变化及影响因素分析——基于超效率DEA 模型的实证分析》，《商业经济与管理》2010 年第 7 期。

城乡结构、就业结构和产业结构偏离度等宏观视角。[1]李维等（2014）从总量因素与结构因素两个方面测度对区域经济发展的具体影响因素。[2]程惠芳（2011）选取人均 GDP、人均全社会固定资产投资来衡量经济发展水平，从经济发展水平、社会发展水平、资源环境状况、科技发展水平四大方面建立了我国区域经济差异的指标体系。[3]国外学者研究中明确指出，区域因素与经济发展、企业投资密切相关。安瓦尔（Anwar S.，2005）结合澳大利亚北部区域经济持续增长的现象，分析得出该区域的人口结构、劳动力和私人投资因素与其经济增长速度密切相关。[4]吕米塔与阿尼基娜（Ryumina E. V.，Anikina A. M.，2009）分析了俄罗斯可持续经济发展指标的建设问题，提出区域因素中环境污染损害、地区产品的总收入指标更可以准确评估区域经济发展结果。[5]不论是学者们的研究，还是实践结果的证明，均表明产品质量与区域经济发展相互影响、相互作用。

从政府角度研究区域产品质量影响因素指标方面，臧传琴（2014）从政府监管角度，指出影响产品质量监管因素主要有监管环境、监管主体、监管技术及监管制度。[6]陈彦彦（2008）研究了农产品质量监管中，政府监管的职能定位、干预范围、管理成本及管理效益等问题。[7]刘书庆

---

① 张文、郭苑、徐小琴：《宏观视角下我国区域经济发展水平的结构性因素分析——基于31 个省级地区数据的实证研究》，《经济体制改革》2011 年第 2 期。

② 李维、朱维娜：《基于结构方程模型的地区经济发展影响因素分析》，《管理世界》2014 年第 3 期。

③ 程惠芳、唐辉亮、陈超：《开放条件下区域经济转型升级综合能力评价研究——中国 31 个省市转型升级评价指标体系分析》，《管理世界》2011 年第 8 期。

④ Anwar S., Prideaux B., " Regional Ecomonic Growth: An Evalution of the Northern Territory", *Journal of Applied Economics&Policy*,2005(3).

⑤ Ryumina E. V., Anikina A. M., " Environmentally Adjusted Evaluation of Regional Economic Growth", *Studies on Russian Economic Development*,2009(2).

⑥ 臧传琴：《政府规制——理论与实践》，经济管理出版社 2014 年版。

⑦ 陈彦彦：《论政府在农产品质量安全监管中的职能定位》，《中国行政管理》2008 年第 6 期。

等（2015）运用 SEM 研究了产品质量危机内部影响因素，根据企业内部产品实现、资源管理及质量改进因素之间相互作用关系的理论假设，构建其影响产品质量危机的结构方程模型。[①]

综上所述，目前大多数研究学者或是从政府角度研究产品质量影响因素，或是从区域角度分析区域经济发展影响因素，但对区域产品质量影响因素的研究相对较少，尤其是区域经济发展对产品质量作用的研究还在初始阶段。此外，企业和消费者对区域产品质量的影响及作用机制也亟须进一步探索。

[①]　刘书庆、连斌、董丽娜：《产品质量危机影响因素相互作用关系实证研究》，《系统管理学报》2015 年第 2 期。

第三章　区域产品质量监管相关理论

第一节　政府监管理论演化过程

一、质量监管研究综述

监管来源于英文"regulation"，被翻译为"规制、管制、调节、管理"等，在政策层面和实际工作部门中多把"regulation"译为"监管"，如产品质量监管、金融监管、环境监管等。事实上，监管、规制、管制只是译法不同而已，它们之间没有本质区别，统一称为"监管"，与在个别地方用到"管制"或"规制"时含义是一样的。监管具有代表性的定义，如表 3-1 所示。

表 3-1　监管典型定义汇总表

学者	监管定义
施蒂格勒（Stigler，1971）[①]	监管是按照利益集团的要求为实现其利益而设计和实施的规则，是对国家强制权的运用
施普尔伯（Spulber，1989）[②]	从监管作用于市场的角度，定义监管是由行政机构制定并执行的直接干预市场配置机制或间接改变企业和消费者的供需决策的一般规则或特殊行为

[①]　Stigler G. J.," The Theory of Economic Regulation"，*Journal of Economics and Management Science*,1971(1).

[②]　Besanko D., Spulber D .F.," Antitrust Enforcement under Asymmetric Information"，*Economic Journal*,1989(396).

续表

学者	监管定义
植草益（1992）[1]	政府监管是社会公共机构依照一定的规则对企业的活动进行限制的行为，社会公共机构或行政机关一般简称为政府
维斯卡西（Viscusi W.K, 1995）[2]	政府以制裁手段，对个人或组织的自由决策的一种强制性限制，政府监管就是以限制经济主体的决策为目的而运用这种强制力
王宇红（2012）[3]	政府行政机构依据法律授权，通过制定规章、设定许可、监督检查、行政处罚和行政裁决等行政处理行为，对社会经济个体的行为实施的直接控制

综合现有文献可以总结出，监管是指监管机构采取监管政策和手段对被监管者进行规范与约束，以达到解决市场失灵，提高资源配置效率，增进社会福利的目的。区域产品质量监管就是指在一定区域范围内，监管部门依据相关法律法规，运用标准、抽样检测、召回等方式，对市场上的产品进行监督管理，实现维护产品市场秩序，保障消费者利益的目的。

随着技术进步、市场规模及范围的变化，政府监管也一直在不断调整和完善，经历了加强监管、放松监管、监管与放松监管并存的动态发展阶段，如图3-1所示，在此过程中形成了较为完善的政府监管理论体系。

---

① 植草益：《微观规制经济学》，中国发展出版社1992年版。

② Viscusi W.K., Vernon J.M., Harrington J. E., *Economies of Regulation and Antitust*, The MIT Press,1995.

③ 王宇红：《我国转基因食品安全政府规制研究》，西北农林科技大学，博士学位论文，2012年。

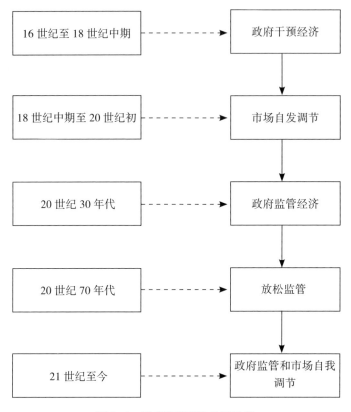

图 3-1　政府监管理论发展阶段

16 世纪中期，人们开始对市场经济进行理论探讨，产生了重商主义，并盛行于 17 世纪至 18 世纪中期。重商主义作为近代经济理论的最初形式，认为财富最重要的形式是金银货币，倡导尽可能多地积累财富，为了在一个国家范围内实现积累财富的目的，重商主义要求政府干预经济，所倡导的政府干预论在当时的经济理论中占据主导地位。重商主义加速了工业资本主义的兴起，但随着早期资本主义发展为较为成熟的工业资本主义，市场竞争逐渐成为经济活动的主要调节机制，并为工业资本主义积累了巨大的财富。

18 世纪后期至 20 世纪初期，重商主义的政府干预微观经济理论，逐渐被古典经济学的市场自发调节理论所批判和取代，古典经济学所倡导的市场自发调节理论占据上风。亚当·斯密在《国富论》中主张政治中立，由市场决定价格，充分发挥"看不见的手"的作用，即竞争和价格机制能够使经济资源得到有效配置，将国家作用定位于维护性的"守夜人"角色，而不是积极的微观干预。政府对市场的干预也仅局限在某个产业或市场的某个局部，此时现代监管政府还未形成。

20世纪30年代到60年代，英国经济学家凯恩斯（Keynes，1951）提出市场机制实现资源的合理配置需要在市场完全竞争和完全信息的前提下，且对市场自发调节论进行了批判。凯恩斯开创了现代宏观经济分析学，认为经济危机不可能通过市场机制自动调节而恢复均衡，因为新古典主义采取边际分析、均衡分析等方法，对从事经济活动的主体和交易过程进行了严格的假设或构想，例如完全理性"经济人"和交易可重复的博弈过程。凯恩斯的理论为政府干预经济提供了理论基础。

20世纪70年代以后，自由主义的经济政策成为主流。直到20世纪80年代初，政府监管理论才初步成形，代表著作为美国经济学家卡恩（Kahn，1988）的《规制经济学》（*The Economics of Regulation*），卡恩主要对公共事业的监管进行了定义。被公认为监管经济学的创始人诺贝尔经济学奖获得者施蒂格勒（Stigler，1971）用经济学方法和需求供给的标准方法分析了监管产生的原因，并指出企业从监管政策的形成和实施中受益最大。[①]

20世纪90年代以后，随着博弈论、信息经济学和机制设计等理论被引入到监管经济学，激励监管理论（Incentive Regulation）得以产生。激励监管理论又称为新监管理论，认为监管者与被监管者之间存在着多方面的信息不对称，监管机构对企业的生产成本、产品质量、努力程度不具备完全信息，双方进行的是非对称信息博弈，从而极易出现逆向选择、道德风险等问题。

---

① Stigler G. J., "The Theory of Economic Regulation", *Bell Journal of Economics*,1971(1).

　　劳伯和马盖特（Loeb M.，Magat W. A.，1979）首次运用委托代理理论分析政府监管问题，提出 LM 机制，研究表明由于信息不对称、契约不完备和不确定性，代理人会违背委托人的意愿谋取私利，损害委托人的利益，降低政府监管绩效，此后委托代理理论在政府监管的研究中得到了广泛应用。[①]1996 年为表彰对信息不对称下对激励理论作出的巨大贡献，威廉·维克里与詹姆斯·米尔利斯（WilliamVickrey，James Mirrlees，1971）被授予诺贝尔经济学奖，他们认为监管者和被监管的激励不相容问题是造成政府监管低效率的主要原因，在委托代理问题中引入激励相容理念，开创了信息不对称条件下的激励理论。[②]因研究市场力量监管而获得诺贝尔经济学奖的让·梯若尔等提出解决政府监管问题的关键是设计出最优监管机制，在监管者仅拥有企业的努力程度、费用条件等不完全信息条件下，进行了实现经济福利最大化方案的机制设计与分析，提出了最优监管机制（Laffont-Tirole 监管模型）并证明了这种监管机制的特点，更加系统、全面地阐述了激励监管理论。[③]随着政府监管理论研究的不断完善，可将监管理论概括为以下五类：公共利益监管理论、利益集团监管理论、监管政治理论、制度主义理论以及激励监管理论，监管理论分类及对比见表 3-2。[④]

　　目前政府监管的必要性已得到充分肯定，世界各国均采用干预的监管政策来加快本国经济发展的速度。对政府监管研究的重点也从政府是否进行监管转为对监管机制的设计，转为侧重运用激励机制和手段，向信息优势方提供适当的激励，建立诱导信息优势方讲真话的监管契约，以实现用最小成本获得监管信息的目的。

---

① Loeb M., Magat W. A., "A Decentralized Method for Utility Regulation", *Journal of Law& Economics*, 1979(2).

② Diamond P. A., Mirrlees J. A., "Optimal Taxation and Public Production I: Production Efficiency", *American Economic Review*, 1971(1).

③ [法] 拉丰、梯若尔：《政府采购与规制中的激励理论》，石磊等译，上海人民出版社 2014 年版。

④ 刘鹏：《西方监管理论：文献综述和理论清理》，《中国行政管理》2009 年第 9 期。

表 3-2　政府监管理论分类对比

理论类型	主要研究学者	主要观点	存在问题
公共利益监管理论	斯蒂芬（Stephen B.），米迦勒（MichaelR.D.），凯勒（E.Keeler），斯蒂芬（Stephen E.F.）	政府监管是对市场失灵进行纠正，对自由放任主义的弥补，维护公共利益的一种有效的政策选择	很难证明监管者是克服市场失灵的最佳途径，认为政府是完全理性的，将公共利益置于优先，但对公共利益的界定缺乏共识
利益集团监管理论	施蒂格勒（Stigler），萨姆（Sam P.），奥尔森（Mancur Olson），麦克·切斯尼（McChesney），费雷德（Fred M.W.）	政府监管是由一些相关的利益集团主导形成，并为利益集团服务或俘获	将监管者的利益设定为商业货币利益而非政治利益，忽略了政府自主性的考虑；也很难解释 20 世纪 80 年代以来许多国家所发生的放松监管的运动
监管政治理论	詹姆士（James Q. W.），马克（Marc T. L.），加里·利贝帕（Gary Libecap），麦克·古宾斯（Mc Gubbins）	政府监管既不是为了实现公共利益，也不是为利益集团所俘获，而是一种在公共利益、利益集团和自身利益之间的平衡妥协	不能将政府利益与官僚利益区分开来，很难界定代表政府利益的主体究竟是谁，没有衡量监管过程中的成本及收益分布分散度的方法
制度主义理论	汉彻（Leigh Hancher），迈克尔（Michael M.），克利福德（Clifford D. S.），马格纳（G.Majone）	正式的制度安排、组织结构以及非正式的文化观念、历史传统等，都必须成为不可或缺的考察因素	忽视了对个体组织或微观制度机制的分析，无法解释在相同的制度环境下监管改革存在的差异及由一些危机事件导致的突发性监管改革
激励监管理论	拉丰（Laffont），梯若尔（Tirole）	认为政府与企业之间进行的是非对称信息博弈，将政府监管归结为委托—代理问题，极易出现逆向选择、道德风险等问题	如何向企业提供适当的激励，使企业在以利润最大化为目标下作出有利于提高社会福利的行为。借助于契约机制设计理论，通过设计激励监管合同，提高政府监管效率

二、产品质量监管研究范围

本书主要是从监管主体、监管对象和监管要素三个方面，全面、系统界定区域产品质量监管概念。

首先，明确区域产品质量监管主体是解决区域产品质量问题的前提。产品质量的监管主体有狭义和广义之分，狭义的产品质量监管主体是指政府，政府作为社会经济活动的宏观组织者和管理者，其主要职能为经济调节、市场监管、社会管理和公共服务，而产品质量监管是市场监管中的一个重要组成部分。因此，政府必须承担起产品质量监管的职责和义务，在产品质量监管中起到主导作用。从公共利益角度出发，制定和颁布各种产品质量的法律或行政命令，依法对质量违法行为进行处理，维护正常的市场秩序，保障消费者的合法权益。

广义的产品质量监管主体，除了政府之外，还涉及企业、消费者、社会组织和新闻媒体等利益相关者，是政府监管机构与非政府组织的联合，各利益相关者在产品质量监管中互动、合作、博弈达到各方利益平衡，进而实现产品质量的最优监管模式。

本书研究的区域产品质量属于宏观质量管理范畴，所指的监管主体正是从广义的角度展开，探讨区域产品质量监管问题。因此，探讨的区域产品质量监管主体包括政府、企业、消费者、第三方机构及新闻媒体等。

其次，更加明确区域产品质量监管的对象。由于产品质量监管是为了实现保护消费者的合法权益，提高产品质量的目的，清晰得出区域产品质量监管对象，即在已划分出的区域范围内，对企业所生产用于销售的产品进行监管。

再次，区域产品质量监管要素，借鉴管理的基本要素——计划、组织、领导和控制，提出区域产品质量监管的四个要素，即区域产品质量监管计划、区域产品质量监管组织、区域产品质量监管领导和区域产品质量监管控制，如图 3-2 所示。

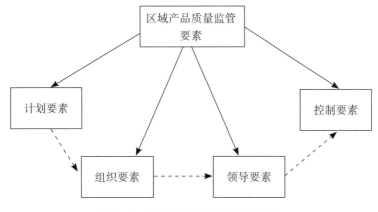

图 3-2 区域产品质量监管四大要素

区域产品量监管计划要素是指统筹规划监管各项工作，组织要素是专业技术人员的储备与培训，提供产品检验检测设备，领导要素是指对监管部门自身监管过程符合合法、合理、合情的要求，控制要素是指构建多层面、全过程、广覆盖的产品质量监管控制体系，指导区域产品质量的发展方向。

第二节　产品监管理论发展及研究现状

美国是典型的监管型国家，其模式引起西方社会科学界对于监管问题的高度关注。"在美国除了政府监管领域，没有别的主题能够引发经济学家、法学家和政治学家如此高度的关注"。[①] 尽管美国充斥着各种形式的个人主义、自愿主义、地方主义等，但却发展出了一套较为完善、涵盖全面的依法监管体系。

政府监管的类型主要有经济性监管、社会性监管和反垄断监管。在市场监管领域早期的研究主要限于经济性监管（Economic Regulation）范

---

① Matthew D. Alder, Erica Posner, *Cost-benefit Analysis: Legal, Economic and Philosophical Perspectives*, University of Chicago Press, 2001.

畴，针对自然垄断型产业。例如，政府对铁路、电信业、银行业等垄断企业的监管，这些自然垄断产业使得资源配置无法达到帕累托最优，在一定程度上扭曲了市场竞争的基本原则，并导致消费者被迫承担不必要的成本和风险。市场竞争无法改善这种状况，必须借助于公共权力来防止垄断优化竞争。因此，政府行政机构运用法律、设定许可和监督检查等一系列手段，对企业的价格、产量进行限制和约束，以期达到修正企业经济行为的目标。

20世纪60年代，美国的产品质量、环境污染及职业安全等社会问题日益凸显，传统的立法和司法机构对于日益专业、复杂的社会事务也显得力不从心。美国政府的监管政策发生了重大的变化，开始通过建立一系列独立、专业的机构来监管社会事务。在此种背景下，社会性监管（Social Regulation）开始快速发展。柯兰多、雷夫（Crandall R.W., Lave. L.B., 1981）首次使用"社会性监管"的概念，指出政府与产业的关系相对独立，不直接介入经济过程，运用政策工具调控市场，因而具有更强的独立性、专业性和科学性。[1]

20世纪80年代，发达国家对社会性监管问题的重视更为明显，逐渐放松了以反垄断、确保有效竞争的经济性监管，加强了以维护健康、公共安全、保障基本人权以及环境监管的社会性监管，其所占比例超过了经济性监管。例如，美国政府设立了消费者安全委员会（Consumer Safety Committee，CSC）、食品药品管理局（Food and Drug Administration，FDA）等监管机构，致力于产品安全和环境保护等社会性问题的解决。综上所述，政府监管的研究内容主要可分为经济性监管、社会性监管和反垄断监管，如图3-3所示。

---

[1]　Crandall R. W., Lave.L.B., *The Strategy of Social Regulation: Decision Framework for Policy*, Brookings Institution, 1981.

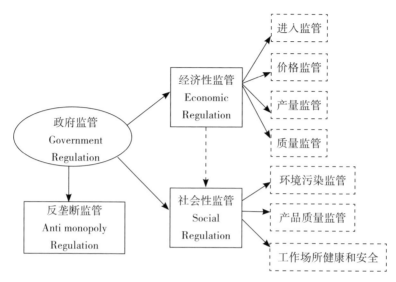

图 3-3 政府监管研究主要内容

研究学者对比区分了经济性监管和社会性监管的不同。[①] 基于此，通过大量文献详细对比分析了两种监管的区别，如表 3-3 所示。

表 3-3 经济性监管与社会性监管的区别

区别	经济性监管	社会性监管
基础理论	纠正市场失灵	克服传统法制过于机械的缺陷
政策目标	防止自然垄断和资源配置无效率	保障可能危害到公共健康、安全和环境的质量
政策工具	市场准入控制、价格和产量调控	制定制度、确定标准、奖惩机制、执行系统
政策对象	公司、企业行为	个人、公司企业及基层地方政府行为
案例	公共事业、铁路、通信、交通与金融等行业	产品质量（药品、食品）安全、控制环境污染、生产安全

① Lester M., *The Tools of Government: A Guide to the New Governance*, Oxford University Press, 2002.

在计划经济体制下，我国尽管存在一系列监管活动，但没有从立法角度规定任何法律责任或惩罚办法。1978 年改革开放以后，随着社会的不断进步与发展，人们开始更加关注产品质量、环境污染以及生产安全等问题。20 世纪 90 年代，我国开始引入政府监管理论。

张秉福（2012）、曹永栋等（2010）主要对发达国家监管进行分析并总结其监管经验，提出发达国家的政府监管是基于法治国家、产权保障、政企分开的制度环境之上，主要监管措施包括设立独立的监管机构、放松经济性监管，强化社会性监管，实施成本收益分析等。[①] 崔德华（2011）、刘畅等（2012）和张红凤等（2011）重点对我国政府监管的概念、发展进行研究，从完善政府监管的法律体系，健全政府监管主体制度，构建适度型政府监管模式等方面，提出提高政府监管质量和效率的措施。[②] 因而针对政府监管理论内容，现有文献大致可以分为两个方面：一是总结国外政府监管特点和经验；二是结合我国实际情况，提出政府监管的理论框架。

由于我国处于经济社会转型过程中，我国政府监管与西方发达国家监管的发展轨迹不同，国外最早出现的是经济性监管，而我国社会性监管制度比经济性监管要早且相对完善，监管框架和内容也不断丰富。我国学者对于具体领域监管体制研究较多，但是对于政府监管体制的一般规律和趋势研究较少，导致系统、完善的制度设计显得欠缺。[③]

产品质量监管是一个交叉研究领域，既属于经济性监管的领域，也包含于社会性监管的范畴，研究区域产品质量监管主要集中在社会性监

---

① 张秉福：《发达国家政府规制创新特点及其对我国的启示》，《经济体制改革》2012 年第 3 期。曹永栋、陆跃祥：《西方激励性规制理论研究综述》，《中国流通经济》2010 年第 1 期。

② 崔德华：《论政府规制的经济性维度》，《江汉论坛》2011 年第 4 期。刘畅、赵心锐：《论我国食品安全的经济性规制》，《理论探讨》2012 年第 5 期。张红凤、杨慧：《规制经济学沿革的内在逻辑及发展方向》，《中国社会科学》2011 年第 6 期。

③ 张碧波：《供给侧结构性改革背景下的政府规制转型》，《山西农业大学学报》2017 年第 7 期。

管的范围内。

在产品质量监管中，完全信息对等的理想状态几乎是不存在的，尤其是对具有典型"体验品"和"信任品"特征的产品（Nelson，1970），如高科技产品、食品药品安全、医疗服务质量等一些专业性很强的领域，政府、企业和消费者之间存在明显的信息不对称。[①] 政府作为介于企业和消费者之间交易的管理者，有责任解决因信息严重不对称而产生的产品质量问题。

为了确保公共利益最大化，必须建立明确的监管激励机制和责任追究机制。激励机制设计主要包括两个方面：一是处于信息劣势地位的政府设计激励机制，采取立法、制定标准、质量认证等措施对产品质量进行监管，引导处于信息优势地位的企业尽可能多地披露质量信息，并对违法生产的企业予以惩处，使生产企业不偏离政府的意愿，实现政府效用最大化，即社会福利最大化；二是对监管者自身制定有效的监管合同或机制，实施对政府监管部门的监督和约束，避免其利用特有的信息优势谋取不正当利益。

第三节　产品质量监管利益主体博弈研究

一、产品质量监管相关理论

产品质量监管效果是指产品质量监管的政策实施以后，给企业带来的经济效益，给消费者带来的健康效益和给社会带来环境效益等。20世纪80年代开始，为了研究产品质量监管政策发挥的效果，各国政府对其实施的产品质量监管进行评估，其中最广泛的方法就是成本效果分析（Cost Benefit Analysis）。

---

① Michael R. Darby, EdiKarni, "Free Competition and the Optimal Amount of Fraud", *Journal of Law and Economics*,1973(1). Jill J. Mc Cluskey, "Game Theoretic Approach to Organic Foods: An Analysis of Asymmetric Information and Policy", *Agricultural and Resource Economics Review*, 2000(1).

　　国外研究学者艾罗（Arrow K. J.，1996）认为监管是弥补市场失灵的必要手段，是否要进行监管以及进行产品质量监管所采取的政策都应基于成本收益法。[1] 米尔斯通，泽瓦尼伯格（Millstone E.，Zwanenberg P. V.，2003）提出政府监管机构应该分析应用 HACCP（Hazard Analysis Critical Control Point，HACCP）体系的成本—收益，向企业明确表明实施 HACCP 体系的效益，从而激发企业实施 HACCP 体系的积极性。[2] 科茨（Coates I J. C.，2015）系统分析了成本效益在金融监管实践中的应用，一定程度上起到降低金融风险的作用。[3] 乔布等（ChoBo-Hyun et al.，2004）论述了在处理澳大利亚沙门氏菌感染过程中，各国政府合作监管的重要性，指明了国家和地方合作监管可提升监管效果。[4] 拉丰、让·梯若尔研究表明欧盟统一的产品质量监管机构对欧洲产品质量安全监管的重要作用。[5] 丹尼尔等（Daniel C. et al.，2010）分析得出通过行政许可、标准制定等措施，即使企业与政府在质量标准上存在分歧，政府监管也能让企业披露更多的产品质量信息。[6] 艾利希等（Ellig J. et al.，2013）总结了美国 2008 年至 2010 年颁布的监管措施，指出政府监管效果差异很大。[7] 米加等（Mitja D. et al.，2013）研究表明应用信息通讯技术（Information Communication Technology，ICT）可以提高政府监管改革绩效，分析了信息通讯技术对

---

① Arrow. K.J., *Benefits-cost Analysis in Environmental Health and Safety Regulation: AStatement of Principles*, The AEI Press,1996.

② Millstone E., Zwanenberg P .V., "*The Evolution of Food Safety Policy-Making Institutions in the UK, EU and Codex Alimentarius*", *Social Policy&Administration*,2003(6).

③ Coates I J. C., "Cost-Benefit Analysis of Financial Regulation: Case Studies and Implications", *Yale Law Journal*, 2014.

④ Cho B.H., HookerN.H., "The Opportunity Cost of Food Safety Regulation-An Output Directional Distance Function Approach", *Agricultural Environmental and Development Economics*,2004.

⑤ 拉丰、梯若尔：《政府采购与规制中的激励理论》，上海人民出版社 2005 年版。

⑥ Daniel C., Grimmer J., Lomazoff E., "Approval Regulation and Endogenous Consumer Confidence: Theory and Analogies to Licensing, Safety and Financial Regulation", *Regulation&Governance*, 2010(4).

⑦ Ellig J., Mclaughlin P. A., Morrall J .F., " Continuity, Change and Priorities: The Quality and Use of Regulatory Analysis across US Administrations", *Regulation&Governance*,2013(2).

政府程序和成本效率的影响。[1]班尼特（Bennett J.T.，2016）则全面总结了成本收益研究现状，对食品安全监管过程中效益成本问题和相关主体的激励问题进行了深入分析。[2]

综上所述，尽管学者研究表明政府监管产品质量对纠正市场失灵，改善消费者劣势信息地位具有重要作用，但是作为单一主体的政府在产品质量监管过程中仍然存在大量问题，无法突破"管不胜管，防不胜防"的困局。

二、产品质量利益主体分析

从不同利益主体角度出发探讨监管行为和策略选择，成为近些年国内外学者一个主要研究热点。产品质量监管水平并非由政府单方面行为和策略决定，企业、消费者等均能对监管效果产生影响。[3]

斯塔博得（Starbird S.A.，2000）建立了监管者影响企业生产行为的模型，研究表明监管者采取罚款和检查政策等措施，可有效地激励企业提高产品质量。[4]陈嘉林（Chen C.，2001）根据消费者对绿色产品质量偏好，用最优的产品设计和市场分割理论，分析企业生产产品价格和质量的战略决策。研究表明在绿色产品监管中，生产者的产品策略和政府所实施的环境标准之间相互作用。[5]纳拉辛汉等（Narasimhan R. et al.，2007）通过构建企业间双寡头博弈模型，分析了消费者产品质量偏好对

---

①　Mitja D., Janez S., Maja K., " E-government and Cost Effectiveness Taxation in Slovenia", *Transylvanian Review of Administrative Sciences*,2010(3).

②　Bennett J.T., "Introduction to cost-benefit analysis", *Monthly Labor Review*, 2016(8).

③　Sedlacek S., Maier G., " Can Green Building Councils Serve as Third Party Governance Institutions? An Economic and Institutional Analysis", *Energy Policy*,2012(10).

④　Starbird S. A., "Designing Food Safety Regulations: The Effect of Inspection Policy and Penalties for Noncompliance on Food Processor Behavior", *Journal of Agricultural and Resource Economics*,2000(2).

⑤　Chen C., "Design for the Environment: A Quality-Based Model for Green Product Development", *Management Science*,2001(2).

企业决策的影响。[1] 马丁内兹等（Martinez M .G. et al.，2007）分析了美国、英国和加拿大合作监管现状，提出政府和企业协调配合共同行动的联合监管系统，不仅能弥补政府监管成本高昂和监管资源有限的体系漏洞，还能解决企业私人监管体系的缺陷。[2] 费尔柴尔德（Fairchild R. J.，2008）应用博弈论研究了政府激励企业实施环保行为的策略选择问题。[3] 德雷诺夫（Dranove D., Jin G. Z.，2010）探究了政府披露产品质量信息过程中存在的问题，提出企业不主动共享产品质量信息的原因。[4] 凯尔特等（Cadman T. et al.，2012）、维斯特等（Wuest T. et al.，2014）分析了产品质量监管中政府对生产企业激励不足产生的弊端。[5] 布伦（Breen M）、格兰德尔（Gillanders R.，2012）研究了政府腐败对企业产品质量监管产生的负面影响，提出政府可以专注于遏制腐败和体制改革以提高监管效果。[6] 温德成（Wen D. C., Cheng L .Y.，2013）为帮助企业作出有效的决策，提高产品质量的竞争力，从企业和消费者的角度，建立了二者之间互动的三维博弈模式。[7]

从政府与企业在产品质量监管策略选择方面，李然（2010）运用静

①　Narasimhan R., Ghosh S., Mendez D.，" A Dynamic Model of Product Quality and Pricing Decisions on Sales Response"，*Decision Sciences*,2007(5).

②　Martinez M.G., Fearne A., Caswell J.A. et al.，" Co-regulation as a Possible Model for Food Safety Governance: Opportunities for Public-private Partnerships"，*Food Policy*,2007(3).

③　Fairchild R.J.，"The Manufacturing Sector's Environmental Motives: A Game-Theoretic Analysis"，*Journal of Business Ethics*,2008(3).

④　Dranove D., Jin G. Z.，" Quality Disclosure and Certification: Theory and Practice"，*Journal of Economic Literature*, 2010(4).

⑤　Cadman T.，" Evaluating the Quality and Legitimacy of Global Governance: A Theoretical and Analytical Approach"，*International Journal of Social Quality*, 2012(1). Wuest T., Irgens C., Thoben K. D.，"An Approach to Quality Monitoring in Manufacturing Using Supervised Machine Learning on Product State Data"，*Journal of Intelligent Manufacturing*,2014(5).

⑥　Breen M., Gillanders R.，" Corruption, Institutions and Regulation"，*Economics of Governance*,2012(3).

⑦　Wen D.C., Cheng L.Y.，"An Analysis of Discerning Customer Behavior: An Exploratory Study"，*Total Quality Management&Business Excellence*,2013(11).

态博弈分析企业产品质量决策，指出不对称信息条件下，生产企业的"逆选择"行为与产品质量密切相关。[①] 于涛等（2015）、孟菲（2009）和张路（2013）分析了政府、企业和消费者的行为规律，探究利益相关者的行为选择动机。[②] 李军鹏等（2007）得出政府对企业的惩罚系数及政府的监管成本、企业生产不安全产品所获得的收益、企业的声誉效应等是影响产品质量行为策略的主要因素。[③] 朱立龙等（2013）揭示了政府与生产企业监管博弈的内部运行机理，分析了影响政府和企业监管行为策略选择的重要因素，包括企业违法收益、政府监管成本和罚款收入等因素。[④] 在信息不对称条件下，研究产品质量监管问题，岳中刚（2008）和左伟（2009）研究了我国监管体制下生产企业和政府的寻租行为，得出了企业可能忽视产品质量对政府行贿，政府和企业进行合谋，进而使得市场信用环境遭到破坏，消费者的权益受损，进一步加剧了产品质量问题的结论。[⑤]

　　产品质量监管涉及政府、企业和消费者等多个主体，构建由多方共同参与的监管治理模式已成为共识。部分学者从博弈论视角对产品质量监管进行研究并取得了较大的进展，在探索政府监管的内在原因和监管效果分析方面已较为成熟且不断创新，取得了丰富的研究成果，积累了

---

　　① 李然：《基于"逆选择"和博弈模型的食品安全分析——兼对转基因食品安全管制的思考》，《华中农业大学学报（社会科学版）》2010 年第 2 期。

　　② 于涛、刘长玉：《政府与生产企业间产品质量问题的博弈分析》，《山东大学学报（哲学社会科学版）》2014 年第 2 期。孟菲：《食品安全的利益相关者行为分析及其规制研究》，江南大学，博士学位论文，2009 年。张璐：《食品安全利益相关者行为及规制的经济学分析》，陕西师范大学，博士学位论文，2013 年。

　　③ 李军鹏、傅贤治：《基于市场失灵的食品安全监管博弈分析》，《中国流通经济》2007 年第 7 期。

　　④ 朱立龙、于涛、夏同水：《政府—企业间质量监管博弈分析》，《软科学》2013 年第 1 期。

　　⑤ 岳中刚：《信息不对称、食品安全与监管制度设计》，《河北经贸大学学报》2006 年第 5 期。左伟：《基于食品安全的企业、监管部门动态博弈分析》，《华南农业大学学报》2009 年第 3 期。

系统的研究方法，并形成了完整的分析框架。

当前所构建的博弈模型一般都局限于企业与企业、政府与企业、消费者与政府两者之间，而把其中的另外一方仅作为外部影响条件考虑，但是将消费者和第三方纳入整体监管策略中统筹考虑的还为之偏少，尤其是对多方利益主体行为策略的内在机理研究尚处于探索阶段。

第四节　产品质量监管问题及对策研究

通过检索相关数据库，发现国内近五年来发表关于"产品质量监管"的文章有 400 余篇。国外对产品质量监管的研究起步较早，从以上三节国内外研究现状及相关内容可知，产品质量监管问题已成为学术界探讨的焦点，学者们研究的重点已从"为什么监管""监管效果如何"向"如何更好地监管"转变。

自监管经济学创始人、诺贝尔经济学奖获得者施蒂格勒用经济学和需求供给标准方法分析监督产生的原因，到 1996 年的威廉·维克里与詹姆斯·米尔利斯因其将委托代理理论用于政府监管中而获得诺贝经济学奖，再到 2014 年让·梯若尔将信息不对称条件下的激励理论应用于政府监管中获得诺贝尔经济学奖。产品监管问题正成为各国政府、学界关注和研究的热点问题。

自改革开放以来，国内学者对产品质量监管的研究取得了较大的进展。结合目前我国产品质量不高，产品质量问题层出不穷的现实，针对产品质量所存的问题，对其动因、困境分析探究并建设性地提出了若干意见和对策。

从产品与市场的角度，王铭（2008）、张佑林（2009）、汪鸿昌等（2013）指出由于产品本身具有信任品或经验品的特性，消费者很难通过观察来判断产品质量，提出信息技术与混合治理机制是确保产品质量的重要手段。[①]刘宁（2006）运用外部性和信息不对称等经济学理论分析了产品质量中的市场失灵问题，指出市场本身不能解决产品质量问题。[②]

从监管需求与供给角度，石涛（2009）研究表明转型时期我国政府监管供给和监管需求表现出明显的不平衡性，主要表现在监管数量失衡和供求结构矛盾突出。[③]王常伟（2013）、周小梅（2010）指出政府监管资源不足是导致产品安全事故频发的主要原因，单纯依靠政府监管力量很难达到理想的效果，当前监管体系已不能满足公众产品质量的需求，通过对比发达国家产品立法、监管体系、管理方式，得出国外质量监督系统中主体是专门从事测试认证的第三方，政府则负责监督第三方的行为，提出发挥第三方监管机构的作用，弥补监管存在的缺口。[④]

从监管对策方面，针对目前我国多段监管产品质量的分工，王彩霞（2011）提出产品质量监管应由"分段式"向"全程式"管理模式转变，对企业和产品实施全生命周期的监管。[⑤]周玲等（2011）研究表明产品流通的整个过程、每个环节都影响质量监管工作，产品质量监管体系需要从分散型向综合型转变，实现全流程的产品监管。[⑥]宋华琳（2008）指出监管实施目的在于解决信息不对称问题，既要考虑监管长期的变化，又要兼顾机构工具的更新及相互的协调与配合。[⑦]陈瑞义等（2013）从供应

①　王铬：《论食品安全研究引入博弈论的必要性》，《商场现代化》2008 年第 23 期。张佑林：《我国食品安全问题探析》，《北方经贸》2009 年第 10 期。汪鸿昌、肖静华、谢康等：《食品安全治理——基于信息技术与制度安排相结合的研究》，《中国工业经济》2013 年第 3 期。

②　刘宁：《我国食品安全社会规制的经济学分析》，《工业经济技术》2006 年第 3 期。

③　石涛：《日本政府微观规制演变及启示》，《现代日本经济》2009 年第 5 期。

④　王常伟、顾海英：《基于委托代理理论的食品安全激励机制分析》，《软科学》2013 年第 8 期。周小梅：《我国食品安全管制的供求分析》，《农业经济问题》2010 年第 9 期。

⑤　王彩霞：《政府监管失灵、公众预期调整与低信任陷阱——基于乳品行业质量监管的实证分析》，《宏观经济研究》2011 年第 2 期。

⑥　周玲、沈华、宿洁等：《风险监管：提升我国产品质量安全管理的有效路径》，《北京师范大学学报（社会科学版）》2011 年第 6 期。

⑦　宋华琳：《政府规制改革的成因与动力——以晚近中国药品安全规制为中心的观察》，《管理世界》2008 年第 8 期。

链角度，分析原材料供应商、食品生产商、食品分销商、食品销售商以及终端消费者，这些供应链上的主体都是影响质量的关键因素。[①]

在单纯依靠政府主导的产品质量监管越来越不能满足现实需要的背景下，近年来国内学者开始重视到多主体参与治理产品质量的作用，提出创新政府产品质量监管模式是提高政府监管效率的关键。陈刚（2012）提出在产品质量监管中引入整体性治理理念，建立政府—市场—社会之间的合作关系，或基于市场信息基础、声誉机制建立聚合多元主体治理框架，以弥补政府监管的"碎片化"状态。[②]张文学（2011）指出政府质量监管、市场质量监管和社会质量监管三大体系构成宏观质量管理体制，三大体系共同发挥产品质量监管作用。[③]杨柳（2015）指出政府、生产者、消费者三种基本力量共同决定产品质量水平，提高监管效能的前提是建立政府、企业、消费者协作监管机制。[④]孙中叶（2009）提出实现有效的社会性监管，必须建立政府、企业、消费者与舆论媒体多方合作的共治的社会监管体系。[⑤]赵翠萍等（2012）分别指出政府、企业及消费者的产品质量责任，提出构建政府、企业和消费者共同参与的责任体系是保障产品质量的有效途径。[⑥]在此基础上，提出了构建政府、企业、消费者三方互动的产品质量治理对策，为解决产品质量监管问题提出新视角。

综合国内外研究现状，产品质量监管和治理还存在着以下具体问题：

第一，缺少对国内外产品质量特征、现状及存在问题的对比分析。

---

① 陈瑞义、石恋、刘建：《食品供应链安全质量管理与激励机制研究——基于结构、信息与关系质量》，《东南大学学报（哲学社会科学版）》2013年第4期。

② 陈刚、张浒：《食品安全中政府监管职能及其整体性治理——基于整体政府理论视角》，《云南财经大学学报》2012年第5期。

③ 张文学：《政府监管在质量体系中的核心作用》，《质量探索》2011年第5期。

④ 杨柳：《我国食品安全监管体系研究》，武汉大学，博士学位论文，2015年。

⑤ 孙中叶：《社会性规制的演进与发展——以美国和日本食品安全的社会性规制为例》，《当代经济研究》2009年第3期。

⑥ 赵翠萍、李永涛、陈紫帅：《食品安全治理中的相关者责任：政府、企业和消费者维度的分析》，《经济问题》2012年第6期。

当前大多数研究拥有一个基本前提假设，即认为我国监管型政府和西方的监管型政府是等同的。虽然我国产品质量监管与发达国家产品质量监管的总体目标一致，但是我国地域辽阔，各地区之间差异较大，面临着与发达国家完全不同的挑战，比如制度约束、社会发展阶段和技术水平等。目前研究缺少对国外产品质量现状、监管体系和存在的问题的研究，无法通过对比指出我国产品质量自身特征及问题。因此，分析国内外产品质量现状及分析监管异同是可行而必要的。

第二，缺少对影响产品质量因素的研究。

目前研究主要侧重于对产品质量存在问题的简要分析，但对分析导致问题产生的影响因素有哪些却相对较少，哪些影响因素直接影响到产品质量，影响因素之间的相关关系，识别影响产品质量因素的研究还在初始阶段。明确指出政府需要分析并需要着力排除的影响产品质量的因素的研究不多。

第三，产品质量监管的区域特征研究较少。

产品质量问题具有明显的区域特征，生产同类产品的企业集聚到一个特定区域，按照一定的经济联系形成一个产业群落，各种产业集聚现象也日趋明显。由于企业聚集的原因，产品质量也呈现出明显的区域特征，形成众多具有区域性的产品集群。上述区域相关研究现状还主要集中在分析区域经济发展对环境质量、城市化质量和社会发展质量的影响上。从区域特性入手，将区域与产品质量结合的文献却相对较少，研究还未能准确地提出区域产品质量监管的概念，即使有个别学者曾经使用过这个概念，也没有对此概念从区域划分角度作出定义。

第四，产品质量多主体协同参与的博弈研究较少。

产品质量监管涉及政府、企业和消费者等多个主体，构建由多方共同参与的监管治理模式已成为共识。从博弈论视角对产品监管进行的研究取得了较大的进展，但当前所构建博弈模型一般都局限于企业与企业、政府与企业、消费者与政府两者之间，而把其中的另外一方作为外部影响条件考虑，尤其是对消费者和第三方的监管策略分析较少。尽管提出多主体参与到产品质量监管的模式，但是利益主体间行为策略的内在机理研究还处在探索阶段。

综上所述，首先，本书基于区域产品质量相关理论、影响因素及监管理论研究基础上，通过对主要发达国家区域产品质量现状、监管体系及存在问题的分析，对比分析我国产品质量发展及监管现状，从利益相关者视角，即政府、企业、消费者角度分析区域产品质量存在的问题；其次，依据当前衡量与评价产品质量的因素，为构建区域产品质量影响因素指标体系提供依据，实证分析区域产品质量的影响因素；再次，对多方参与的产品质量博弈模型进行构建，研究政府、企业、第三方机构与消费者间产品质量策略的选择问题；最后，提出提高区域产品质量的对策及建议。

第四章　主要发达国家产品质量现状、监管体系及问题分析

　　发达国家在不断修订、调整产品质量的法律法规过程中，运用多元化的监管手段，在产品质量监管方面积累了先进的经验。所建立起的臻于完善的产品质量的监管体系，在实践中对产品质量的提升发挥了重要作用。本章除了客观分析发达国家产品质量现状及存在优势，分析其产品质量水平较高的主要原因及探究其构建的产品质量监管制度体系的特点之外，还针对任何一个国家和地区的产品质量都不可避免会出现问题的客观事实，就主要发达国家发生的重要产品质量典型事件，探究这些国家在妥善处理产品质量事件中的对策及措施，可为他山之石，用以作为提升我国产品质量的重要借鉴和参考。

　　本章以产品质量监管体系较为成熟的美国、欧盟和日本为例，从其产品质量现状着手，分析其优势产品及完善的产品质量监管制度体系。结合所发生的多起质量问题事件及采取的应对措施，总结提出对我国产品监管体系建设可借鉴的经验。

第一节　美国产品质量现状、监管体系及问题分析

一、美国区域产品质量现状及其特点

　　美国产品质量水平在世界范围都获得高度认可，其产品质量优势有目共睹，在航空航天领域，拥有波音、洛克希德·马丁、通用动力公司

等技术先进企业；在电子行业拥有 Intel、IBM、微软等著名企业。世界500 强公司数量（2016 年美国有 134 家）一直以显著优势高居榜首，排名前 50 位的公司涉及多个制造行业，这些大型制造业企业大多数是处于产业链上游的高附加值、高产品质量的制造类企业。[①] 其中就包括石油行业中的埃克森美孚、雪佛龙；电子科技产品制造业中的苹果、惠普、思科；汽车制造业中的通用、福特；饮料制造业中的百事可乐、可口可乐；化学制造业中的杜邦、3M；服装制造业中的耐克；医药制造业中的强生等。这些企业之所以在世界上都具有极高的影响力，可以说与其极高的产品质量水平，较强的产品质量竞争力密不可分。

实际上，美国的产品质量管理历程并非一帆风顺，先后经历了"领先—被赶超—再次崛起"的起伏过程。现代管理科学起源于美国，由此产生的质量管理的思想和方法不论是技术方法层面还是思想理论层面一直引领世界潮流。自 20 世纪 20 年代以来，其主要成就有统计过程控制理论（Statistical Process Control，SPC）、抽样检验理论以及六西格玛管理法等。其中 SPC 通过利用统计分析工具对产品生产过程进行监控，及时发现产品质量异常波动情况，达到了控制和提高产品质量的效果；抽样检验技术大大提高了检验产品效率，保障了产品质量合格率；至今仍被受世界推崇的六西格玛管理更是以"零缺陷"作为产品生产追求的目标，是世界上追求卓越企业的必由之路。

美国拥有高水平的产品质量的原因有很多，追根溯源可以归结为以下几个方面：

首先，通过引进世界各地的人才以及凭借自身人才培养机制，形成了一批高素质人才队伍，这些高素质的人才分布在产品构思、设计、生产、运输、销售、售后等各个环节中，保障了产品质量的高水平。除此

---

① 国家商务部网站：《美国制造业占据产业上游，比过去更高效制造业占据产业上游，比过去更高效》，2016 年 3 月 28 日，见 http://www.mofcom.gov.cn/article/i/jyjl/l/201604/20160401296802.shtml。

之外，美国凭借其强大的移民吸引力以及较高的移民标准，将优秀人才纳入本国之内，节约人才培养费用的同时也极大地促进了本国在各个方面的发展。另外，从诺贝尔奖获奖数量上也可以看出美国在科技创新方面有其独特的优势，从 1901 年到 2014 年，共有 889 个诺贝尔奖获得者，其中美国人获奖所占比重高达 40%，是世界上获得诺贝尔奖数量最多的国家。[①]

其次，美国消费者产品质量维权意识强。自 1994 年起确立每年的 9 月为"国家食品安全教育月"，政府及相关民间机构都会积极开展一系列培训活动以宣传食品安全的相关知识，提高国民对于食品安全的重视程度。所以，消费者具有强烈的产品质量维权意识，一旦受到不良产品的侵害会毫不犹豫地采取措施维护自身权益。

再次，美国产品质量国家标准高，许多产品质量国家标准多数高于国际标准，与其高水平的制造能力和非常强的质量意识相对应，保证了产品质量的高水平。以乳制品为例，美国被公认为是世界上乳制品最安全的国家之一，例如其国家标准要求菌落总数为每毫升小于 75 万个，远严格于要求每毫升菌落总数小于 200 万的国际标准。[②]

除此以外，工人优厚的福利待遇保证了美国产品的高质量水平。美国质量管理专家戴明博士认为产品质量问题的出现大多是由处于基层的工人不负责任的态度造成的，当制造业工人的工资福利待遇提高后，工人的幸福感增强，对待工作的负责态度就越高。[③]即对产品质量要求很高的制造业行业中，往往工人的工资水平较高，这也是保证产品质量的又一重要因素。

通过上述分析，不难发现美国高产品质量水平的主要原因，在于其

---

① 朱安远、郭华珍等：《历届诺贝尔奖得主国籍的分布研究》，《中国市场》2015 年第 5 期。

② 云振宇、刘文、蔡晓湛等：《美国乳制品质量安全监管及相关法规标准概述》，《农产品加工学刊》2010 年第 1 期。

③ 鞠恩民：《美国是怎样回归制造业的？》，《智慧中国》2016 年第 5 期。

先进的质量理念、高素质的人才队伍、严格的质量管理制度和完善的质量管理理论与方法，并通过实践不断创新追求卓越质量，从而使产品质量竞争力不断提升，在国际中始终处于领先地位。

二、美国产品质量监管体系分析

美国产品质量水平之所以高，成为世界各国争相学习的榜样，尤其是食品质量更是被誉为世界上食品安全水平最高的国家，除了企业完善的管理流程、自律的社会责任意识和自觉的产品质量诚信要求外，更与其拥有完备的产品质量监管体系密不可分。在市场经济条件下，企业产品和服务的生产和销售完全是以市场机制为导向，在此种机制下，再好的理念、再先进的方法，如果没有外部环境的制约，没有外在因素的影响，作为追求利润最大化的企业是不会主动接受、主动采用的。

美国在产品质量监管过程中实施全过程、全方位的监管，注重风险评估与管理，按照产品类别设置独立垂直的监管机构，在具体监管过程中制定严格详尽的标准体系，强调认证认可以及强制检验作用。从外部环境方面为保障产品质量设计出一套完整的、高效的、严格的监管体系。本节将从监管机构及职责、监管法律、监管制度、消费者与第三方检测机构作用四个方面对美国的产品质量监管体系进行深入探讨。

（一）产品质量监管机构及职责

美国拥有全国性的监管机构 55 个，人数近 13 万人。在美国，社会性监管的从业人数远远大于经济性监管的从业人数，占监管机构总人数的 75% 以上。[①] 美国主要负责产品质量监管的机构有食品药品监督管理局（Food and Drug Administration，FDA）、联邦贸易委员会（Federal Trade Commission，FTC）、消费者产品安全委员会（Consumer Product Safety Committee，CPSC）、卫生部与农业部的一些下属机构以及环境保

---

① 高晓红、康键：《主要发达国家质量监管现状分析与经验启示》，《标准科学》2008 年第 10 期。

护局，这些部门依据相关法律的规定，按照产品类别进行全过程的监管，基本上没有职权交叉现象，即使有少量部分交叉监管的现象，各监管机构协调监管而不是相互推诿。美国产品质量监管机构及其监管职责情况，如表4-1所示。

表4-1　美国质量监管机构统计情况表

监管机构	监管范围	法律依据	监管职责	目的/认证
联邦贸易委员会	贸易欺诈	《美国统一商法典》《麦克努森—莫斯担保法》《联邦贸易委员会法》《正确包装和标签法》《烟草标签和广告法》	保护消费者免受侵害；处理消费者的信件；申请民事赔偿和消费者赔偿；为国会、政府等提供相关材料；监管广告	确保国家市场具有竞争性
消费者产品安全委员会	具有潜在危险的消费品	《消费者产品安全法》《易燃性纺织品法》《联邦危险物品法》《危险物品控制包装法》《冷冻器安全法》	对消费品的安全性进行检查鉴定；制定统一的消费品安全标准；在全国收集信息，发现某种产品发生危险的频率较高时采取行动；对具有潜在危险的产品执行检查；信息反馈给消费者	保护广大消费者的利益，通过减少消费品存在的伤害及死亡的危险来维护人身及家庭安全 CPSC认证
食品药品监督管理局（卫生部）	食品、药品、医疗器械、食品添加剂、化妆品、动物食品及药品、葡萄酒饮料以及电子产品	《食品、药品和化妆品法》	对食品、药品、化妆品等的安全性和纯净性进行监督、检验；查找某类食品传染疾病的原因，减少食源性疾病；对各类药品包装及其广告实施监管；将不安全产品向公众通报并处罚	保护、促进和提高国民健康；FDA认证

续表

监管机构	监管范围	法律依据	监管职责	目的／认证
食品安全检验局（农业部）	国内生产和进口消费的肉类、禽肉及蛋类产品	《联邦肉产品检验法》《禽产品检验法》《蛋品检验法》	负责肉、禽、蛋类产品的检验工作；所有食源性疾病的调查与防治；监督对检验不合格产品的召回	保证国内和进口的肉、禽、蛋类产品供给的安全有益，标签标示真实，包装适当
动植物卫生检验局（农业部）	动物和植物		可能发生在农业方面的生物恐怖活动（如外来物种入侵、动植物疫病传入等）；制定动植物进出口法规并实行动植物检疫；与FSIS一起负责肉、禽类食品安全	保护公众健康和美国农业及自然资源的安全
疾病管制中心（卫生部）	食品卫生、药品		开展疾病预防和控制、环境卫生、职业健康、促进健康、预防及教育活动；调查食源性疾病的爆发	预防及控制疾病、损伤及残障，促进健康及提高生活质素
环境保护局	饮用水	《公众健康服务法》《联邦杀虫剂杀菌剂杀鼠剂法》	制定饮用水安全标准并监管；测定和监督杀虫剂的安全性；设定食品和饲料中农药残留容许量	维护自然环境和保护人类健康不受环境危害影响，EPA认证
商务部	鱼类海产品		检查渔船、海鲜加工厂和零售店是否符合国家卫生标准并颁发许可证	

　　美国政府监管机构非常强调信息的公开，从风险分析程序一直到监管结果，政府确保所有的产品质量监管过程都呈现在消费者的面前。以FDA为例，其掌握着数百万份关于食品和药品安全的文件，包括对公司的检查结果，以及食品安全操作与管理程序手册，消费者都可以从FDA网站上查询到原始的检查报告。[①]

---

　　① 陈定伟：《美国食品安全监管中的信息公开制度》，《工商行政管理》2011年第24期。

（二）产品质量法律法规

美国产品质量法律体系立法严格且覆盖产品质量监管的方方面面，既有立足全局的法律，如《美国统一商法典》《联邦贸易委员会法》《消费者产品安全法》《产品责任法》等，又有基于产品类别的法律，如《联邦食品、药品与化妆品法》《烟草标准和广告法》《冷冻器安全法》《联邦肉类检查法》《蛋品检验法》等。

（三）产品质量监管制度

政府为了加强对产品质量的监管，保证产品质量水平，制定的监管制度贯穿于整个产业链的各个环节。现按照产品生产流通顺序，绘制出产品质量监管制度流程图（见图4-1）。

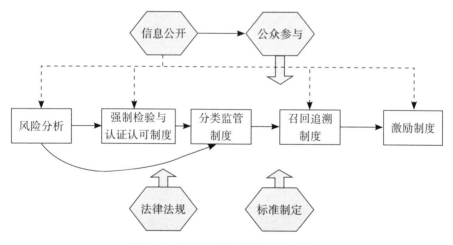

图4-1 美国产品质量监管制度流程图

1. 产品质量监管十分重视风险评估和风险管理

产品监管注重事前的控制，而不是事后的调整，尤其是在食品安全质量的监管中。美国FDA下属的食品安全和实用营养中心部门负责危害分析和关键点控制HACCP计划的推广实施。通过HACCP方法对产品质量整个经营过程中的每个环节进行物理、化学和生物三个方面的危害分析，鉴别、评价和控制对食品安全至关重要的危害，进而制定出关键控制点对其进行监控并反馈相关情况。[①]

2. 制定全面严格的标准体系及认证认可制度

美国标准技术研究院是美国标准化领域唯一的官方机构，承担建立国家计量标准、标准制定等工作，同时也为美国的标准化工作提供了坚实的技术基础。所制定的标准体系几乎覆盖全部产品，且体系完备标准统一，与其他国家和地区的标准体系相比，具有自愿性和分散性的特点。

对市场内销售的产品有着严格的要求，必须取得相应的产品质量认证才可在市场上流通。《美国联邦政府产品和服务计划》规定，某些类别的产品未经过安全性检测合格并获得相关机构许可前不得进入美国市场，与消费者的健康与安全有直接影响的产品必须实行强制检验和认证认可制度。表4-2列举了美国主要的产品质量认证标准，这些认证标准为后续的产品质量监管提供了前提和基础。

表 4-2　美国主要的产品质量认证标准

名称	要求
FCC 标准 /UI 标准	大多数电子、电器产品，要求必须符合美国联邦通讯委员会 (FCC) 和保险商实验室 (UI) 发布的一系列标准。需要进行检测的产品有计算机、玩具、无线电设备、电视和传输设备等
FDA 标准	FDA 标准是美国食品药品监督管理局的简称，对所有进入美国市场的食品、药品、化妆品、洗涤用品和医疗设备等进行统一监管
CPSC 规则	美国消费者安全委员会管理着 15000 种不同的产品，CPSC 的主要任务是收集产品的安全数据、提示客户产品的危险性以及降低产品危害的方法。只有获得安全标志的产品才准许进入市场，在检测中出现不合格产品情况时，其制造商、进口商、分销商和零售商必须作出书面报告
FTC 规则	美国联邦贸易委员会要求进口到美国的纺织品必须要标有所含成分和保护标签，若纺织品含有未经 FTC 认可的成分，则要限制其进入美国市场。FTC 还将对纺织品的成分进行检测分析，监督其所标识的成分标签是否与实际情况相一致

---

① 国际标准 CAC/RCP-1《食品卫生通则 1997 修订 3 版》对 HACCP 的定义。

3. 产品质量分类监管制度

美国产品质量监管法律的规定以及相关监管机构的设置都体现出了分类监管的思想，监管机构按照法律的规定负责监管一种或几种产品质量的全过程，即按照产品类别进行全过程监管，而不是我国的分段式监管模式。所以，这种监管模式有利于实现监管的全程无缝衔接，划清监管界限，防止出现监管空隙导致的部门之间责任推诿的现象。

分类监管制度还体现在区别产品监管力度方面，政府根据产品对于消费者带来的危险程度以及对人类健康影响程度的不同，采取不同的监管力度。对于危险系数较高或者对人类健康与安全影响较大的产品，对其整个生产流通过程都实施严格的监管；而对于一般性的产品，只对其关键控制点进行监管就可，从而能够充分利用监管力量，提高监管效率。

4. 产品召回与追溯制度

美国是世界上最早实施缺陷产品召回制度的国家，该制度始于1966年国会制定的《国家交通与机动车辆法》。现在对缺陷产品范围的规定已相当广泛，涉及汽车、摩托车、飞机、食品、药品、医疗器械、化妆品、儿童玩具等多个领域。产品召回是预防产品质量风险事故的一种很好的手段，每年因消费品事故导致的伤亡和财产损害给国家带来的损失超过7000亿美元，而通过CPSC召回等措施每年可减少此类事故达30%以上。[①] 美国实行的严格责任的缺陷产品召回制度，通过前期的风险分析与分类全程监管，使产品在各个环节都处在监管控制下，当发现产品存在安全风险或质量问题时，除了可以立即实施召回缺陷产品之外，还可以通过追溯制度及时查找到产品质量问题产生的原因，追究相关方的责任。

5. 产品质量激励制度

美国产品质量保障措施除了严格的制度规范及处罚措施，还注重正面的激励措施。于1987年设立波多里奇国家质量奖，1988年开始正式评

---

① Forristal P .M., Wilke D. L., Mccarty L. S., "Improving the Quality of Risk Assessments in Canada Using a Principle-based Approach", *Regulatory Toxicology & Pharmacology Rtp*, 2008(3).

奖，评奖范围不仅包括制造业、服务业等企业，还包括教育和保健部门等组织。国家质量奖的评定鼓励企业自评，虽然每年获奖企业只有 3 家至 5 家，但由于该奖项的强大影响力能够给企业带来良好的企业形象与宣传作用，所以每年都会有多达 20 多万家企业申请该奖。

（四）消费者及第三方检测机构的作用

政府产品质量监管范围毕竟有限，除了发挥其在产品质量监管方面的作用外，还采取消费者、第三方检测机构参与等多种方式共同对产品质量进行约束的办法。重视发挥公众的力量，其产品质量监管法律、制度的顺利实施离不开消费者的广泛参与，公民的质量监督意识对产品质量的监管起到重要推动协助作用。

美国政府还重视对社会资源的运用，以求实现利用市场化的方式开展产品质量监管工作。第三方检验机构在法律的框架之下，获得政府的许可与监督后开展产品检测认证工作，依据美国和国际上的相关标准，对通过检验的产品进行产品质量认证。

再者，各种质量协会或组织对产品质量推广也起到了重要的推动作用。20 世纪 30 年代成立的消费者联盟组织是美国最早的保护消费者权益的组织，消费者联盟的主要工作是出版刊物，如影响力最大的《消费者报导》，通过出版刊物报道产品检验检测结果供消费者参考。美国政府还积极开展消费者教育，将每年的 9 月份定为"国家食品安全教育月"，体现出美国对消费者权益的重视程度。除了政府采取的措施以外，消费者在产品消费过程中十分重视对自身权益的维护，只要是产品质量问题导致消费者受损，大多数消费者都会选择通过投诉等渠道维护利益。

第二次世界大战末期成立的美国质量协会（American Society for Quality，ASQ）是非营利性科技社团组织，ASQ 对美国产品质量的提高起到了至关重要的作用，设有社区质量委员会、产品安全和责任预防委员会、标准委员会、可靠性委员会 4 个专业技术委员会。

三、美国产品质量特例事件及存在问题分析

美国总体的产品质量水平虽然较高，产品质量监管体系完备，但近年来，产品质量事件仍然时有发生，现将影响较大的代表性产品质量事件列出，如表4-3所示。

表4-3　近年来美国典型的产品质量事件

发生时间	质量事件	质量问题
2005 年	美国通用汽车公司汽车召回事件	产品不符合标准
2006 年	戴尔笔记本电脑爆炸事件	产品不符合标准
2007 年	美泰玩具召回事件	检测出含有挥发性物质
2007 年	通用电气公司涡轮发电机质量问题	产品质量不合格
2008 年	美国医疗设备公司起搏器安全事件	检验不合格
2008 年	悍马车质量事件	未按要求提供证书或合格证明材料
2008 年	迪尔公司农用机械设备质量问题	检验不合格
2011 年	麦当劳质量事件	超范围使用食品添加剂
2012 年	沃尔玛质量问题	未按要求提供证书或合格证明材料
2012 年	可口可乐质量事件	超范围使用食品添加剂
2013 年	粉红肉渣事件	检验不合格
2013 年	美国雅培奶粉事件	超范围使用食品添加剂
2014 年	XL Foods 公司牛肉产品召回事件	检验不合格
2014 年	有机花生酱沙门氏菌事件	超范围使用食品添加剂
2015 年	苹果 Pill XL 音响	电池过热导致伤害

这些产品质量事件也暴露出美国依然存在假冒伪劣、以次充好的现象，以及对原材料等产品成分缺乏检验、产品部件不合标准等一系列问题。现以典型的制造业产品与食品质量事件为例，分析导致其产品质量出现问题的原因、监管部门面对产品质量问题所采取的应对措施以及应汲取的教训和所获得的经验。

（一）工业产品质量典型事件分析

2004 年 7 月，美国国家环境保护署（Environmental Protection Agency，EPA）就提出杜邦公司生产的"特富龙"所用到的原料有可能致癌；2005 年 6 月，EPA 下属的美国科学顾问委员会，对特富龙的主要原料 PFOA 进行动物实验，发现该物质导致了实验白鼠发生了一系列的肿瘤病变，由此得出 PFOA 很可能会导致人体发生癌变。"特富龙"事件爆发后，使得特富龙一夜之间变成人人诟病的化学材料，杜邦公司的产品受到了极大的影响。

杜邦公司为了自身的经济利益，自 1981 年 6 月至 2001 年 3 月期间，隐瞒特富龙是具有毒副作用材料的真相长达 20 年，并且违法向美国俄亥俄河谷排放含有特富龙的污水，因此被指控涉嫌多项违法行为。公司于 2005 年 12 月公开表示，接受美国 EPA 开出的总计 1025 万美元巨额罚单。除此之外，杜邦公司还需承担高达 625 万美元的相关环保项目的资金支持，被迫支付 1 亿多美元赔偿金给当地居民。

2006 年 1 月，美国采取全面打击特富龙的行动，杜邦等 8 家主要化工企业与 EPA 共同达成一致协议，到 2015 年特富龙的生产完全停止使用 PFOA 这一危险化学品，以免对环境及人体造成污染与伤害。

从"特富龙"事件可以得出，美国对产品质量高度重视，即使缺乏特富龙对于人类致癌的现实案例，对人类健康的影响程度尚不明确，但对违规企业的惩罚绝不手软，这对其他企业也产生了很强的震慑作用。

（二）食品行业典型产品事件分析

美国的食品安全水平即便较高，但是几乎每年也都会发生食品安全公共事件，2006 年在威斯康星州发生的"带菌菠菜"事件使 26 个州 200 余人感染生病；2008 年在美国 43 个州和华盛顿哥伦比亚地区发生了圣保罗沙门菌暴发事件，实验室确诊病例超过 1400 例；2008 年受到沙门氏菌污染的"花生酱"事件"鸡蛋污染"事件；2011 年在科罗拉多州因"带菌香瓜"而暴发的李斯特菌感染，疫情蔓延至 19 个州；2015 年美国蓝铃冰激凌污染事件等。

1. "毒菠菜"事件（2006 年）

2006 年，威斯康星州发生的"带菌菠菜事件"震惊全美，这也是美国 FDA 史上第一次就某一蔬菜发布大规模的禁食令。2006 年 9 月 11 日，美国疾病控制与预防中心（Centers for Disease Control and Prevention，CDC）发布消息称，威斯康星州爆发了食源性疾病。两天后，威斯康星州公共健康部门确定，疾病是由于袋装菠菜中的 O157：H7 大肠杆菌引发的。"毒菠菜"事件影响范围极广，不仅在美国范围内涉及 26 个州还波及到加拿大部分地区，共造成了 204 人发病，其中 104 人住院，31 人患上溶血性尿毒症综合征，3 人死亡。①美国 FDA 在事件发生三天后发布了"菠菜禁食令"，告诫人民群众不要吃袋装菠菜，紧接着禁食令的范围扩大至全部新鲜菠菜。FDA 的禁食令对美国菠菜的销售是致命的，由此导致新鲜袋装菠菜滞销的情形到了 2007 年才有所好转。

此次事件后，2007 年 1 月，美国联合新鲜农产品协会提出了一系列强制性准则，对相关商品的生产者实行强制性规定。联邦政府批准了这些准则，在全国范围内实行监管以保证食品安全标准的可信度，在提高食品安全标准可信度水平的同时，提高食品安全水平以保护消费者的健康权益。

2. 沙门氏菌污染事件（2008 年）

2008 年 6 月，美国疾病控制与预防中心报告指出，德克萨斯州和新墨西哥州自 4 月底以来，发现了 40 例圣保罗沙门氏菌感染病人。从 2008 年 4 月至 8 月 25 日，美国 43 个州报告了 1442 例食源性圣保罗沙门氏菌

① 王志刚、黄棋、陈岳：《美国"毒菠菜"事件始末及其对中国食品安全的启示》，《世界农业》2008 年第 4 期。

的感染确诊病例，导致 286 人住院治疗，2 人死亡。[①] 这是美国十多年以来最严重的沙门菌暴发疫情，初步调查结果显示此次事件的爆发与生食西红柿、辣椒有关，CDC 和 FDA 立即发布了对西红柿的预警，该预警使美国西红柿产业损失超过 3 亿美元。自 2008 年 5 月末开始，美国 CDC 和 FDA 以及各个受到沙门氏菌感染的州立公共卫生部门通力合作，及时在各自的官方网站向公众发布和更新相关的疾病疫情及食品溯源调查的情况。消费者也可以在官方网站上查询沙门氏菌感染的途径、症状、治疗建议等相关信息。

3. "花生酱"中毒事件（2009 年）

2009 年在受到沙门氏菌污染所导致的"花生酱"事件中，美国共有 46 个州受到了影响，造成 714 人感染了沙门氏菌，9 人死亡的严重后果，受害群众更多。事件发生后震惊了全美，严重动摇了公众对美国政府食品安全监管能力的信任。

针对此次严重的"花生酱"事件，到判处此案件为止，此事件的判处结果是美国国内食品安全类的案件中最为严厉的刑罚结果：布莱克利食品公司前首席执行官被判 28 年的监禁，并判处他的经纪人 20 年有期徒刑。为了重获消费者的信任，提高食品安全水平，美国政府在事件发生当年加快了食品安全立法进程，先后颁布了《2009 年消费品安全改进法》和《2009 年食品安全加强法案》。2011 年 1 月，美国总统奥巴马签署了《FDA 食品安全现代化法案》，这是七十多年来美国对现行主要食品安全法律《联邦食品、药品及化妆品法》的一次重大修订。[②]

4. "鸡蛋危机"事件（2010 年）

2010 年美国爆发了全国性"鸡蛋危机"，2010 年 6 月以来，患有沙

---

① 国家食品药品监督管理总局：《沙门氏菌居食源性疾病首位　食药总局提示谨慎食用》，2015 年 9 月 7 日，见 http://www.xinhuanet.com/food/2015-09/07/c_128202199.htm。

② 陈晓燕：《如何应对美国食品安全新法案带来的风险》，《中国检验检疫》2011 年第 9 期。

门氏菌病的患者人数从平时的每周 50 人增加到 200 人。①2010 年 8 月 CDC 宣布，美国发生了大范围的鸡蛋中毒事件，加利福尼亚州、明尼苏达州和科罗拉多州估计有 1300 人受感染患病。消费者因食用了被沙门氏菌污染的鸡蛋而感染疾病，全美召回的鸡蛋数量超过了 5.5 亿枚，此次召回事件是美国历史上最大规模的鸡蛋召回事件。

在"毒鸡蛋"事件发生后美国紧急进行了关于鸡蛋的立法工作，2010 年 7 月起美国有关鸡蛋安全的相关法规生效实施，要求鸡蛋生产商对鸡蛋进行多次沙门氏菌检测，要积极采取预防措施防止鸡蛋被污染，鸡蛋的运输和储存要一直处于冷藏状态。在政府监管方面，要求相关监管部门要对规模在 5 万只以上鸡的生产商进行严格的监管，监管覆盖全美鸡蛋产量的 80% 以上。

根据以上产品质量相关事件分析可知，美国十分重视产品质量，尤其是食品质量，美国食品流通无所不往，一个地区的食品污染，就很有可能造成全国性的中毒。在面对产品质量问题时，政府能够快速应对并提出解决产品质量问题的措施，从产品质量事件中寻找自身监管体系中的漏洞及缺陷，不断完善修订产品质量监管法律法规，运用多种监管方法尽快解决产品质量问题。

深究上述产品质量事件发生的原因不难发现，在已发生的产品质量事件中，很少是企业有意为之，鲜见企业投机取巧、以次充好的现象发生。许多事件主要是由于客观因素所致，上述多例食品安全事件主要源于所食用的食品携带病原体所致。由于健全的监管制度和多年形成的文化背景，美国的多数产品质量事件基本与道德沦丧、诚信缺失无太大关联，这就使监管部门或消费者集中精力用科学手段寻找、分析问题原因，采取法律手段寻找妥善解决经济纠纷的措施。

实际上，通过修改、完善立法可以解决产品质量出现的新问题，美

---

① 徐启生：《美国"问题鸡蛋"致 1300 人患病》，《光明日报》2010 年 8 月 21 日。

国产品质量法律法规正是在应对产品质量问题时，得到不断的补充；科学监管则从政府执法方面，通过有效的监管措施，加强政府监管力度，预防和解决产品质量问题。所以说，依法监管、科学监管是美国政府解决产品质量问题最有效的措施。

第二节　欧盟产品质量现状、监管体系及问题分析

一、欧盟产品质量现状及其特点

2014 年，欧盟委员会发布的《2014 年欧洲竞争力报告》指出欧盟制造业拥有高技能工人，出口产品国内附加值高，在复杂、高质量产品上具有比较优势。[①]欧盟的许多产品深受全世界消费者的欢迎，例如德国的汽车、瑞士的手表、英国的粗花呢、荷兰的电子产品、意大利和法国的时尚品牌鞋业等。欧盟各国的这些优势产品在世界范围内都是高质量的代名词，现以德国、瑞士为例，分析这两个国家产品高质量优势的原因。

德国制造业与欧盟平均水平或相比较欧盟其他国家优势则更为突出，2014 年制造业在德国国内生产总值中的占比为 22.3%，欧盟国家制造业平均占比为 15.3%，法国为 11.4%、英国则更低，仅为 9.4%。[②]德国在质量管理方面拥有健全的质量标准和质量认证体系，为其制造业的竞争优势奠定了坚实基础，2013 年，德国推出了"工业 4.0"的国家战略，进一步升级制造业来捍卫自身的国际竞争优势。德国产品因高质量水平、高技术含量和优质的售后服务在世界上享有盛誉，这与其制造业企业在发展过程中并不盲目扩张规模、盲目扩大业务范围，而是不断提升自己领域产品的质量及专业化水平密不可分。

瑞士作为欧盟成员国之一，该国制造的产品早已建立起高品质的形

---

① 宇燕：《欧盟制造业竞争力分析》，《中国贸易救济》2014 年第 11 期。

② 郑春荣、望路：《德国制造业转型升级的经验与启示》，《人民论坛·学术前沿》2015 年第 11 期。

象，尤其是机械手表享誉世界，是准确、可靠和精美的代名词，产品达到了同类产品类别中的最高水平。

通过分析欧盟产品质量的进程不难发现，各个国家的产品质量体系是在欧洲经济一体化进程中逐步建立和完善的，该体系建立的最初目标不仅是为了保护消费者健康与安全，同时更是为了推进欧洲经济一体化进程，建立欧洲单一内部市场，实现欧洲范围内商品、人员、服务和资本的自由流动，[①] 如表 4-4 所示。这一特点不仅体现在欧盟成员国产品质量安全体系的基础制度之中，也体现在其支撑系统的运作之中。

表 4-4　欧盟产品质量演化进程

时间	标志	目的
1969 年 5 月	《关于消除成员国由于法律、法规或行政行为差异而导致的技术性贸易壁垒的总纲要》《关于检验相互承认的理事会决议》等 4 个重要文件	在相互承认原则的基础上，实现在成员国内合法生产和销售的产品能够自由运往其他成员国销售，而无须重复检验和变换名称
1983 年 3 月	《技术标准与法规领域信息提供程序指令》	建立了一套互惠、透明和可控的预先通报、审查和干预机制
1985 年 5 月	《关于技术协调与标准新方法的理事会决议》	将复杂的立法协调工作予以简单化和规范化，使原本难以完成的目标得以快速实现
1989 年	《关于工业产品质量认证和检验的全球方法》和《关于合格评定的全球方法的理事会决议》	通过在欧共体范围内采用新的全球战略方法，为产品质量认证、安全检验及合格评定提供一套简便易行的操作程序，消除成员国对产品重复检验和认证造成的贸易障碍，从而实现欧洲范围内经济与社会的和谐统一
1992 年 6 月	《通用产品安全指令》	欧共体历史上第一个以保护普通产品安全为核心目标，并以建立统一的产品质量安全体系为主要内容的综合性指令

---

① 顾成博：《欧盟产品质量安全体系的建立与运作评析》，《中山大学学报（社会科学版）》2015 年第 2 期。

时间	标志	目的
2004 年 1 月	《通用产品安全指令》	首要目标设定为确保投放市场产品的安全性，但是二者仍然服务于完善欧洲内部市场功能和消除内部边界的目标，始终保持着与经济一体化的大方向一致，即确保商品、人员、服务和资本的自由流动

二、欧盟产品质量监管体系分析

（一）欧盟产品质量监管机构及职责

欧盟作为一个统一的联盟体，重视打造纵向与横向的监管网络。以食品质量监管为例，欧盟构建了纵向与横向相结合的食品质量管理监控体系。纵向食品质量监管体系由欧盟委员会主导，欧盟委员会内部有专门负责食品安全的监管机构，该食品监管机构在各个成员国都设有分支机构，共同组成了纵向的食品质量监管体系；横向监管体系则由若干专业委员会，如植物健康常务委员会、兽医常务委员会等构成。欧盟产品质量监管机构及其监管职责见表 4-5。

表 4-5　欧盟产品质量监管机构及职能

监管机构		性质／业务范围	职责
法律法规制定机构	欧盟理事会	由欧盟成员国各国政府部长所组成，是欧盟的主要决策机构之一	协调欧洲共同体各个国家间事务；制定欧盟法律和法规；预算决定权
	欧洲议会	欧盟唯一一个直选议会机构	参与欧盟理事会的立法；对欧盟理事会和欧盟委员会进行监督；在非强制性开支预算方面与欧盟理事会有共同决定权
	欧盟委员会	欧洲联盟的常设执行机构 欧盟唯一有权起草法令的机构	建议法律文件，并为欧洲议会和欧盟理事会准备这些法律文件；负责欧盟各项法律文件的具体贯彻执行；负责预算和项目的执行

监管机构		性质 / 业务范围	职责
标准体系制度机构	欧洲标准化委员会	以西欧国家为主体、由国家标准化机构组成的非营利性国际标准化科学技术机构	促进成员国之间的标准化合作；积极推行 ISO，IEC 等国际标准；制定本地区需要的欧洲标准；推行合格评定制度，以消除贸易中的技术壁垒
	欧洲电工标准化委员会	负责电工领域的标准化工作	协调各国的电工标准，以消除贸易中的技术壁垒；制定统一的 IEC 范围外的欧洲电工标准；实行电工产品的合格认证制度
	欧洲电信标准化协会	通信技术与工程领域的标准化工作	为开发欧洲的通讯市场建立通讯技术标准

　　欧盟委员会作为欧洲共同市场重要的执行机构，在整个产品质量安全管理方面的作用体现在以下五个方面：

　　其一，立法方面，唯一有权起草关于产品质量安全管理方面的法律，并将法律文件提交欧洲议会与欧盟理事会；其二，执行方面，欧盟委员会是欧共体重要的执行机构，负责执行欧洲议会与欧盟理事会作出的各项有关产品质量安全管理方面的决策，具体负责相关法律文件、预算和欧盟整体项目的执行等；其三，司法方面，与欧洲法院协作，共同保障有关欧共体产品质量安全管理方面的法律被各方遵守；其四，参与到国际事务中，作为欧共体在世界舞台上的代表，与世界上其他国家与地区开展产品质量安全管理方面的合作洽谈；其五，协调方面，整个欧共体范围内的产品质量安全管理工作最关键的是做好各成员国之间的沟通协调，尤其是产品质量风险的沟通，协调采取应对措施，欧盟委员会承担了这一关键责任。

　　在欧盟统一产品质量监管机构领导之下，各国再根据自身情况，设置本国产品质量监管机构。以德国为例，德国的产品质量监管非常重视对消费者的全面服务，产品质量监管由统一的机构——消费者协会进行协调，避免了职能的交叉与空缺。德国负责产品质量监管的主要机构之间的相互关系，如图4-2所示。

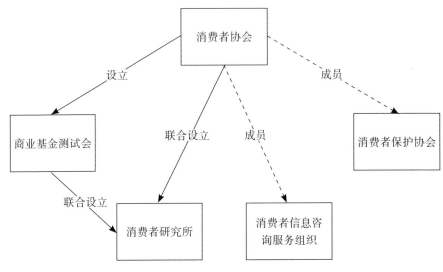

图4-2　德国产品质量监管机构的关系图

进一步细分德国产品质量监管机构，主要包括消费者组织和商品测试组织，德国产品质量监管机构及其监管职责情况，见表4-6。

表4-6　德国质量监管机构统计情况表

监管机构		性质	监管职责
消费者组织	消费者协会	最大的消费者组织，代表消费者利益的组织	向政府和议会表达消费者的合理诉求；向联邦政府和欧盟有关机构就消费者保护事宜提供咨询与协调服务；就消费者与商家之间的纠纷进行调解与仲裁；协调各咨询中心的工作
	消费者保护协会	消费者保护组织	提供消费者保护咨询；受理消费者集体诉讼
	消费者研究所	私立性质，由消费者协会及下属的商品测试基金会联合建立	编写研究报告，为联邦和州政府提供制定保护消费者权益的法律及措施的依据；提供消费者教育方面的材料；提供法律咨询

监管机构		性质	监管职责
商品测试机构	商品测试基金会	私营基金会性质，消费者协会的下属机构	对本国市场上的耐用品和消费品进行不定期抽查、比较和测试；及时向消费者公开相关检验信息
	消费者信息咨询服务组织	各种消费者保护组织	对外发布产品信息；提供消费者产品信息咨询服务
德国标准化协会		私有化的非营利协会	依据国家颁布的各项行业法规，将数十万条的行业法规转化为具体的标准；制定出的标准为认证机构质量认证和企业生产提供依据；代表德国参加国际标准化组织
食品与农业部		德国唯一的食品监管的最高主管部门	领导食品安全管理；制定食品安全法律；指导联邦州政府执行国家食品安全法律

（二）欧盟产品质量监管法律

欧盟产品质量安全与缺陷产品召回的法律体系由一般法与特殊法构成。一般法是针对产品质量安全的通用要求，侧重于明确相关方责任义务、基本运行程序以及通用技术准则，主要包括《通用产品安全指令》《缺陷产品责任指令》和《消费品买卖及担保指令》等；特殊法是一般法在特定产品对象及特定使用条件下进一步的技术规范，侧重于针对特定产品的安全技术要求。欧盟针对不同产品制定了大量特殊的安全法规，包括产品认证、质量与尺寸、汽车轮胎、汽车安全带等。

（三）产品质量监管制度

欧盟作为一个特殊的经济实体，基于欧盟组织的特殊性及成员国的共性基础上，为了跨越国家实现信息交流及有效沟通，在产品质量监管时实现法律制定与标准的统一的目标，以此构建出了欧盟产品质量监管制度体系。

1.产品质量标准体系

为了达到指令所要求的产品质量的技术规范和基本要求，欧盟标准的制定由欧洲标准化委员会、欧洲电工标准化委员会和欧洲电信标准学会授权制定。通过表 4-5 欧盟产品质量监管机构及职能也可知。欧盟形成了强制性法律监管与自愿性标准监管相结合的监管体系，产品质量监督技术支撑体系包括由法律规定的强制性技术规范和由标准机构制定的自愿性标准体系。

欧盟规定将欧盟标准转换为本国的国家标准，以确保欧盟各成员国在产品质量监管方面的一致性与协调性。例如，德国主要负责制定标准的机构是成立于 1917 年的德国标准化协会（以下简称 DIN），其任务是专门制定和颁布满足市场需求的标准，DIN 以相关的法律法规作为制定标准的依据提炼出数以万计的标准体系。虽然 DIN 属于公益性的民间机构，但具有很高的权威和影响力，成为政府认定的唯一一家国家级标准化权威机构，并在欧洲和国际标准化活动中代表德国。

2. 产品市场准入制度

欧盟规定涉及安全、健康和环境保护、消费者保护方面的产品在进入市场前都必须加贴欧洲统一（Conformite Europeenne，CE）CE 标志。CE 标志是欧共体安全认证标志，表明产品符合欧盟关于产品安全要求的标志，该标志是各欧盟成员国以及其他国家的产品进入欧盟市场进行流通的"护照"，因此获得 CE 认证标志是欧盟各成员国对销售产品的强制性要求。CE 标志的加贴程序有严格的规定，需按照新方法指令中所规定的程序对相关产品进行合格评定，评定合格后加贴 CE 标志，并在该产品进入市场后进行不断的监督管理。

欧盟成员国需要在符合欧盟认证要求基础上，根据本国实际情况实施具体认证方法，并不断根据相关法律的修正而作出相应的调整。以高产品质量著称的德国为例，其著名的德国安全认证（Germany Safety，GS），需要符合欧盟统一标准的检测标准以及德国工业标准。产品质量认证机构依据《德国产品安全法》的相关规定开展本国的产品质量认证程序，对申请企业进行严格的资格审查，不仅局限于最终产品的质量，还包括企业的生产流程、产品的规格等方面，通过审核的企业获得相应的产品认证，认证程序在一定程度上能够体现出德国质量认证制度的严格程度。

3.产品分类监管制度

欧盟并不是对所有产品都实施监管，只是监管涉及人体健康、人身财产安全、环境保护及有关公共利益类的产品，在公布监管抽查结果时，公布安全指标是否合格，其他性能指标只是公布抽查数据，并不判断合格与否。欧盟对所需要监管的产品实现了全面覆盖，对各类产品的不同品种都规定了质量安全符合性评估程序，从而使所需监管的所有产品都处于欧盟的监管之下。

4.产品质量安全监测及预警制度

欧盟在产品质量监管时非常注重预警系统的构建，为了达到各成员国之间及时发现并沟通产品质量问题的要求，于1992年构建了欧盟非食品类商品快速报警系统。该系统保证了产品问题信息能够及时传递到相关成员国的权利机构，并上报至欧盟委员会，以便于各相关机构能够及时采取有效措施以保障消费者的利益。此外，欧盟于2002年构建了欧盟食品和饲料快速预警系统（Rapid Alert System for Foodand Feed，RASFF），确保食品和饲料类产品的质量安全问题信息能够在各成员国之间及时流通。

5.产品质量激励制度

欧洲质量组织（European Organization for Quality，EOQ）成立于1956年，不以盈利为目的，主要是通过传播欧洲的质量理念，推进产品质量管理工具、技术及方法的应用，普及产品质量管理知识，为企业提供质量管理相关服务，如质量培训、质量信息供给、质量人员交流，最终提高欧洲企业产品质量竞争力。EOQ每年举办欧洲质量组织年会，至2016年已举办了60届，其规模与美国质量协会年会相当。参会人员围绕质量改进工具、技术、方法等进行交流研讨。

EOQ实施欧洲用户满意度指数测评项目，颁发被视为全面质量管理的欧洲模式的"欧洲质量奖"。1990年，欧洲质量组织和欧盟委员会设立了欧洲品质管理基金会（European Foundation for Quality Management，

EFQM），并于 1992 年首次颁发了"欧洲质量奖"。欧洲质量奖是欧洲乃至世界最负盛名的对组织卓越业绩进行奖励的奖项，运用 EFQM 卓越化模式的基本原则，该奖项包括欧洲质量奖、欧洲质量奖荣誉奖、欧洲质量奖入围奖等奖项。全面推行欧洲质量奖不仅能够增强企业质量保证体系的有效性，降低成本以及提高顾客满意度，还将使企业不断提高产品质量，获得显著的经济效益和社会效益。

欧盟各成员国也普遍设立了国家质量奖，对企业和社会在产品质量监管方面起到了正面的激励和引导作用，例如法国在 1992 年设立本国产品质量奖，德国、意大利、瑞士于 1997 年分别设立了本国的质量奖。

（四）产品质量保障系统

欧盟建立了完善的产品质量保障系统（见图 4-3），该系统主要分为产品质量的安全风险评估与监管系统、产品质量安全信息快速交换系统及产品质量安全风险紧急应对系统。

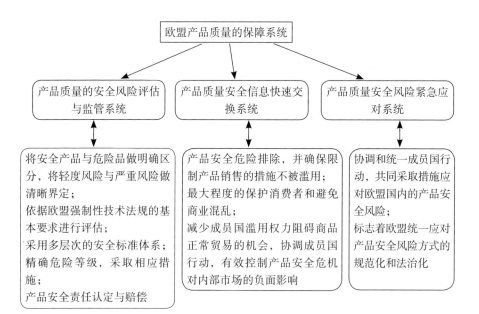

图 4-3　欧盟产品质量的保障系统

　　为提高对消费者基本权益的保护水平，欧盟加大了立法与执法力度，构建了可行、高效的覆盖所有欧盟国家的消费者维权机制，使消费者在感受到便利、安全的同时增强消费者对欧盟整体产品质量的信心。

　　通过全面的、完善的消费者信息服务的各种途径使得欧盟国家公众的质量意识和诚信意识都比较强烈，形成了良好的质量监管氛围，实现了全民监管质量的现象，从而对整个社会的质量提升起到重要的作用。

三、欧盟产品质量特例事件及存在问题分析

　　欧盟市场上的产品质量普遍达到国际标准，产品质量深得全世界消费者的信赖，然而近些年来仍然出现不少的产品质量问题，表4-7列举了欧盟发生的影响范围极大的产品质量事件，这些产品质量安全事件不仅在一定程度上阻碍了对欧盟整体市场的正常发展与运行，也极大地打击了消费者的信心。

表 4-7　近年来欧盟典型的产品质量事件

发生时间	质量事件	质量问题
2006 年	英国吉百利巧克力事件	含塑料碎片、感染沙门氏菌
2007 年	荷兰飞利浦电子集团超声波仪器	检验不合格
2009 年	瑞士雀巢咖啡质量事件	检测出含致癌物
2011 年	西门子冰箱质量问题	检验不合格
2012 年	瑞典宜家家居召回事件	窗帘、儿童安全存在隐患
2012 年	香奈儿 5 号香水质量问题	检验不合格，导致过敏反应
2014 年	莫菲尔葡萄汁	菌落总数超标、酵母菌超标
2014 年	凡尔赛宫灯笼苹果泥	未按要求提供证书或合格证明材料
2014 年	布朗尼蛋糕	超范围使用食品添加剂二氧化硫
2014 年	巧克力酱料	包装不合格
2015 年	艾弗利通山楂纳豆饮品	未按要求提供证书或合格证明材料
2015 年	大众汽车造假事件	尾气造假，检测不符合国家标准

续表

发生时间	质量事件	质量问题
2015 年	喜宝大米粉质量事件	钙含量不符合国家标准要求
2015 年	宝贝利奥系列食品	超过保质期
2015 年	豆町町系列食品	标签不合格
2015 年	艾伦散货干白葡萄原酒	干浸出物含量不符合国家标准要求
2015 年	新西特蛋白粉	超范围使用营养强化剂乳铁蛋白
2015 年	卡萨芮娜迪香醋调味汁	标签不合格

　　欧盟历史上一连串的食品安全事件造成了企业巨大损失和消费者的恐慌，1996 年英国疯牛病和口蹄疫事件，仅英国一地损失就高达 30 亿英镑；1999 年食品安全危机更是达到了高峰，2 月比利时的"二恶英污染"致癌事件，6 月比利时和法国出现可口可乐污染事件，数百人中毒后感到深度不适，9 月法国、荷兰等国家企业用动物内脏和腐烂物做动物饲料的丑闻相继浮出水面；2005 年，英国超市内发现销售含有致癌物质"孔雀石绿"的鲑鱼；2010 年德国的"毒鸡蛋"和"毒豆芽"事件等。一系列的食品质量事件，使得欧洲的食品安全亮起了红灯。现从政府监管角度出发分析典型事件发生的原因，研究欧盟国家处理产品质量问题的方法及措施。

　　（一）工业产品质量典型事件分析

　　德国"大众汽车尾气排放造假"事件，2015 年 9 月 18 日，美国监管机构指认大众柴油汽车上安装了一种可以欺骗排放检测的装置，该软件主要功能是使汽车在检测尾气时启动该装置，降低尾气排放量。该事件成为大众汽车公司成立 78 年以来最大的丑闻，大众汽车排放造假事件给大众的股票造成了沉重打击，股票价格下降了约 20%。大众汽车对相关车辆进行大规模的召回，据德国汽车管理中心的数据显示，此次事件中需召回维修的汽车数量达 240 万辆，是 1997 年德国现有法规实行以来最大的一次召回，召回数量超过了 2014 年全年的 190 万辆。这个案例说明随着产品竞争的日益严峻，很多企业都可能会偷工减料、以假充好来降低生产成本，获取不当利益。

事件发生后，德国大众提出自愿召回申请，即已购买相关车辆的车主选择性地将车辆送去维修，但该申请遭到德国交通部的拒绝，并要求其将所有国家的所有相关车辆召回，删除作弊软件，并采取相关措施达到相关排放标准。此外，曾经有望担任大众汽车公司北美总裁的瓦兰德也在此次事件中被迫宣布辞职。

（二）食品质量典型事件分析

1. 英国"疯牛病"事件（1985 年）

1985 年英国发生的典型"疯牛病"事件，虽然时间较为久远，但是给整个欧盟带来了极大的负面影响，由一场普通的农牧业疫情，最终演变成为英国乃至整个欧洲地区的社会、政治危机。直到 2000 年年底疯牛病才基本得到控制，或许没有一场危机可以像疯牛病危机持续近 20 年，该病症导致 17.9 万头牛感染死亡，440 万头牛被宰杀，80 人死于疯牛病的变种克雅二氏病，经济损失达 50 亿英镑。①

"疯牛病"事件给整个受到此次事件影响的欧盟国家在经济上造成了巨大的损失，在社会民情方面造成了严重的恐慌，民众对政府的信任程度也降至低点。

针对在该事件中暴露的食品安全监管制度方面的缺陷，欧盟采取了一系列的措施：在监管法律方面，欧盟制定了统一的食品安全法规，于2006 年颁布了《欧盟食品及饲料安全管理法规》。新法规实现了食品链从"农田到餐桌"的全程监管，对动物饲料、农药残留、食品添加剂等问题多发环节采取重点监管措施，强调召回制度在食品安全领域中的应用。

在食品市场的准入标准方面，新法规规定对不合格产品实行一票否决制，无论是哪个成员国的产品一经查实不合格情况都将被取消市场准

---

① 李思敏、樊春良：《政府使用科学应对风险的管理机制变迁——英国疯牛病事件与口蹄疫事件比较》，《科学学研究》2015 年第 12 期。

入的资格，提高了食品入市流通的准入标准；在机构设置方面，在欧盟执委会、欧洲议会和理事会的推动下，2002 年开始组建欧洲食品安全管理局（European Food Safety Authority，EFSA），并于 2005 年正式成立，该机构总领整个欧洲的食品安全管理工作，协调各个欧盟国家的食品安全监管行为，并开展整个欧盟范围内的食品安全风险评估工作；在应急处理机制方面，2002 年建立了欧盟食品和饲料快速预警系统，该系统通过连接欧盟委员会、EFSA 以及各国负责食品和饲料安全监管的机构一起开展预警工作；在信息沟通方面，欧盟建立了信息发布制度，该制度规定有关食品信息在审核与评估之后的信息，与之相对应的政府针对食品安全问题开展的措施，都要及时、如实地传递给消费者，便于消费者在食品安全事件发生后采取自我保护措施。[①]

2006 年，英国发生了"巧克力污染"事件，英国著名巧克力制品企业吉百利公司发生了巧克力被沙门氏菌污染的严重污染事件。该公司的巧克力在生产过程中因管道发生泄漏，导致清洁设备的污水污染了巧克力，使巧克力感染上了沙门氏菌。虽然吉百利公司已经发现了巧克力沾染上沙门氏菌，但是为了不影响销售，公司还是瞒而不报，最终导致 42 人发生食物中毒。吉百利作为英国的食品企业巨头，是第一家因食品质量安全问题受到法院审判的企业。截至 2006 年 12 月，因为"巧克力污染"事件给该公司造成的经济损失已达到 3000 万英镑。同时该事件也使得该公司声誉受到重创，最终裁减 7500 个职位并关闭 15% 的工厂。

2. 德国"毒鸡蛋"事件（2010 年）

"毒鸡蛋"事件导致德国不仅关闭了约占全国 1% 的农场数量，而且还禁止销售关闭的受污染农场所生产的肉制品以及蛋制品。该事件的主要经过，按照事件的时间节点，如表 4-8 所示。

---

① 高璐、李正风：《从"统治"到"治理"——疯牛病危机与英国生物技术政策范式的演变》，《科学学研究》2010 年第 5 期。

表 4-8　德国"毒鸡蛋"事件的始末

事件时间	事件经过
2010 年年底	德国北威州的养鸡场中首次发现购买饲料是遭致癌物质二恶英污染的有毒饲料
2011 年 1 月 6 日	德国警方通过调查锁定此次事件的源头是石荷州的饲料制造商哈勒斯和延奇公司
2011 年 1 月 7 日	德国农业部立即采取措施，宣布临时关闭全国多达 4700 多家的农场

　　整个德国有 2500 名检验员，却负责检验多达 110 万家的食品企业，难以做到检查全部企业，监管基本是以抽查为主，依赖巨大的惩罚力度对企业形成守法约束。[①]但是企业在经济利益的诱惑下和低频抽查的宽松监管中，往往选择违规生产侵犯消费者权益的不良策略，从而对企业本身，对整个行业乃至对整个国家的产品造成极差的影响。

　　德国政府在此次事件中的处理措施得当，处置过程透明度高，避免了公众在不知情状态下产生恐慌的情绪。德国农业部明确表示即使农场的禽畜产品初步检测结果合格也要予以关闭，最终关闭的农场多达 4700 家。此次事件的重灾区下萨克森州销毁约 10 万枚鸡蛋，图林根州一家屠宰场封存了 6.6 万吨肉。该事件导致德国检察部门对直接引发事故的公司提起刑事诉讼，并需要向因购买该公司有毒饲料的农场支付巨额赔偿款（每周的赔偿金额达到 4000 万至 6000 万欧元）。

　　2011 年，德国又发生了"毒豆芽"事件，至少 6 人死于肠出血性大肠杆菌感染，血样病例患者达 470 人，感染者超过 1000 人，疫情蔓延欧洲九国。[②]随着 HUS 病例的不断出现，在联邦层面，国家级公共卫生部门、联邦风险评估研究所以及联邦消费者保护和食品安全办公室的通力协作，开展调查研究，并及时将调查结果公布于众，给予消

---

① 《"毒鸡蛋事件"让外界对德国食品监管体系产生质疑》，《中国禽业导刊》2011 年第 2 期。

② 中国新闻网：《盘点德国食品安全大事件："马肉丑闻"震惊全国》，2014 年 7 月 23 日，见 http://www.chinanews.com/gj/2014/07-23/6416450.shtml。

费者警告与防范措施。在地方政府层面，德国各个州的公共卫生及食品安全监管机构在德国联邦层面的领导指挥下积极开展行政范围内的调查检验工作，以查明疫情的病源，达到及时发现、及时控制疫情的目的。

3. 爱尔兰"假牛肉"事件（2013 年）

爱尔兰"假牛肉"事件是继英国"疯牛病"以来欧洲最大的一次食品行业丑闻，欧洲各行各界纷纷检查食品供应链上的各个环节，进行深刻反思。"假牛肉"事件的陆续发生，沉重地打击了欧洲消费者对整个欧洲食品安全的信心。

由于欧盟建立了完善的原产地标识制和食品溯源制，欧盟负责调查该事件的机构很快查明了"假牛肉"进入欧洲市场的途径。经调查，用这批"假牛肉"制成的牛肉制品数量高达数百万份之多。[①] 为了重建消费者对欧洲食品安全的信心，欧盟委员会花费了 2500 万欧元在全欧盟范围内进行了大规模的检测行动，并及时公布了"假牛肉"DNA 检测结果。[②] 该公司两名高管被判处两年监禁及 7.5 万欧元罚款。之后法国政府出台了《消费法》修正案，规定从事商业欺诈的自然人将面临 37.5 万欧元的罚款，而对企业的罚款提升到年营业额的 10%，相关自然人或企业还可被禁止今后从事商业活动。

通过上述事件可知欧盟作为一个共同体，若要实现国家联合所产生的合力效应，需要在法律、制度、行动等方面保持一定的统一性，才能更好地管理与协调整个欧盟。总结欧盟国家发生的产品质量事件，除了企业在不断改进产品性能、产品更新换代时采用的新技术新手段，可能会导致产品质量降低之外，根据欧盟产品质量监管实际情况，究其原因还有监管制度不健全等因素，主要体现在以下四个方面：

---

① 《欧盟平息"马肉风波"化解道德风险》，《经济参考报》2014 年 8 月 1 日。

② 央视网：《欧州"马肉风波"持续发酵：欧盟委员称事件非食品安全问题》，2015 年 2 月 14 日，见 http://tv.cntv.cn/video/c10616/1b09a8854563476cb612571bo1082 d34?ptag ＝ vsogou。

第一，产品质量信息沟通与交流存在阻碍。欧共体毕竟是多个国家之间较为松散的组织，由于缺少一个产品信息发布的公开平台及交流渠道，使得信息不对称现象在欧盟成员国之间普遍存在，产品质量信息不能有效的流通。

第二，产品质量监管法律、监管机构不统一。在产品质量监管法律方面，欧盟没有一部各成员国共同遵守的法律规范，由于缺乏法律的依据，从而导致在整个欧盟范围内的产品质量事件处理效率较低。在产品质量监管机构方面，欧盟委员会也无权在整个欧盟范围内采取措施，统领整个欧盟的监管工作，实现各成员国行动一致应对事件危机。因此，在应对共同的产品质量事件时就会出现各自为战、效率低下的情况。

第三，产品质量应急处理机制不够完善。欧盟成员国之间商品流通频繁，一旦某国产品出现问题，往往会波及到其他成员国。产品质量事件尤其是食品安全事件一般是突然爆发。因此，对严重危及消费者健康的产品质量事件需要采取紧急预警措施应对，而欧盟缺少处理紧急事件的危机处理机制，导致事件发生后不能及时解决，使得产品质量事件进一步扩大影响。

第四，各国利益纠纷冲突难以协调。欧盟委员会在推进各项有关欧盟整体的政策法律时，需要与各成员国共同协商，各成员国出于自身利益，极可能采取贸易保护措施，欧盟委员会必要时也会因各成员国的利益作出妥协。除此之外，尽管制定出了保障产品质量的各项政策，但涉及欧盟整体利益的政策，在实施过程中效果有限。这种情况也在一定程度上影响了欧盟整体产品质量水平的提升。

第三节　日本产品质量现状、监管体系及问题分析

一、日本产品质量现状及其特点

第二次世界大战后，日本的社会与经济极度萧条，为了摆脱战败后的萧条状况，实现产品的大量出口，日本充分认识到产品质量的提高对国家经济发展的重要作用。经过多年的质量革命，日本的产品质量得到突飞猛进的提升，如今的"日本制造"不仅摆脱了往日的低劣形象，还成为了高质量的标志。2015年春节期间，我国游客在日本消费近60亿元人民币，人均1万多元，其中购买数量排名第三的是日本的马桶盖，蜂拥到日本购买马桶盖曾引起了广泛的舆论关注。[①]

日本善于通过引进学习国外先进的质量管理理念，创造性提出适合本国基本国情的质量管理理论和方法。比如，重要的质量管理方法——戴明循环。在产品质量提升过程中，还开发出了比较先进的质量管理方法，如质量管理小组（Quality Group，QC）、全面质量管理（Total Quality Management，TQM）、丰田的精益生产、准时生产（Just In Time，JIT）等生产方式，可以说正是通过运用这些先进的质量管理办法，极大程度上保证了日本产品的高质量。

日本产品追求精益求精，善于钻研细节，崇尚"匠人精神"，这很大程度上推动了日本制造业的发展壮大，由此塑造了日本产品高质量、细节到位的形象。日本产品质量管理推进过程中，企业、政府和消费者都发挥着关键的作用。

日本公民从产品质量维权意识及行动可知，即使是在政府采取偏袒企业的态度环境下，消费者仍然充分发挥自己的监督权力，捍卫自己的消费权益，这也成为日本走出食品安全困境的关键因素。

---

① 中国新闻网:《中国游客春节在日本消费近60亿元人民币》，2015年2月27日，见 http://www.chinanews.com/hr/2015/02-27/7083263.shtml。

二、日本产品质量监管体系分析

（一）产品质量监管机构及职能

日本产品质量监管机构的设置最为突出的特点是官民结合，产品质量监管既有政府的官方机构也有民间机构，实行的是政府监管部门与民间团体相结合的监管方式。日本民间机构在产品质量各个方面都发挥着突出的作用，例如，日本规格协会进行标准的宣传培训与教育；日本科学技术联盟负责相关产品质量奖项的评比管理；第三方检测机构从事特定产品的检测业务。

与美国侧重按照产品类别设置监管机构不同，日本主要是按照监管职能来划分监管机构。日本产品质量监管机构及其监管职责情况，见表4-9。[①]

表4-9　日本质量监管机构统计情况表

监管机构	性质	法律依据	监管职责
消费者保护会议	内阁府的附属机构，有关消费者问题的最高审议机构	《消费者保护基本法》	制定各种有关消费者保护及保障市场公平自由竞争的政策
国民生活中心	政府的消费者政策研究机关		商品检验检查；提供市场信息；处理投诉；消费者问题的调查研究；消费者教育研修等
消费者厅	内阁府的外局；保护消费者权益行政工作一元化领导的"指挥部"		受理消费者的相关投诉；及时发布从消费者处获得的事故报告信息；对问题厂家进行行政处分；承担部分风险分析的工作
经济产业省	由标准与综合评定政策处、标准处、综合评定处、计量和技术基础处组成，下设日本工业标准调查会	《工业标准化法》	质量检验、认证；实验室认可；JISC对标准不断地审议、确认、修改或废止

---

① 丁毅、葛健、郭慧馨：《日本产品质量监控组织体系及相关制度研究》，《当代经济》2016年第8期。

续表

监管机构	性质	法律依据	监管职责
农林水产省	下设综合食料局、生产局	《农林物资标准化及质量标识管理法》	负责生产环节的监管；不定期抽查本国食品；制定产品的质量标准和质量标识标准；动植物检疫、防疫；食品风险管理
厚生省	下设食品安全局	《食品卫生法》	监管不同食品的卫生状况；监管加工流通环节的农产品以及进口农产品；制定农产品质量标准；制定农药、兽药残留量标准；发布食品安全状况食品风险管理
食品安全委员会	民间组织	《食品安全基本法》	食品风险分析与评估；审议、监督相关政策的执行情况；风险信息的沟通与公开

（二）产品质量监管制度

日本产品质量监管制度主要有产品标识制度、认证制度、激励制度及教育培训制度等，如图 4-4 所示，上述监管制度对产品质量的提升发挥着至关重要的作用。

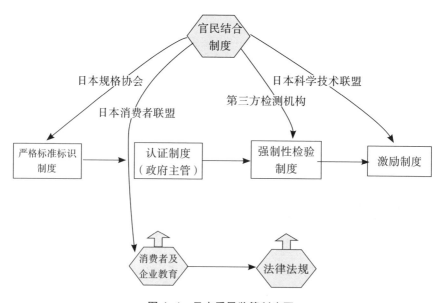

图 4-4　日本质量监管制度图

1. 产品标准及标识制度

日本的技术标准体系主要体现为工业标准（Japanese Industrial Standards，JIS）、农林标准（Japanese Agriculture Standard，JAS）以及行业协会的内部标准。1946 年设立了日本工业标准调查会（Japanese Industrial Standards Committee，JISC），是经济产业省的下属部门，旨在研究有关标准化方面的问题，为之后的日本产品进入国际市场做准备。

政府于 1950 年开始推行工业标准标识制度，采取限制虚伪或夸大标识等必要措施，现已制定出完备的有关商品和劳务质量方面的标识制度，并保证标识的统一规范符合实际需求，维护了消费者的知情权，提高了日本企业对产品质量的重视程度。

2. 产品认证及检验制度

日本高度重视质量认证和检验检测工作，政府通过开展质量认证工作，规范企业的产品及生产流程，从根本上改善了整个社会的产品质量状况。与美国由市场推动产品质量认证不同，日本的产品质量认证是由政府主导的。质量管理的主管部门，根据产品类别实施质量认证，规定了种类繁多且严格的认证标志。同时，以高新技术为支撑设立了大量的检验检测机构，保证了对产品质量的有效监控。

对于一般安全性要求的产品使用自愿性认证，其相应的合格评定程序也比强制性标签要求的产品宽松。一方面是基于《消费品安全法》《日本工业标准化法》《纺织品质量标准》等有关法律的规定，日本生产商可以自愿贴附安全产品标志（Safety Goods，SG 标志）、SF 标志（安全烟花标志）、Q 标志（优质标志）等；另一方面是基于日本工业标准和农业标准规定的自愿性标签标志，日本工业标准调查会标志如（Japanese Industrial Standards Committee，JIS）、日本农业标准标志（Japanese Agricultural Standard，JAS）。

3. 产品质量激励制度

日本政府在产品质量监管方面注重激励制度的运用，作为日本最高质量奖的戴明奖设立于 1951 年，是世界三大质量奖项中创立最早的质量奖项。为了全面提高企业的产品质量意识，除了戴明奖之外，日本还设立了质量管理奖、质量激励奖等奖项，共同构成了产品质量激励体系。

日本科学技术联盟（The Union of Japanese Scientists and Engineers，JUSE）是一个民间组织，负责戴明奖等诸多奖项的评比颁发。该机构在对产品质量监管过程中的激励作用体现在：设立戴明奖、戴明奖实施奖、日经质量管理文献奖（此奖由日本经济新闻社协助设立的对有关质量管理优秀文献的表彰奖），进行戴明奖事业所表彰、质量管理实施情况调查表彰。另外，日本还设有"统计质量控制奖""现场质量管理奖""质量管理小组本部长奖"等奖项。

4. 产品质量培训教育制度

为了保障日本企业能够高效有序的开展质量管理活动，确保产品质量管理方法在企业内顺利地贯彻实施，日本十分强调在公司范围内开展全员参与的质量管理活动，这也是质量管理小组产生的条件。

一方面由一些民间机构举办培训班，根据企业各级员工开展针对性的教育培训。JUSE 的业务活动全部围绕着企业的管理需求而展开，其培训内容丰富，培训对象涉及企业的所有员工，注重针对不同的员工类型举办讲座，将质量管理的理论和方法灌输到企业所有员工的思想中，便于企业质量管理的顺利推进。业务包括质量管理和 QC 圈、可靠性工程、多变量分析、实验设计、产品可靠性、ISO 管理系统等。通过评审戴明奖（1951 年设立）、开展 QC 小组活动（1962 年首创）和国际标准认证、推进"质量月活动"（1963 年开始）、组织国际质量会议、开发 TQM 工具及软件等卓有成效的方法，日本科学技术联盟对日本经济的高速发展起到了至关重要的作用。

另一方面根据企业生产需求出版有针对性的刊物。例如 1962 年创刊的《现场与质量管理》是面向现场操作人员；JUSE 发行的《质量管理》杂志则是面向专业人员的刊物；日本规格协会发行的《标准化与质量管理》，致力于标准化和质量管理知识技能开发和宣传。这些刊物从不同的角度促进了企业质量管理的发展。

除了对生产企业培训之外，政府也渐渐重视发挥消费者的产品质量监督作用，调查消费者的质量意识，引导消费者理性消费，向消费者推广必须掌握的产品质量知识，提升产品质量的供需均衡。

三、日本产品质量特例事件及存在问题分析

尽管日本的产品享誉世界，质量立国是日本崛起为经济大国的重要战略，质量第一是日本企业的不懈追求。但近年来，日本的产品质量问题也时有发生，例如索尼、佳能的相机和笔记本电脑的电池质量问题，NEC 手机、笔记本电脑退出中国市场等，给依靠卓有成效的质量控制来安身立命的企业带来严重创伤。近些年来日本典型产品质量事件如表4-10所示。

除表4-10所列事件之外，还有2000年"雪印牛奶中毒"事件以及2002年造假牛肉事件最终导致了雪印食品企业解散，2016年丰田企业汽车召回事件等，这些产品事件的发生无疑都给企业带来了不小的重创。现就日本典型的产品质量事件，分析其起因、经过及政府在解决产品质量问题采取的监管措施及对策。

表 4-10　近年来日本产品的质量事件

发生时间	质量事件	质量问题
2000 年	东芝笔记本电脑风波	软盘控制器不合标准
2001 年	日本发动机质量问题	配件材料检测不合格
2005 年	索尼相机事件	存在成像均匀度、自动曝光不合格等问题
2006 年	佳能相机事件	检测质量不合出产标准
2007 年	松下电池事件	未按要求提供证书或合格证明材料
2007 年	NEC 手机事件	未按要求提供证书或合格证明材料
2007 年	NEC 电脑质量事件	静电测试中抗静电能力不足

发生时间	质量事件	质量问题
2009 年	丰田汽车召回事件	1700 余种零配件不合格
2010 年	本田汽车召回事件	刹车系统、高田气囊等存在质量隐患
2015 年	雷克萨斯汽车全球召回	踏板回位存在安全隐患
2015 年	大麦	超范围使用营养强化剂维生素 B1、B2
2015 年	大豆粉	未按要求提供证书或合格证明材料
2015 年	日式调味粉	砷超标
2015 年	苹果酱	未按要求提供证书或合格证明材料；货证不符

（一）工业产品质量典型事件分析

1. 丰田汽车召回事件（2016 年）

汽车产品质量直接关乎消费者的生命财产安全，出于对汽车产品质量安全的重视，汽车的召回事件时有发生，丰田汽车也不例外，表 4-11 列举了近十年来丰田汽车在世界各地召回情况。

表 4-11　2010—2016 年丰田汽车主要召回情况统计表

时间	地区	数量（万辆）	涉及车型	召回原因
2016 年 3 月	全球	287	RAV4	后排安全带隐患
2015 年 5 月	全球	500	搭载高田气囊的 35 款车型	高田气囊存在安全隐患
2014 年 11 月	全球	175	皇冠、Crown Majesta、锐志、雷克萨斯	刹车、供油以及废气排放系统中存在瑕疵
2014 年 4 月	全球	639	RAV4、卡罗拉、Matrix、雅力士等	方向盘机柱、座椅滑轨、启动马达等多处存在瑕疵
2013 年 8 月	全球	37	Tacoma 皮卡	安全带故障
2012 年 11 月	全球	790	凯美瑞、雅力士、汉兰达、威驰、卡罗尔、RAV4 等	电动车窗主控故障

续表

时间	地区	数量（万辆）	涉及车型	召回原因
2011 年 2 月	美国	217	RX 330、RX 350、RX 400H、高地 SUV、GS 300、GS 350	油门踏板存在问题
2011 年 1 月	全球	170	制造于 2000 年至 2009 年的 19 款车	漏油隐患
2010 年 12 月	中国	8	RAV4	加减速失控
2010 年 12 月	美国	110	汉兰达、卡罗尔、Venza 等	油门踏板失灵
2010 年 11 月	日本欧洲	13.58	Compact iQ、Passo	因震动会使动力转向感应器失灵，令汽车转向困难
2010 年 10 月	全球	153	皇冠、锐志、汉兰达、雷克萨斯、Avalon 等	刹车总泵油封存在缺陷
2010 年 7 月	美国	37	亚洲龙	动力转向故障
2010 年 2 月	全球	294	卡罗拉、RAV4、雅力士、雷克萨斯 HS250h 等车型	油门踏板故障隐患

以丰田汽车 2016 年召回事件为例，事件起因源于 2015 年 10 月加拿大进行的汽车碰撞，丰田公司开始展开调查研究，在确认问题的严重性后，随即发出召回行动。

2. 东丽产品质量数据造假事件（2017 年）

2017 年 10 月起，日本的神户制钢、日产汽车、三菱材料接二连三被爆出"造假丑闻"，这也让日本制造业面临前所未有的信任危机。继这些造假丑闻之后，日本全球最大碳纤维复合材料巨头日本东丽爆出造假，对日本制造业造成了沉重的打击。

日本制造业的一系列丑闻具有共同特点：一是涉事企业多为日本行业内的巨头企业，日本三大钢铁厂之一的神户制钢、全球最大碳纤维复合材料的日本东丽；二是企业是高端材料供应商，处于产业链上游，比如神户制钢的产品影响波及丰田、日产、本田、新干线、波音等全球 500

多家企业，这使其问题产品的危害更易扩散到各行各业，也使其产品问题更隐秘；三是产品质量数据篡改时间跨度少则数年，多则数十年，神户制钢所承认部分违规行为从十年前就已开始，篡改部分铝制品的强度等性能数据并进行供货，东丽公司也是从 2008 年就有数据造假发生；四是企业内上到领导，下到员工大多是属于知情不报，以侥幸心理企图躲过消费者和监管部门的监督。

（二）食品质量典型事件分析

1."疯牛病"事件（2001 年）

2001 年 9 月 10 日，千叶县发现首例疯牛病，自此之后消费者对于牛肉的需求骤减，从而严重打击了养牛户的经济利益。[①] 日本政府由于在该事件中隐瞒以及政策制定不利等因素，使消费者产生了极大的不信任，在"疯牛病"事件愈演愈烈的情况下也是无计可施。2001 年 9 月厚生劳动省决定，禁止在市场上流通牛的脑部、脊髓等让人患上疯牛病风险的部位，同时给肉食加工厂作出指示，要求其在制作肉食制品时应主动销毁掉牛身上这些有安全风险的部位。农林水产省从 10 月 4 日开始，将所有肉骨粉都纳入到了禁止行列中，通过行政指导的方式禁止了肉骨粉的生产、销售和使用。此外，日本全国的 117 处肉食卫生检疫所从 10 月 18 日开始，同时对所有食用牛进行疯牛病检查，并进行大规模的扑杀行动，政府规定检疫合格的牛肉经盖章烙印之后方可流入市场。2001 年，日本政府颁布了《食品安全基本法》，同一年修改了《农林物资规格化和质量表示标准法规》。[②]

2."雪印牛奶中毒"事件（2000 年）及"雪印假牛肉"事件（2002 年）

2000 年，日本雪印乳制食品公司（以下简称雪印公司）的低脂牛奶发生质量问题，导致日本共有 1.4 万人因饮用该公司所生产的牛奶而产生

---

① 陈志江：《日本：面对疯牛病的尴尬》，2001 年 12 月 13 日，见 http://www.people.com.cn/GB/guoji/24/20011213/626214.html。

② 周昂：《日本也曾出现"毒奶粉"》，《人民周刊》2014 年第 7 期。

了中毒现象。① "雪印牛奶中毒"事件后，2002 年，"雪印假牛肉"事件给该公司的声誉造成了更为严重的后果，日本舆论纷纷谴责雪印食品公司，指其辜负了消费者的信任，丧失了职业道德。

从近年来日本产品质量发生的事件来看，引发产品质量问题的主要原因有以下几个方面：

首先，日本的大企业在人事管理方面一直实行着"终身雇佣制"。迫于经济萧条的影响，日本大企业开始改变"终身雇佣制"的人事管理制度，并开始大量裁员导致日本的失业率不断攀升。巨大的心理落差使得企业员工无心工作，从而对企业产品质量造成了影响。

其次，海外扩张带来的质量隐患，日本自 20 世纪 80 年代以来，开始不断进行海外投资扩张，在海外直接投资建厂，为节约运输成本，很多企业选择在海外直接采购原材料并加工成最终产品。

再次，在成本控制方面，日本企业普遍采用自上而下的方法，将成本目标分配到具体的原材料或零部件层面。因此，当最终的原材料或零部件成本目标压力过大，企业要么减少原材料或零部件的功能，要么降低原材料或零部件的质量，就会引发潜在的质量风险。

第四节　主要发达国家产品质量监管启示

一、产品质量监管体系启示

通过以上对美国、欧盟、日本发达国家和地区的产品质量的现状、优势以及存在问题的分析，可以发现不同的国家和地区的产品质量状况都有其独特之处，概括其产品质量监管体系的共同之处有以下几个方面。

（一）完善的产品质量法律体系

法律体系的建立与完善是建立质量监管体系、制定完备的标准体系

---

① 辛暨梅：《以质量监管为基础的企业危机防范——基于"日本雪印牛奶中毒"事件的思考》，《战略决策研究》2011 年第 4 期。

的前提和基础。分析发达国家监管法律可以看出，各监管机构的职责和权力都是由相关法律赋予的，监管标准的制定也离不开对法律的参考，所以建立完善的质量监管法律至关重要。

一方面，发达国家在产品质量监管方面的法律完备、数量较多，美国仅仅关于食品方面的法律就多达 400 多部，欧盟发布的 325 个新、旧方法指令构成了欧盟技术法用以保障产品质量安全；日本的质量监管法律体系包含 260 多部法律法规，德国的产品质量监管法律虽然只有 20 多部，但在欧盟的体系下还要遵守欧盟法律的约束。

另一方面，发达国家的质量监管法律既有综合性的法律，如美国的《消费者产品安全法》、日本的《工业标准化法》，又有具体产品的法律，如美国的《联邦肉类检查法》、德国的《葡萄酒法》，基本实现了产品的全覆盖，对产品各个环节的质量监管都提供了相应的法律支撑。

（二）严格的产品市场准入制度

由于各国的标准体系完备且在国际上认可度较高，在标准体系的基础上进行产品质量认证成为特定产品进入市场的"通行证"，各发达国家都利用认证制度作为某些类别产品进入市场的门槛。

欧美国家在认证制度方面重视利用市场力量，进行产品质量认证的机构大多为民间机构，这些民间机构在完善的法律框架及政府的监督之中，经过激烈的市场竞争后技术过硬完全能够胜任认证工作，并得到各界的认可。第二次世界大战之后日本为了迅速复兴经济，提高日本产品质量水平，采取政府主导的形式进行认证工作。

（三）完备科学的产品质量标准体系

标准化对于提升本国产品的质量水平、促进经济的发展、增加国际合作等方面具有重要作用，标准体系的制定也为后续具体的产品质量监管工作提供了依据。所以欧美等发达国家不约而同地在 21 世纪初期实施标准化战略。从 2001 年到 2012 年，在国际标准化组织（International Organization for Standardization，ISO）的 163 个成员国中，美国、英国、德国、法国、日本这五个国家承担的技术委员会秘书处数量占总数的65.7%。在国际电工委员会（International Electro technical Commission，IEC）的65个成员国中，这五个国家承担的秘书处数量占总数的63.5%。可以说，主要发达国家在ISO、IEC两大国际标准化组织中已经站在了制高点的位置。

在标准的制定机构方面，美国、欧盟和德国的标准体系主要依靠民间机构制定，全国性的标准化机构设立于20世纪初期；而日本是由政府部门负责制定标准，工业标准调查会成立于1946年。无论制定标准的机构是否是官方机构，这些国家都非常重视标准在质量监管方面的作用，所制定出的标准在国际上都得到了很高的认可度，比如德国的安全标准。

在标准的费用投入方面，发达国家投入了大量资金，如美国每年用在标准制定方面的预算达到7亿美元，日本投资数亿日元完成了日本标准化发展战略的标准制定任务。所制定的标准体系不仅覆盖各类产品，而且还会根据社会的发展与现实情况的变化不断更新，保证标准的科学性与可执行性。

（四）基于区域思想监管产品质量

由于监管力量有限，政府及各监管力量无法对全部企业进行实时监管，所以需要合理分配有限的监管力量，使有限的监管力量发挥更大的作用。各发达国家与地区采取分类监管的方式，按照一定标准将产品分类，针对不同类别的产品实施有差别的监管制度，从而有助于充分发挥监管力量，合理利用监管资源。

美国政府根据产品对消费者带来的危险程度或对人类健康的影响程度不同，采取不同的监管力度。对危险系数较高或者对于人类健康与安全影响较大的产品，比如食品、乳制品、儿童玩具等产品，生产流通全程都将实施严格的监管，监管频次也较高；而对于一般性的产品，只对于关键控制点进行严格的监管，监管频次低。欧盟作为多个国家的综合体，更是体现了分类监管的思想，只监管涉及人体健康、人身财产安全、环境保护及有关公共利益类的产品。德国对关系到人身体健康等关键性产品提出严格的质量要求并进行苛刻的质量监管，尤其是婴幼儿所使用的产品。所有供儿童食用的产品（3 岁以下）除了可以添加天然添加剂之外，不得含有人工添加剂；所有的奶粉被列为药品被严格监管；所有的母婴产品只能在药店出售，以方便对其进行严格监管；所有的巧克力只能使用天然的可可脂加工制造。

产品的全过程监管是对产品生产及流通的各个环节实施监管，全程监管有助于溯源制度的实施，当出现产品质量问题时，可以依据溯源渠道快速锁定质量问题节点，节省产品质量问题溯源的时间，降低产品质量事件的影响程度。同时，也有助于增加消费者对购买产品的认知程度，在一定程度上降低信息不对称情况，帮助消费者作出正确的选择。

（五）重视保护消费者权益和提升其质量意识水平

国外在保证消费者权益方面不仅设有专门机构和法律法规，还制定了具体法律或者规定，而且对退换制度、名人代言等诸多方面加强对消费者权益的保护，如今已形成了一个包括法律制度、组织机构和监督机制在内的完整的消费者权益保护体系。

从各国的监管机构设置中就可看出欧美等国家强调对消费者的支持保护，重视提升消费者的维权意识、产品质量的监督意识等。除了相关消费者保护机构直接提供的产品质量监管信息之外，还通过媒体、书籍、培训等多种途径对消费者进行培训教育使其形成产品质量维权意识。

二、产品质量事件应对措施启示

通过以上章节的分析可知，发达国家和地区尽管在监管方式、产品质量水平、质量意识等方面走在前面，但仍然有因为新技术不成熟、获得更多的利润、人为不当操作等因素，导致难以避免地产生质量问题。因此，加强监管是保证质量的重要环节之一，纵观近年来发达国家的产品质量安全事件，不难发现其产品质量监管体系并非一开始就相当完善，而是在一次次的产品质量事件处理中逐渐积累经验，不断修改监管法律、完善监管制度、调整监管机构职责，形成了法律完善、各司其职的全方位、全过程的产品质量监管体系。这些国家的主要应对措施可归纳为以下几点。

第一，对违规企业采取严厉的惩罚措施。

严厉的惩罚力度对企业产生巨大的威慑力。比如发生在美国的"麦当劳咖啡烫伤案"曾轰动一时，在这个案件中，麦当劳公司付出了286万美元的巨额责任赔偿。在日本，由于监管人员不足，产品质量监管采取抽查的方式，但政府对假冒伪劣产品严厉的惩罚力度，给日本企业产生了很大的震慑力。企业一旦被发现制造假货、劣货，就会成为媒体报道的热门话题，造假会给企业带来的严重后果，轻则使企业形象大打折扣，重则会使其身败名裂。

第二，各国追溯体系高效有序的运行。

各发达国家为产品建立档案，对产品的全过程进行监管，一旦发生问题能及时找到问题根源。以食品质量安全监管为例，在日本，所有的农产品在生产过程中的信息，包括生产者、生产地、使用农药的种类和次数、收货日期等都要记录，最终由各地的农协负责汇总这些信息，并将信息附在相应的农产品上，方便消费者查询，也方便监管部门在发生质量事件时及时追溯问题源头。

欧盟2000年相继发生了"疯牛病""二恶英污染饲料"等食品质量安全事件，2002年，欧盟首次以法律形式对食品生产作出了"可溯性"的规定，要求所有关系到公众健康的产品，包括食品、饲料等，都必须在产品生产流通的各环节实施溯源制度。2006年，欧盟进一步提出了从"农场到餐桌"的全程控制管理，对上述产品的各个生产环节提出了更为具体、明确的要求。

第三，重视产品质量信息的及时沟通。

消费者在产品质量监管方面处于信息劣势方，为降低信息不对称的程度，保障消费者的利益，各发达国家在发生产品质量事件时，及时将信息反馈给消费者，消除了消费者的恐慌，同时也将广大的消费者纳入有效监管的行列中，促使企业生产更高质量的产品。

美国在"毒菠菜"事件爆发之后，FDA当天立即发布"菠菜禁食令"，禁止食用袋装菠菜；2008年圣保罗沙门氏菌污染事件中，美国CDC和FDA分别在各自的官方网站及时发布和更新疫情进展、食品溯源调查的情况。通过这种及时有效的公布信息措施使得公众免于恐慌，控制住了事件的发展。

欧盟注重与各成员国密切合作，将所有成员国的产品质量纳入同一个监管网络中，并构建有效的监管沟通渠道，确保信息在欧盟各成员国之间的有效、迅速的传递。在产品质量具体监管过程中，一旦发现产品质量存在问题，除了要在本国内进行信息的沟通与公开，还要与欧盟相关产品监管机构沟通，实现整个欧盟的信息传递。

第四，独立第三方的有效参与。

在产品质量安全监管方面，各发达国家注重利用社会监管力量，一方面政府的监管能力有限，需要社会监管力量的加入；另一方面社会监管力量的独立性使得其监管行为不受相关利益者的影响，监管结果更有说服力，消费者更加信服。

国外的第三方检测机构发展历史悠久且技术完备，政府通过专门的实验室认可机构对第三方检测机构进行监督，从而保障了第三方检测机构的认证工作。德国非政府机构的认证、检测机构拥有很高的地位，受到公众广泛认可。日本更是重视第三方民间机构的作用，不论是在质量奖励的评审，还是产品质量的检验检测，第三方机构都发挥着举足轻重的作用，不仅有效分担了政府监管的重任，也能保持产品质量监管工作的客观、公正。

第五，重视产品召回制度的使用。

　　召回制度是保障产品质量的最后一道屏障，各发达国家在发现产品质量出现问题时充分运用召回制度，保障了消费者的利益。针对存在危及人类身体或财产安全的缺陷产品，将由该产品的生产商、销售商或进口商负责将市场上流通的缺陷产品召回，针对缺陷产品的状态采取修复或更换措施的制度。

　　美国、日本、欧盟等发达国家和地区建立了较为完善的召回制度，并在法律上确保了制度的顺利实施。例如，FDA 具有强制召回权，可以直接下令召回问题产品而无须要求生产厂家自愿。德国是由食品安全局和联邦消费者协会等部门联合成立的食品召回委员会，负责不合格食品的召回工作。

　　总之，发达国家和地区在应对产品质量事件上有很多优势，在学习国外产品质量监管经验方面，只有取其所长、避其所短，才能真正地为我所用，改善我国区域产品质量的现状，提高区域产品质量的整体水平。

第五章　我国产品质量及监管现状概述

伴随着改革开放，社会主义市场经济的稳步发展，西方先进的质量理念、科学的产品质量控制理论和方法，已被我国企业界普遍接受和采用。并且质量的概念从狭义的产品质量推广到经济运行的各个领域，诸如"工作质量""服务质量""经济运行质量"等，质量的内涵已贯穿于各项经济活动中，甚至是当代社会各种活动中。

产品质量作为市场经济中的核心竞争力，我国企业自20世纪80年代初即将各种质量控制理论和方法应用到生产经营活动中，并形成了我国独具特色、行之有效的质量管理体系，为我国产品质量的提升起到巨大作用。社会分工赋予政府监管的职能，作为产品质量的监管部门，从维护市场经济平稳运行的角度，在产品质量形成的各个环节，如产品标准的制定、产品加工过程中的质量控制、产品的检验与检测、产品的储运销售等环节，分别设置了相应的监督管理机构，用以确保产品质量的规范性、符合性。而作为产品质量的最终使用者或是消费者，具有日益提高的消费客观需求与维护自身权益的基本诉求，因而以推动企业提高产品质量水平、以保护消费者利益为宗旨的各级质量协会和消费者协会等社会团体组织，在该领域发挥着重要作用。所以说，除生产经营企业对产品质量具有不可推卸的主体责任外，政府监管部门、消费者及社会各界也都具有共同提升产品质量、维护经济正常运行义不容辞的权利和义务。

第一节　我国产品质量总体水平概述

一、产品质量总体水平不断提高

新中国成立以来尤其是改革开放 40 年，为了不断提升产品质量水平和竞争力，政府对产品质量的重视程度越来越高，相继制定并实施了一系列与产品质量密切相关的政策措施，完善和调整产品质量的法律法规与保障体系，因而初步形成了我国独特的质量发展之路。

1996 年，国务院颁布实施《质量振兴纲要（1996—2010 年）》；2012 年，国务院又制定了《质量发展纲要（2011—2020 年）》，目的都在于促进经济发展方式转变，提高我国质量总体水平，实现经济社会又好又快的发展；2015 年 5 月，国务院制定了《中国制造 2025》，旨在坚持创新驱动、质量为先的基本方针，力争迈入制造强国行列；2016 年 4 月，国务院为贯彻落实《质量发展纲要（2011—2020 年）》和实施《中国制造 2025》，制定了《贯彻实施质量发展纲要 2016 年行动计划》，进一步明确 2016 年工作重点是以提高发展质量和效益为中心，开展质量品牌提升行动，加强供给侧结构性改革，推动建设质量强国；2017 年 9 月，国务院发布了《关于开展质量提升行动的指导意见》，明确提出将质量强国战略放在更加突出的位置，开展质量提升行动，加强全面质量监管，全面提升质量水平，加快培育国际竞争新优势的目标。"十三五"规划（2016—2020 年）指出实施质量强国战略，全面强化企业质量管理，开展质量品牌提升行动，各地应将质量工作纳入本地区经济社会发展规划中；党的十九大报告提到了质量多达十六次，指出必须坚持质量第一，明确提出建设质量强国，这也是"质量第一""质量强国"首次出现在党代会报告中。

以上一系列紧密的质量政策的制定和颁布，充分说明政府深刻认识到产品质量的重要性，产品质量关系到国家、民族的兴衰存亡，关系到国计民生和国际声誉，关系到经济发展和社会稳定，关系到人民群众的切身利益。此外，为了用最严谨的标准、最严格的监管、最严厉的处罚、最严肃的问责，确保人民群众的产品质量安全，政府加大了产品质量的监管力度，投入了大量的人力、物力及财力，逐步建立起完善的产品质量监管制度，形成适合我国国情的产品质量监管模式。

总体来看，政府这些强有力的措施发挥了实效作用，我国产品质量合格率、制造业水平及顾客满意度指数较过去都有了明显的提升，国内产品质量得到很大改善，质量水平逐步提高，充分说明我国在提高产品质量方面已经取得长足进展。

首先，产品质量抽查合格率稳中有升。图 5-1 为 2009 年至 2017 年我国产品质量国家监督抽查合格率，从图 5-1 可知，产品质量抽查合格率虽有波动，但总体表现出稳步上升的趋势。例如，2015 年，我国的产品质量抽查合格率达到了 91.10%，其中食品抽查合格率更是高达96.80%。[①]

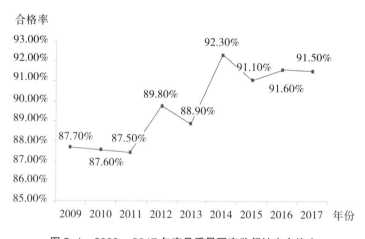

图 5-1　2009—2017 年产品质量国家监督抽查合格率

---

① 国家质量监督检验检疫总局：《产品抽查合格率信息公开目录》，见 http://www.aqsiq.gov.cn/。

其次，随着我国制造业的升级转型，制造业水平明显提高。我国制造业发展坚持"质量为先"原则，在结构调整、提质增效、转型升级过程中，制造业质量竞争力持续增强。由图 5-2 可知，在这期间产品质量稳步提升，有力地支撑了我国经济的爬坡过坎和向好发展。①

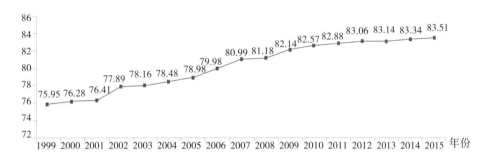

图 5-2　1999—2015 年全国制造业质量竞争力指数

通过对中国质量协会进行调研，深入了解了我国装备制造业企业质量管理现状，以 2013 年全国装备制造业企业质量管理现状为例，抽样调查了 954 家企业，调查范围包括 7 个行业规模以上企业：金属制品业、通用设备制造业、专用设备制造业、汽车制造业、铁路船舶航空航天及其他运输设备制造业、电气机械及器材制造业和仪器仪表制造业，约占装备制造业规模以上企业总数的 1%。从表 5-1 中可知，制造业产品质量稳中有升，质量损失率明显下降，产品故障率有所降低，管理体系普及程度较高，质量工具方法普及率有较大提高。

---

① 国家质量监督检验检疫总局：《全国制造业质量竞争力指数公报》，见 http://www.aqsiq.gov.cn/zjsj/tjsj/tjsj4/201606/t20160617_468568.htm。

表 5-1　全国装备制造业企业质量管理现状调查情况

调查指标统计（通用设备）	2013 年	2009 年
一次交检合格率平均值	95.8%	96.4%
质量损失率均值	2.43%	2.79%
主导产品在保修期内的平均故障率	2.35%	2.45%
管理体系认证比率	92.2%	88.9%
质量管理方法实施比例	58.5%	36.9%
质量工具方法应用效果	57.4%	55.9%
教育培训投入	0.25%	0.5%

　　再次，顾客满意度指数显著提升。顾客对产品质量的满意度也是体现产品综合竞争力的一个重要方面，表征消费者对使用或拥有过的产品或服务的整体满意程度，是衡量和管理顾客满意度的基础性参考指标。我国顾客满意度指数由中国标准化研究院推行实施，成立的顾客满意度测评中心每年调研 200 多个主要城市，采用随机抽样的方式完成 5 万多份的调查样本总结出来的顾客满意度指数，调查范围涉及耐用消费品、非耐用消费品以及生活性服务的 20 多个行业。因此，该项数据一定程度上说明了该国家或地区的消费者福利的高低。通过图 5-3 可知，2006 年至 2015 年消费者对产品质量的满意度也逐渐提升，近几年都保持在一个比较平稳的状态。①

---

　　①　中国检验认证集团：《中国标准化研究院顾客满意度测评中心》，见 http://www.ccic.com/web/homepage.html。

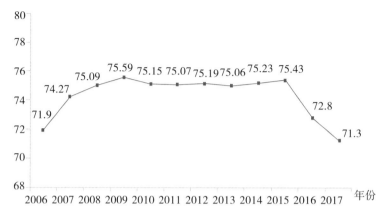

图5-3　2006—2015年平均顾客满意度指数趋势图

总体而言，作为一个发展中国家，经过三十多年的快速发展，我国经济总量位居世界第二，质量总体水平稳步提升，质量安全形势稳定向好，人民的生活水平都有了很大的提高。产品质量的发展更是取得了长足的进步，有力支撑了经济社会发展，产品质量工作取得了积极的进展，有力地促进了产品质量水平的不断提高。

二、基于实地考察企业的产品质量控制现状

除装备制造业产品质量总体情况明显向好外，其他行业也进行了选择性的实地调研，从三十多家企业实地考察所获取的信息证明，诸多企业已充分认识到产品质量是企业生存之本、发展之本，是企业的生命线。通过以下所调研企业的实例足以说明质量管理活动的地位和作用在企业中越来越受到重视。

（一）山东鲁丰集团有限公司（肉制品及食品类企业，调研时间为2014年5月16—17日）

山东鲁丰集团有限公司始建于1976年9月，1999年改制。现有员工4000余人，年利税4700余万元，主要生产禽肉制品、调理食品、罐头食品、冷冻果蔬、干果、面粉等系列产品，共600多品种，产品销往日本、

美国、欧盟等国家和地区。2011年该公司被农业部、国家发改委评为农业产业化国家重点龙头企业，2012年获得潍坊市市长质量奖，2014年获得中质协颁发的全国质量和服务诚信优秀企业奖。该公司进行质量控制所采取的关键措施为：

一是建成可追溯体系：实现"统一种植、统一用药、统一养殖、统一供料、统一屠宰分割"五个统一，公司拥有自己专属的农场、养殖基地，从前往后和从后往前均可进行产品质量的追溯。

二是实施严格的质量标准：鉴于日本客户对食品安全的要求，该公司出口产品质量安全管理直接采用日本肯定列表的标准。公司加工线和生产设备分别通过了ISO9000认证、GAP认证及检测中心通过了CNAS认可；各类产品通过了HACCP、BRC、IFS等国际认证和QS认证；其禽肉类熟肉制品、水制品等产品分别在日本、欧盟与美国等国家和地区也予以顺利注册。

三是建立完善的质量保证体系：从食品的原材料、生产加工、运输等多个环节严格按照"可追溯体系"要求去实施，对生产食品需要添加的辅料也进行严格检测，并与供应商、经销商及消费者建立起良好的互利关系。

（二）内蒙古伊利实业集团（乳制品企业，调研时间为2014年8月1—13日）

内蒙古伊利实业集团股份有限公司是目前中国规模最大、产品线最全的乳制品企业。2015年，伊利年收入首次突破了600亿元，净利润46.54亿元，年收入和净利润双双持续增长并稳居行业第一。① 伊利集团由液态奶事业部、冷饮事业部、奶粉事业部、酸奶事业部和原奶事业部五大事业部组成，所属企业近百个，旗下拥有金典有机奶、营养舒化奶、QQ星儿童成长奶等1000多个产品品种。2014年企业获得内蒙古自治区

① 数据来源于《2015年伊利公司年报》。

"主席质量奖"，2016 年 12 月获评"'金箸奖' 2016 年度食品标杆企业"称号。

该企业在质量控制方面所做的具体措施有：

1. 企业不断完善质量管理体系，建立了具有伊利特色的质量管理体系

早在 1996 年，伊利集团所属冷饮和奶粉事业部通过了 ISO9002 质量管理体系认证。2002 年，其液态奶事业部通过了 HACCP 管理体系认证，2003 年年初，其冷饮事业部、奶粉事业部、原奶事业部也全部通过第三方审核认证。2003 年 12 月，伊利集团获得 ISO14001 环境管理体系的资格认证证书。2014 年 11 月，伊利液态奶、奶粉、酸奶、冷饮事业部全部通过 FSSC22000 食品安全体系认证。因此，企业不仅实现了从原材料、生产到成品的全过程食品安全保障，也为其产品进入欧洲以及全球市场奠定坚实质量基础。

2. 建立了完善的产品追溯程序

奶源基地从奶牛出生、原奶运输到原奶入厂都实现全过程跟踪和检测，对每一环节都进行了食品安全和质量控制关键点的分析和严格控制。利用产品批次信息跟踪表、关键环节的电子信息记录系统、质量管理信息的综合集成系统和覆盖全国的 ERP 网络系统等技术，保障产品信息可追溯的全面化、及时化和信息化。

3. 重视产品质量检测技术，产品质量检测是企业保证产品质量的关键手段

伊利集团依据国家相关法规、标准及企业标准，制定公司产品检验监测计划，按照工厂 / 事业部 / 集团公司三级体系进行质量检测，其环节包括生乳接收、原辅料接收、生产过程质量控制、成品放行检验、产品质量监督抽检和产品风险监测，2006 年实验室按照国家《检测和校准实验室能力认可准则》通过国家实验室认可。2014 年投入 5.47 亿元从国外购买能够检测更多产品指标的检测设备，从而增加监管种类、数量、提

高检测数据的精度和精确度，根据出具的检测报告，快速判断奶制品相关指标是否符合消费者需求，继而改进产品质量指标要求。

（三）日照港集团有限公司（港口服务业，调研时间为 2014 年 11 月 4—8 日）

日照港集团有限公司成立于 2002 年 7 月 15 日，2014 年拥有生产性泊位 39 个，总设计吞吐能力 1.2 亿吨，在册员工 5400 人。公司主要经营矿石、煤炭、水泥等大宗散杂货装卸、堆存业务。日照港集团有限公司 2010 年荣获首届日照市市长质量奖，2013 年荣获第十三届全国质量奖，2015 年荣获第五届山东省省长质量奖。①

该企业在质量控制方面的主要措施有：

1. 制定质量战略，全力推动质量发展

从 20 世纪 90 年代实施 ISO 质量管理体系，再到全面推行卓越绩效管理模式，日照港质量管理一直保持与时俱进、创新发展。努力打造质量效益型企业，将经营质量、服务质量、装卸质量、工程质量国际一流的"质量之港"纳入到战略计划，并制定了质量管理职能战略，将质量目标纳入到关键战略绩效指标中。

2. 建立产品质量文化

遵循"质量是企业生命线"的理念，坚持文化与质量的结合，形成人人关心质量、人人追求质量的日照港质量文化。以"持续改进、追求卓越，建设创新学习型、质量效益型、诚信责任型、阳光和谐型"作为港口战略。搭建载体平台，将质量文化多维度、多渠道贯彻到员工、顾客、供方、合作伙伴及其他相关方，委托第三方进行满意度测评，该公司企业文化认同度达到 88% 以上。

3. 加强基础能力建设

日照港集团总部及 4 个下属单位建立并通过了质量管理体系认证，

① 山东省省长质量奖由山东省人民政府设立，每两年评选一次，是山东省最具影响力的经营质量管理奖项。

另外 5 个下属单位建立了质量管理体系并保持有效运行，8 个下属单位建立并通过了质量 / 环境 / 职业健康安全管理三体系认证。日照港集团拥有完善的企业标准体系和标准化工作体系，设立了标准化工作机构，开展省级服务标准化试点，组织开展国家级服务业标准化试点工作。此外，还拥有专门的计量检测站，是经山东省质量技术监督局依法授权的专项计量检定机构，也是沿海港口唯一一家计量标准检定机构，负责授权范围内集团公司在用计量器具的检定，检定数据合格率和检测报告及时率达 100%。

4.注重质量教育培训

完善从需求调查、计划编制、培训实施、效果评估，搭配测量分析改进的培训工作流程，健全集团公司、单位 / 部门、班、组四级培训管理体系。每年按照工资总额 2.5% 的比例提取培训经费，加大质量教育培训投入。组织 TQM 基本知识普及教育工作，开展 ISO9000 系列标准和卓越绩效模式知识培训，确定相应的评审员证书，同时注重专业技术人员的培养与任用。

（四）扬子江药业集团有限公司（药品企业，调研时间为 2014 年 12 月 16—19 日）

扬子江药业集团创建于 1971 年，总部位于江苏省泰州市，现有员工约 15000 人，总占地面积 300 多万平方米，2012 年荣获"江苏省质量奖""中国质量奖提名奖"等称号。2015 年获得"质量之光——质量标杆企业"称号，2016 年获得江苏省 3A"质量信用企业"称号和"全球卓越绩效奖"。

该企业在质量控制方面的主要措施有：

在质量机构设置方面，总经理是药品质量的主要责任人，分管质量的总经理是公司首席质量官，全面负责产品质量，负责贯彻、执行药品质量管理法律、法规，组织和规范公司药品生产质量管理工作，建立和完善药品质量管理体系，并对体系进行监控，确保其有效运作；与此同时，设立专门的质量管理部负责日常的质量管理工作。

在质量管理小组建设方面，该公司围绕企业的经营战略、方针目标和现场存在的问题，积极开展 QC 小组质量活动，建立了 100 多个 QC 小组使其活跃在生产、质量等一线，运用质量管理的理论和方法以改进质量、降低消耗。在 2015 年及 2016 年代表中国参加国际质量控制成果发表，获得 7 项金奖。

在质量认证体系方面，该公司 2013 年年底生产车间全部通过了新版生产质量管理规范（Good Manufacturing Practices, GMP）认证，并有 4 个车间通过了欧盟 GMP 认证，20 多个产品质量达到欧美药典标准。此外，该公司被中国食品药品检定研究院、江苏省食品药品监督管理局指定为实训基地。

在质量文化建设方面，公司认为质量是品牌的灵魂，实施卓越绩效管理和六西格玛管理，培育"任何困难都不能把我们打倒，唯有质量"的质量文化，提出了"质量第一，务实诚信"的质量方针。

通过对部分典型企业产品质量现状的调研和分析可知，我国产品质量较过去已有了质的飞跃，产品质量水平保持在稳定提升状态。企业不论在质量发展战略还是质量改进措施方面，较之前都发生了很大变化。许多企业已经初步建立起适应我国国情的产品质量管理体系，探索出适应我国现状的质量保证模式。企业运用产品质量管理理念，重视产品质量方法，培育产品质量文化，在此过程中，通过了质量体系认证，建立了完善的质量检测流程。可以说，在技术层面上，企业为了达到产品质量要求、符合政府部门规定、满足消费者需求，投入了大量的人力、物力和财力，使产品质量管理水平得以不断提升。

三、产品质量事件仍然频频发生

我国正处于经济转型、社会转轨时期，产品质量的提升面临较多的问题和困境，加之假冒伪劣产品的不断涌现，更要清楚地认识到各项产品质量监管的制度、机制并不完善。因此，为进一步推动我国产品质量在国际中更有话语权、产品更有竞争力，使"中国制造"成为高质量产品的代名词，亟须迎接在转型升级过程中所带来的挑战。

在 20 世纪 90 年代，由于当时的市场环境初步建立起来，市场秩序杂乱，违规企业一般规模较小，影响范围不大，产品质量问题多数是因操作不规范、技术不成熟等问题导致的。但经过二十多年的发展，随着国内市场环境日趋复杂，影响产品质量因素日益增多，同时消费者对质量问题的广泛、高度关注，一旦发生产品质量事件，造成的影响面广、损失波及力度大。由表 5-2 可知，自 2000 年以来产品质量事件频频发生，特别是食品质量的现状尤为突出，其质量问题呈现多发势头。

表 5-2　近年来发生的主要产品质量事件

发生时间	质量事件	质量问题
2001 年	冠生园陈馅月饼	检测质量不合格、产品过期
2003 年	金华火腿农药浸泡	检测出化工原料
2004 年	陈化粮事件	黄曲霉毒素含量超标
2004 年	广州假酒中毒	工业酒精
2004 年	阜阳劣质奶粉	食品原料检测不合格
2005 年	光明回收奶事件	产品变质
2005 年	苏丹红	检测出化学成分
2006 年	瘦肉精中毒	检测出盐酸克伦特罗含量
2006 年	孔雀石绿事件	添加高毒素及高残留的"孔雀石绿"
2006 年	泔水油事件	检测出黄曲霉毒素
2008 年	三聚氰胺	检测出化工材料
2010 年	海南毒豇豆	检测出含有剧毒农药
2010 年	德赛电池质量问题	不符合国家标准
2011 年	染色馒头	检测出化学成分
2011 年	肯德基炸薯条油	违反质量要求
2011 年	地沟油风波	检测不合格
2012 年	伊利婴幼儿奶粉	汞含量异常
2012 年	酒鬼白酒	塑化剂严重超标

续表

发生时间	质量事件	质量问题
2012 年	老酸奶工业明胶事件	工业皮革废料等作为生产原料
2013 年	毒胶囊	检测出工业用品
2013 年	毒豆芽	非法添加对人体有害的添加剂
2013 年	有毒大米	镉超标
2013 年	高档干果过氧化值超标	过量添加防腐剂
2014 年	阜阳劣质奶粉	不符合国家标准
2014 年	上海福喜食品	不符合国家标准
2015 年	飞鹤奶粉	不符合国家标准
2015 年	爱他美奶粉	不符合国家标准
2015 年	辽宁辉山乳业牛奶	检测出硫氰酸钙
2015 年	葡萄酒重金属超标事件	不符合国家标准
2015 年	荆州商场电梯伤人事件	不符合国家标准
2016 年	有毒水龙头	铅超标 81 倍

　　根据国家卫生计生委办公厅 2005 年至 2015 年的全国食物中毒事件情况通报，整理得到表 5-3。① 将表中数据汇总成图 5-4 可以清晰看出，近几年虽然事件报告起数、中毒人数和死亡人数都较少，但是死亡人数的比重却比较高，所以事故发生带来了更为严重的后果。

表 5-3　2005—2015 年我国食品质量安全事件通报情况

年份	2005	2006	2007	2008	2009	2010	2011	2012	2013	2014	2015
报告事件数（起）	256	596	134	431	271	220	189	173	152	160	169
中毒人数（人）	9021	18063	4457	13095	11007	7383	8324	6272	5559	5657	5926

　　① 国家卫生计生委办公厅：《2014 年全国食物中毒事件情况的通报》，2015 年 2 月 15 日，见 http://www.nhfpc.gov.cn/yjb/s3585/201502/91fa4b047e984d3a89c16194722ee9f2.shtml。

续表

年份	2005	2006	2007	2008	2009	2010	2011	2012	2013	2014	2015
死亡人数（人）	235	196	96	154	181	184	137	136	109	110	121

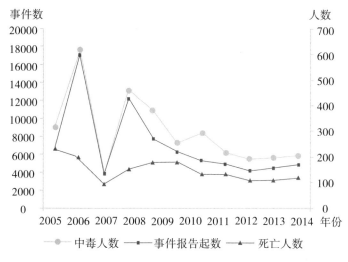

图 5-4　2005—2014 年我国食品安全情况发展趋势图

　　与此同时，消费者质量问题的投诉举报数量逐年提高，投诉总量增幅均呈上升趋势。2014 年，全国工商系统受理消费者投诉 116.22 万件，比上年同期增加 14.58 万件，增长 14.34%，投诉总量呈上升趋势，投诉量及增幅均为五年来最高。① 这也反映出产品质量已经成为广大消费者密切关注的焦点问题之一，揭示出了企业产品质量意识不强的问题，制约了产品质量水平的进一步提升。

　　此外，国内消费者纷纷选择从国外代购奶粉、化妆品、箱包、洗涤用品等商品，根据中国电子商务研究中心发布的《中国电子商务市场数据监测报告》，2013 年海外代购交易规模达 744 亿元，与 2012 年同期

---

　　①　中国新闻网：《2014 年全国工商系统受理消费者投诉 116.22 万件》，2015 年 1 月 23 日，见 http://www.chinanews.com/gn/2015/01-23/7000825.shtml。

的 483 亿元相比增长了 54% 左右。[①] 根据《全国奶业发展规划（2016—2020 年）》发布数据，2015 年进口婴幼儿配方乳粉 17.6 万吨，是 2008 年的 4.8 倍。所以，随着人民生活水平的不断提高，对产品质量的需求由"量变到质变"，产品质量总体水平特别是食品质量水平与广大人民群众的要求、发达国家相比都存在不小差距。

随着经济全球化进程的逐步加快，发达国家将贸易壁垒也转化到质量领域，产生了众多针对发展中国家的质量纠纷。2013 年欧盟非食品类消费品快速预警通报案例风险分析报告显示，针对我国发布的通报共1442 件，较 2012 年增长 8.34%；2014 年，该预警系统共通报 2435 例产品，通报商品最大来源依然是我国，占总数 64%，如图 5-5 所示。[②] 在对外贸易过程中，通报问题商品被扣留或是被退货，不仅使我国蒙受了巨大的经济损失，而且也使我国产品在国际上丧失了良好的信誉。面对国外市场对出口产品质量的高要求，我国产品在国际市场上仍然缺乏竞争力，如何才能使产品符合国际标准、得到发达国家的质量认可等问题亟须进行深入分析。

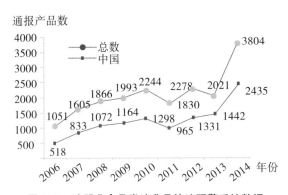

图 5-5　欧盟非食品类消费品快速预警系统数据

---

①　中国电子商务中心：《2013 年海外代购交易规模达 744 亿元》，2013 年 12 月 31 日，见 http://www.100ec.cn/zt/16jcbg/。

②　中国驻德国大使馆经济商务参赞处：《2014 年 64% 欧盟 Rapex 通报产品来自中国》，2015 年 3 月 23 日，见 http://de.mofcom.gov.cn/article/jmxw/201503/20150300919865.shtml。

在宏观层面上,产品质量关系到社会稳定和经济的健康发展、政府形象和国家信誉。在微观层面上,产品质量关系到广大人民群众的身体健康和生命安全。产品质量整体水平已成为衡量人民生活质量、社会管理水平和国家法制建设的一个重要方面。特别是近些年来,我国产品质量事件频发,将企业道德推向风口浪尖的同时,社会公众对政府产品质量监管工作也产生了极大质疑。如何提高产品质量水平,如何保障公众最基本的利益诉求,成为当前各国政府亟须解决的问题,对我国而言更是重中之重的问题。

第二节　我国产品质量监管体系概述

自改革开放以来,随着经济社会的不断发展,市场经济的不断完善,政府职能的不断调整改善,产品质量监管在方式、方法等方面均有了脱胎换骨的变化。政府行政部门从制定法律法规到评优惩劣,从引进先进技术和理念到制定质量发展纲要、工业发展规划等方面,都在不断调整监管模式,更新监管理念,加强监管力度,无一不是为指导企业改善产品质量。可以说在提高我国的产品质量方面,已经基本形成了政府部门主导、企业担责、社会各方监管力量辅助的产品质量监管体系。

一、产品质量监管机构及职责

产品质量监管是政府重要职能之一,在我国政府部门构成中与产品质量相关的,就有工业和信息化委员会、工商管理局、质检总局、药监总局及社会的各种质量相关协会等,充分说明国家对产品质量监管的重视程度。

（一）产品质量监管机构职能方面

政府对产品质量监管机构、职能进行了多次重要调整。随着我国经济社会的不断发展,现代"质量意识"逐渐渗透到经济社会活动的各个环节中。企业推行全面质量管理活动，政府继续在工业、农业等经济管理部门设立质量管理机构，除了开展质量提升活动之外，还强化了监管职能，在原以产品标准、计量为主要职能的基础上，升级质量机构监管功能。

1983 年，经国务院批准，由国家标准总局质量监督局具体规划实施国家产品质量监督检验中心的布点建设，两年时间内批准筹建了第一批 113 家国家质检中心；1988 年，又发文批准了第二批 100 家国家质检中心的建设规划，实际完成评审授权的国家质检中心 232 家。1998 年的政府机构改革中，国家技术监督局合并了原国家经贸委质量司和劳动部的锅炉局，成立了国家质量技术监督局；为实现对产品质量的全面协调管理，2001 年 4 月，国家质量技术监督局与国家出入境检验检疫局合并，组建国家质量监督检验检疫总局，并将国家工商行政管理局调整为国家工商行政管理总局；2010 年 2 月，国务院成立了国家食品安全委员会，由 3 位副总理和 15 位部长组成；2013 年 3 月，国务院正式组建成立国家食品药品监督管理总局；2014 年，为了加强对食品药品犯罪团伙的侦查和打击能力，公安部设立了食品药品犯罪侦查局，建立了行政执法和刑事司法工作的衔接机制。我国产品质量监管机构发展过程如表 5-4 所示。

表 5-4　我国产品质量监管机构发展过程

成立时间	机构名称	监管范围	职责分工
1979 年	工商行政管理局	垂直管理流通环节	负责流通领域食品卫生的监管、发放企业营业执照、查处制假贩假、对有毒有害食品进行监管速测、不合格食品退出查处、广告审查等
1988 年	国家质量技术监督局	垂直管理生产环节	产品质量监督的范围包括经过加工、制作，用于销售的产品

成立时间	机构名称	监管范围	职责分工
1998 年	卫生部门	属地管理 综合协调	负责食品卫生检测检验、技术指导、培训体检、发放《食品企业卫生许可证》等工作
2001 年	国家质量监督检验检疫总局	负责全国质量监管工作	主管全国质量、计量和出入境商品、卫生、动植物检验、进口食品安全和认证认可、标准化等
2002 年	质量技术监督局	流通领域	负责生产领域食品卫生的监管，食品加工企业产品标准的监督、标准的修订和质量的监督检查、发放《生产许可证》
2003 年	国家食品药品监管局	食品、药品管理	负责食品安全管理的综合监督和协调，组织查处重大事故，负责保健食品的审批工作
2014 年	食品药品违法侦查局	垂直管理 消费环节	加强侦查、打击食品药品犯罪的力量
2015 年	市场监督管理局	综合协调	整合市场监管资源，形成市场监管合力，提高市场监管水平

2015 年，国家推行将工商局、质监局、食药监局三部合并为市场监督管理局，目的在于解决产品质量监管工作多部门协调问题。由政府监管机构的设立、变迁及现状可知，我国监管机构一直在不断地进行整顿和调整中，调整的重要特征是更加重视监管机构在提高产品质量水平上的作用；强调整合产品质量监管力量，避免各监管部门间监管职能的交叉；强调监管机构之间的沟通，加强各个监管部门的协调配合机制。

（二）产品质检机构和标准制定机构方面

《国民经济和社会发展第十二个五年规划纲要》着重强调质量人才队伍建设，提高质检队伍整体素质和专业技能，以及推进标准化工作、认证认可体系和计量工作。截至 2014 年，我国共有各类检验检测机构 28340 家，从业人员 86 万余人，共向社会出具检验检测报告 3.11 亿份。[①] 在产品质检机构资质认定方面，2015 年 8 月 1 日《检验检测机构资质认定管理办法》已经正式实施，规范了检验检测机构的资质认定工作，并加强了对其的监督管理；2016 年发布的《国民经济和社会发展第十三个五年规划纲要》，提出完善质量监管体系，加强国家级检测与评定中心、检验检测认证公共服务平台建设。

我国标准制定现行的技术机构体系如图 5-6 所示，从我国标准化制定机构设置方面，存在着管理层次过多、机构重叠、责任不清甚至多头管理和无人管理的现象。[②]

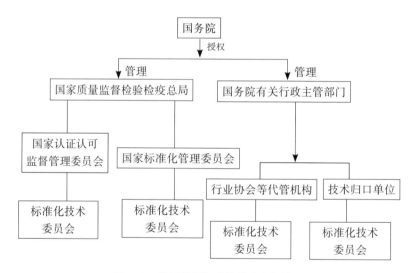

图 5-6　我国现行标准化技术组织体系

从参与标准编制的人员方面，作为与标准制定有最大利害关系之一的企业，参与度却较低，企业承担全国专业标准化技术委员会秘书处及

---

① 国家质量监督检验检疫总局：《统一资质管理 释放改革红利——第三次全国检验检测机构资质认定工作会议》，2015 年 7 月 17 日，见 http://www.aqsiq.gov.cn/zjxw/zjxw/zjftpxw/201507/t20150717_445086.htm。

② 郭骞、刘晶、肖承翔等：《国内外标准化组织体系对比分析及思考》，《中国标准化》2016 年第 2 期。

参与其工作的比重较小，企业的意见和呼声很容易被漠视。因此，制定出来的标准市场适合性较低，不一定符合市场、企业、消费者的需求，时间久了就会被市场和企业抛弃。而美国采取科技开发和标准化政策相结合的措施保证标准编制的先进性，规定科研人员参加标准化活动和参加标准制定的情况作为业绩考核的一个指标。在我国，虽然科技专家也参与到具体的标准化工作中，但参与的广度和深度还有待提高。

二、产品质量监管相关法律

产品质量监管不论是行政监管，还是社会监管，都必须有法律依据。有法可依，依法行政是进一步开展工作的重要前提条件。在依法治国的理念下，为了维护市场经济秩序，提高依法行政水平和执行力，建立健全产品质量监管方面的法律法规，实现产品质量依法监管，国家陆续发布并修订了多部与产品质量监管有关的法律法规。

我国产品质量监管体系形成了法律、法规（行政法规和地方性法规）、规章（部门规章和地方政府规章）等具有内在联系、相互协调的统一体。与产品质量直接相关的法律就有《产品质量法》《计量法》《农产品质量安全法》《消费者权益保护法》《标准化法》等 8 部法律。其他的还有 12 部行政法规、231 件部门规章、100 多件地方性法规和地方政府规章配套的质量法律体系。此外，涉及具体行业的法律还有《食品卫生法》《食品安全法》《药品管理法》以及《农产品质量安全法》等。我国主要产品质量监管法律见表 5-5。

表 5-5　我国主要产品质量监管法律

首次 实施时间	法律名称	与产品质量监管有关内容	主要目的
1993 年 9 月	《产品质量法》	提出监管是政府部门为了提高产品质量水平，保护消费者的合法权益，维护社会经济秩序，依照法律授予的职权，对一定区域内的产品质量实行的监督	保护消费者免于因缺陷产品所造成的人身伤害

首次 实施时间	法律名称	与产品质量监管有关内容	主要目的
1986 年 7 月	《计量法》	①产品缺陷的评判标准性法律；②认为对产品在制造过程中存在缺陷的判定依据为产品的安全和质量是否与消费者所期望达到效果相一致；③明确划分产品缺陷：制造缺陷、说明警示缺陷与设计缺陷；④详细规定制造者与销售者的义务与责任、消费者的权力、监管机构的职责以及仲裁规则等	明确产品缺陷的认定
1989 年 4 月	《标准化法》	如果有明确且令人信服的证据表明损害可能因产品缺陷而造成，应负惩罚性赔偿责任	法律效力更强，保护消费者权益
1994 年 1 月	《消费者权益保护法》	①规定管制与禁止对人类健康有危害的食品、药品与化妆品；②禁止使用名实不符的产品说明，反对假掺杂行为；③规定违反者视其行为引起的不良影响，进行处罚	保证商品在进入市场前的安全性及有效性
2006 年 11 月	《农产品质量安全法》	①规定食品中农药等污染物允许量的新计量法；②规定婴儿与孕妇需增加额外的安全因子；③规定对污染物积累危害性的评估；④规定采用科学成果与新技术	保障农产品安全、保护儿童权益、解决法律体系不一致性
2009 年 6 月	《食品安全法》	①同时设立消费品安全委员会委员；②制定统一的消费品安全标准；③研究与预防消费品中潜在的危险；④对具有潜在危险的消费品生产与销售进行严格监管；⑤禁止具有潜在危险的消费品进入市场，没收危险的消费品	保护消费者权益，使其免受产品潜在危险带来的损害

为了贯彻落实打假重点工作，进一步加强和规范执法打假监管工作，《中华人民共和国刑法》第三章专门设立了生产、销售伪劣商品罪，对制售假冒伪劣产品的单位或个人提供了立罪依据。2015 年 10 月 1 日，新《食品安全法》正式施行，国家食药监总局制定的《食品生产许可管

理办法》作为新《食品安全法》的配套规章也于 10 月 1 日同步实施。以上这些法律与地方性行政法规、规章制度共同构成了我国产品质量监管的法律体系。

三、产品质量监管相关制度

产品质量监管制度是指国家有关部门依据法律法规，对产品质量进行宏观管理与控制，确保产品质量符合国家标准与相关要求，其目的在于保证产品的质量符合社会发展需要，保障消费者的合法权益。仅 2010 年，质检系统制订和修改完善的规章制度就达 19000 多个。[①] 在产品市场准入、市场流通与市场退出的整个过程中，我国已逐步形成了与市场情况相符的、有效的产品质量监管制度体系，其中主要有生产许可、注册备案、认证认可、检验检疫、安全监察、监督抽查、缺陷召回等产品质量监管制度。与此同时，在产品质量监管过程中实施打假扶优制度，即对生产假冒伪劣产品的企业进行打击，对生产优质产品的企业给予奖励。

（一）产品质量标准制度

我国标准在很多地方不够成熟并落后于国外标准，日本已制定的农药残留限量标准最多，要求更为细致和严格。以大米为例，农药残留检测标准多达 188 项，不仅覆盖农药残留物的范围广，而且最高残留值也极其严格，所制定的标准远远高于欧盟和美国。2008 年，令日本人胆战心惊的"毒大米"，其大米甲胺磷含量为 0.02ppm—0.06ppm，在我国却是优质大米，因为我国优质大米的杀虫剂甲胺磷含量限定为 0.1ppm，两者甲胺磷含量相差约五倍；在锂电池领域，国外标准主要集中在产品成品的要求测试上，而我国标准集中在产品原材料、设计、模块、接口等

---

① 任意：《质量强国之路从质量安全起步》，《经济日报》2011 年 9 月 15 日。

领域，导致了锂电池在安全和性能上与国外存在很大差距；[1]对比国内外航空汽油发现我国仅对国产的高铅航空汽油制订了标准，而对国外进口的高品质低铅汽油却是无任何标准，导致我国对进口汽油无法判断是否为高铅还是低铅；[2]2011年瑞典研究机构检测出雀巢、喜宝在内的9种欧洲知名品牌的婴儿食品含有毒金属砷、铅和镉，而我国婴幼儿谷类辅助食品只对砷、铅两类金属元素提出限量要求，即使对砷含量设置了标准，在卫生部于2010年3月发布的《生乳等66项食品安全国家标准》中，我国婴幼儿食品中每公斤含有200微克至300微克的无机砷属于安全范围，而瑞典研究机构公布的相关产品的含砷量为1.7微克已被视为"含致癌重金属"。所以，此事爆出后，雀巢公司发文声称，其产品在生产和销售的婴儿食品完全符合中国法规及标准的要求；再比如禽蛋类农药残留标准种类和限量虽与国际标准日渐接轨，但农药残留限量种类较少、限量值与国际标准相比仍有差距、农药残留限量分类较为单一。[3]

（二）产品生产许可制度

产品生产许可证制度是政府为了加强产品质量管理，保证重要产品质量，依据国家有关法规、规章，对影响国计民生、危及人体健康和人身财产安全的重要工业产品实施的一项质量监控制度。生产许可证制度是一个完整的体系，由发证、对获证企业和产品的监督管理、获证企业的到期复查换证、对生产和销售无证产品的查处及贯穿整个生产许可证工作过程的信息反馈五个环节组成。

政府根据国民经济发展的需要，确定实施生产许可证管理的产品目录，制定每类产品的质量安全监督管理办法，规定质量标准、安全技术

---

① 王宏伟、刘军、肖海清等：《国内外锂离子动力电池相关标准对比分析》，《电子元件与材料》2012年第10期。

② 张丽英：《国内外航空汽油标准对比分析及进口产品质量监控建议》，《石油商技》2015年第5期。

③ 张凯华、臧明伍、王守伟等：《国内外禽蛋农（兽）药残留限量标准对比研究》，《世界农业》2016年第1期。

规范、质量保证体系和生产必备条件等要求，并组织有关部门予以实施，以达到贯彻国家质量政策，保证产品质量和保护消费者权益的目的。

2015 年，最新修订的《食品生产许可管理办法》，要求地方各级食品药品监督管理部门及各质量责任主体认真贯彻执行食品（含食品添加剂）生产许可制度。2015 年 10 月《国务院关于实行市场准入负面清单制度的意见》正式发布，我国将全面推进市场准入负面清单制度，从源头上严把产品质量的市场关。

（三）产品质量认证制度

产品质量认证制度分为强制性认证和推荐性认证。我国于 2002 年 5月 1 日起实施强制性产品认证制度（China Compulsory Certification，简称为"3C"标志），该制度依据国家质检总局颁布的《强制性产品认证管理规定》，由国家认证认可的监督管理委员会执行。在贯彻执行强制性产品认证制度时，通过制定强制性产品认证的产品目录，凡列入强制性产品认证目录内的产品，没有获得指定认证机构的认证证书，没有按规定施加认证标志，一律不得进口、不得出厂销售和在经营服务场所使用；同时实施强制性产品认证程序，对列入目录中的产品实施强制性的检测和审核。

强制性产品认证制度是依照法律法规实施的一种产品合格评定制度，要求产品必须符合国家标准和技术法规。在贯彻国家各种技术法规和标准方面，在规范市场经济秩序、打击假冒伪劣产品和保护消费者权益等方面，该制度具有独特的作用和优势。因此，利用强制性产品认证制度作为产品市场准入的手段，正在成为政府通行的做法。而推荐性认证是对未列入国家认证目录内产品的认证，是企业的一种自愿行为，也称为"自愿性产品认证"。

（四）产品质量监督抽查制度

产品质量监督抽查制度现已是政府对产品质量监管的重要措施之一，该制度对整顿市场经济秩序、提高我国产品质量整体水平、促进国民经济建设和社会发展等方面都起到了重要作用，为政府能够真实掌握产品质量水平，有针对性地对区域产品质量采取改进措施提供了可能。

自 20 世纪 80 年代，我国国民经济渡过了物质短缺时代，商品供应日趋丰富。随之而来，产品质量问题开始凸显，市场上假冒伪劣产品开始冒头。在这样的背景下，为规范社会主义经济秩序，打击假冒伪劣产品，国家有关部门就开始考虑建立国家产品质量监督制度，并于 1985 年建立了产品质量国家抽查制度。

政府每年都会在统一的时期内，采用统一的检验方法，对统一的产品进行检查。通过对产品质量状况进行抽查检验，在总体上掌握我国产品质量状况及存在的主要问题，从而应用更为有效的方法、实施针对性的应对措施，促进产品质量总体水平的稳步提高。

（五）缺陷产品召回制度

缺陷产品召回制度是指当产品危及消费者人身、财产安全的缺陷时，产品的生产商、销售商或进口商依法将生产、销售或进口的产品从市场上收回，并免费对其进行修理或更换的制度，体现了对消费者人身、财产安全以及经营者公平竞争的维护。

缺陷产品召回制度是建立健全产品市场退出环节的关键制度，是加强生产后续监管的一种有效措施。该制度能够及时发现产品质量安全隐患，通过应急措施避免造成更严重的损失，使得产品质量的有害影响降到最小。《食品安全法》更以法律的形式将食品召回确立为食品安全领域的一项重要法律制度。

早在 2004 年 10 月 1 日，我国正式出台了《缺陷汽车产品召回管理规定》，因汽车召回规定颁布时间较长，在实践中应用得较为频繁。例如，在 2011 年 5 月至 2014 年 5 月期间，一汽大众速腾因后轴断裂被召回的车辆共计 56.3 万辆；2009 年 9 月至 2013 年 6 月期间，奇瑞风云 2 因漏油隐患被召回的车辆达 21.89 万辆。除此之外，在 2007 年以后，针对其他与消费者身体健康和生命安全密切相关的产品，我国也陆续发布施行了《儿童玩具召回管理规定》《食品召回管理规定》《药品召回管理办法》《药品召回管理规定》等法规，这些召回规定更加有力地保障了消费者的合法权益。

通过以上分析，我国产品质量监管体系经历了从无到有、从小到大、从多头监管到分段监管的变化，是一个不断发展和完善的过程。经过了新中国成立初期的起步规范阶段、改革开放的发展转型阶段到现在的整合调整阶段，不断地强化机构职能、细化机构任务、厘清机构职责，并在此过程中进一步制定和完善了各种产品质量法律和规章制度。

第三节　第三方机构及社会质量管理组织概述

一、第三方机构

第三方机构是指具备特定的检测能力和条件，经过政府认可的产品检测或认证，为了确保企业产品行为的合法性、合规性，对企业进行产品质量检测、体系认证，并推进产品质量的各项工作。诸如全球性国际标准化组织 ISO、美国质量协会、日本科学技术联盟、欧洲质量组织和韩国标准协会等，在前文均已进行过论述，这些组织或机构都对推行和实施产品质量工作发挥着举足轻重的作用。

在国际和国内市场竞争激烈的环境下，建设质量强国战略的背景下，重视质量、创造质量已成为我国社会新风尚，为了适应市场经济发展和经济全球化需要、国家治理体系变革的需要，满足全社会对高质量的产品的需要，我国第三方机构应运而生。

（一）第三方检验（检测）机构

第三方检测机构是独立于贸易、交易、买卖、合作和争议各方利益以及法定身份之外的，独立公正的非政府检测机构。第三方检验机构在多个行业领域内依据标准、合同或协议独立公正地进行检测，其检测过程和结果不受委托方和其他外来方的影响。

国外第三方检验机构发展历史较长，例如，法国的通标标准技术服务有限公司创立于1919年，是全球领先的检验、鉴定、测试和认证机构；德国莱茵 TüV 集团成立于1872年，是官方授权的政府监督机构、享誉全球的国际性认证公司，是全球第三方检测认证服务领域的知名品牌；美国 UL 美华创于1894年，是极具权威的安全检测机构，也是世界领先的产品检测 / 认证机构，独立的、非营利的、为公共安全做试验的专业机构。

相比而言，国内第三方检测机构起步较晚，比较知名的第三方检测机构主要有中国检验认证（集团）有限公司（1980年成立）、苏交科集团股份有限公司（2002年成立）、华测检测认证集团股份有限公司（2003年成立）、谱尼测试集团股份有限公司（2002年成立）等。

第三方检测服务在国内的市场需求量较大，图5-7显示2009—2016年我国第三方检测行业市场需求逐年提升。[1]从表5-6可知，检测机构的营业总收入同比增长均超过10%。[2]2017年7月，国家质检总局发布的统计数据显示，截至2016年年底，全国有资质认定的检验检测机构达3.1万家，较2016年增加7.02%。

---

① 冯海玮：《我国第三方检测行业发展现状及展望》，2017年7月24日，见 http://www.istis.sh.cn/list/list.aspx?id=10732。

② 根据各上市公司的年报数据整理。

图 5-7 2009—2016 年中国第三方检测行业市场规模

表 5-6 2016 年国内上市检测机构业绩一览表

股票简称	营业总收入（万元）	同比增长	营业利润（万元）	同比增长
苏交科	420125.96	63.95%	41653.45	1.7%
华测检测	165226.07	28.30%	11569.38	42.09%
国检集团	66501.14	11.39%	13167.52	2.45%
电科院	55341.03	32.58%	7715.09	309.38%
安车检测	31818.12	12.96%	4214.84	15.77%

现就第三方检验检测整体状况而言，与市场的普遍需求相比，仍然存在如下问题：提供公共服务的第三方数量不足，检验检测市场开放不够，检验检测准入许可事项较多，部分检验检测项目费用高、时间长等，制约着有关部门执法、企业正常运营和消费者维权。再者，产品检测能力不能满足产品检测需求，严重制约着产品质量整体水平的发展。如奶粉中三聚氰胺检测、地沟油检测、劣质酱油氨基酸成分检测、电器产品的电磁兼容检测等，不论是检测范围还是检测技术均受到限制和约束。

在检验检测水平方面，第三方检验检测机构大多是小、散、弱，技术能力不强，检不了、检不准的问题始终存在，如化妆品国家标准和相关规范规定禁限用物质 1758 项，能检测的仅 116 项，精密检测设备和核心检测技术仍明显落后于发达国家。

（二）第三方认证机构

第三方认证机构，是指具有可靠的执行认证制度的必要能力，独立于生产商、销售商和消费者的、具有独立的法人资格的，并在认证过程中能够客观、公正、独立地从事认证活动的第三方机构。

在加强质量监管活动中，认证是重要的技术支撑和管理手段。随着我国内地企业认证需求的增长，国外悠久历史、良好声誉的第三方认证机构纷纷入驻我国市场，例如，德国莱茵 TüV 集团、英国的天祥认证集团、瑞士的通标标准技术服务有限公司和法国的国际检验局均已进入我国市场，从事体系认证工作。

我国政府现已充分认识到认证的重要作用，不断扶持认证认可行业发展。就目前我国的第三方认证机构发展布局而言，分支机构主要集中在沿海城市，以长三角和珠三角为中心向沿海城市延伸，业务范围从单一业务逐步发展到多元化业务阶段。2017 年国家质检总局数据表明认证认可行业供给水平明显提升，现已建立覆盖 30 多个行业的11 项基础认可制度和 42 项认证制度，各认证机构颁发的有效认证证书共计 170.9 万张，较 2016 年年底增加 21.61%。[①] 通过对山东省质量技术审查评价中心调研，其开展工业产品生产许可证、食品及食品相关产品生产许可证、制造计量器具生产许可证、实验室资质认定的技术审查等。与产品质量管理有关的体系认证与产品认证，见表 5-7 和表 5-8。

---

① 全国人大常委会执法检查组：《关于检查产品质量法实施情况的报告》，2017 年 6 月 22 日，见 http://www.npc.gov.cn/npc/xinwen/2017-06/22/content_2023714.htm。

表 5-7 主要的质量管理体系认证

体系名称	认证依据	目的
食品安全管理体系	（GB/T22000-2006 idtISO22000-2005）《食品安全管理体系食品链中各类组织的要求》、管理手册、程序文件以及相关法律法规和其他要求	避免技术壁垒，进入国际市场的通行证；简化或者免于工厂生产必备条件审查，有利于获得食品生产许可、增强客户对产品的信心、增进消费者满意度，塑造企业形象
职业健康安全管理体系	GB/T28001-2001 和有关的法律法规要求经认证机构确认，通过颁发职业健康安全管理体系认证证书，证明组织的职业健康安全管理体系符合相应标准的要求	促进组织的职业健康安全管理，消除非关税贸易壁垒和不公平贸易，能提高员工安全意识；减少因工伤事故和职业病所造成的经济损失和因此所产生的影响
环境管理体系认证	ISO14000 是国际标准化组织制定的环境管理体系国际标准	节能降耗、优化成本、满足政府法律要求，改善企业形象，提高企业竞争力
质量管理体系认证	ISO9000 标准	企业降低生产经营成本，提高经济效益的需要、满足顾客的要求

根据表 5-8 认证有关的条例与规定，开展工作主要围绕质量、环境、职业健康安全、食品安全、能源、测量等管理体系认证，以及强制性产品认证、产品安全认证以及有机、节能、环保等产品合格认证工作，这也为山东省各行业质量管理水平提升和质量技术监督业务提供技术支撑。

整体而言，虽然目前国内第三方认证机构存在业务范围较小、业务能力偏弱、竞争力不强等问题，但我国认证认可发展水平已处在新兴经济体国家的前列，正加快迈入认证认可强国行列，特别是在 ISO 质量管理体系认证方面，已经成为名副其实的认证大国。

表 5-8　主要的产品认证名称

认证名称	认证范围
产品合格认证	浓缩天然乳胶产品认证、合成氨用煤产品认证、高炉喷吹用煤产品认证、肉类食品产品认证、食用植物油产品认证等，约 133 种
环保产品认证	证明产品符合相关标准、技术要求的合格评定活动。依据：环保产品认证实施方案，涉及产品、水性涂料产品环保认证、家具产品环保认证、人造板及其制品环保认证
强制性产品认证	各地质监行政部门按照法定职责，对所辖地区《中华人民共和国实施强制性产品认证的产品目录》（包括 19 类 132 种）中产品实施监督
产品安全认证	只涉及与产品安全性能部分的认证，认证内容包括对产品安全性能的试验，再加上必要的工厂检查，符合安全认证条件后，发给认证证书和允许产品上附有安全认证标志。涉及产品主要有防爆电气产品安全认证、家具产品安全认证、花岗石安全产品认证等

二、社会质量管理组织

（一）全国性社会质量管理组织

社会质量管理组织主要以行业协会或学会的形式，在产品质量管理方面的贡献力量社会组织，主要有挂靠国家质检总局的 14 个行业学会、协会，比如，中国出入境检验检疫协会、中国认证认可协会、中国质量协会、中国质量检验协会、中国计量协会、中国质量万里行促进会、中国品牌建设促进会、中国消费品质量安全促进会、中国标准化协会等，国家工商总局下属的社会质量管理组织就有中国消费者协会、中国市场监督管理学会、中国广告协会等 14 个机构，国家食药监总局下属的中国药协会、食品药品国际交流中心等 16 个机构。

以上组织在整个质量管理活动中作用的侧重点各有不同，在推进质量发展方面，主要是中国质量协会、中国认证认可协会等；中国质量万里行促进会、中国市场监督管理学会等主要是在提升企业产品质量水平方面发挥作用；在保护消费者利益方面，主要是中国消费者协会、中国消费品质量安全促进会等。

现以实地调研的中国质量协会（以下简称"中质协"）为例，分析其在质量管理工作中的地位和作用。中质协成立于 1979 年 8 月，是全国性质量组织，是具有法人资格的非营利性、全国性科技社团组织，中质协根据国家《质量发展纲要》确定的目标和任务，广泛联系行业、企业、科研院校及广大质量工作者，向政府有关部门提供质量调查、质量信息和工作建议，为政府决策提供服务，主要作用和职能有：

第一，按照国家开展认证认可活动的规定，开展管理体系的认证审核、评价、培训、咨询和认证等业务，参与质量管理相关国家标准的制定。推动质量专业知识体系和人员注册评价活动，推进质量专业人才队伍建设和职业促进工作。

第二，传播先进的质量理念、方法和技术，推行科学的管理方法，开展质量管理技术、方法及相关质量管理标准的培训和咨询服务。与此同时，开展全面质量管理知识的普及教育，总结推广质量管理经验，促进质量科技成果转化，指导企业职工开展质量管理活动和现场管理提升活动，推进企业质量诚信和企业质量文化建设，提高全员质量意识和管理创新能力。

第三，在国际上，开展质量领域的国际交流与合作，推广先进的质量管理成果。组织质量管理学术和技术方法应用的实践交流，为广大会员和质量工作者提供学习交流的平台。在国内组织和指导各种形式的全国性质量宣传和推进活动，主要有全国六西格玛推进活动、全国质量管理小组活动、中国质量月活动等；编辑出版质量管理书籍，交流质量管理实践。

总而言之，这些全国性社会质量管理组织的成立，使我国质量工作推进有了质的飞跃，对我国质量管理理论的提升、质量技术的推广、质量奖励的促进和质量国际交流的开展等领域都起到了重要的、关键性的推动作用。

（二）区域性社会质量管理组织

对应着全国性社会质量管理组织，各地区、各行业纷纷建立了相应的与质量相关的管理组织。比如在中质协指导下各省、自治区、直辖市分别组建了地方性的质量协会，构成了全国的质量协会系统，共同开展质量推进活动。现以山东省质量管理协会为例，其开展的质量管理主要工作有企业信誉评价、用户满意工程活动、QC小组活动等。

1. 山东省企业信誉评价工作

2003年9月，由省经信委、财政厅、消费者协会、大众日报社等二十多个部门和机构，共同组建了山东省企业信誉评价工作委员会。全面推动"诚信山东"建设，切实加快社会信用体系建设，进一步改善和优化发展环境，推动经济质量持续健康发展。

"诚信山东"建设涉及经济社会领域的各个层面，主要包括政府诚信、企业诚信和个人诚信三个部分。企业诚信建设是"诚信山东"建设任务中的重点，其目的在于提高企业的诚信经营意识，增强企业产品质量竞争力，保障消费者合法权益等，共同评价、审核、认可、监督的机制，从而保证企业信誉工作的客观性、公正性和权威性。

2. 用户满意工程活动

1996年5月，中质协同原国家技术监督局、原国内贸易部、机械工业部、冶金工业部、化学工业部等部门联合发出《关于"实施用户满意工程"的通知》，标志着我国用户满意工程活动的启动。

以此为契机，山东省质量管理协会按照国家标准《顾客满意测评通则》（GB/T19039—2009）、《顾客满意测评模型和方法指南》（GB/T19038—2009）以及《用户满意度测评规范》（2015版）的技术要求，开展用户满意调查测评。在督促企业关注客户，以消费者为中心，挖掘客户需求方面发挥重要作用，最终形成以质量为发展目的的氛围，从而有效提高产品质量水平。

3. 质量管理小组活动

山东省质量管理小组活动始于1980年，质量管理小组有利于降低企业质量成本，提高经济效益，改进产品质量，从而提高产品市场占有率。

通过质量管理小组不仅可以提高企业员工的归属感，发挥员工的内在潜力，还能提高员工改善产品质量的主动性、积极性；小组成员紧紧围绕企业的质量经营战略、方针目标，有效地组织开展质量控制活动，围绕现场存在的问题，以企业数据为依据，运用质量管理的理论、技术和方法分析与解决问题，集思广益及时审核及调整活动方案，从而保证了既定质量目标的实现。

综上所述可知，质量相关协会作为社会的代表性组织，是具有较强号召力的质量组织，通过开展产品认证、质量管理、产业培训等业务（如图 5-8 所示），在政府产品质量监管、保障消费者权益、推广产品质量理论及方法等方面都发挥着重要的作用。

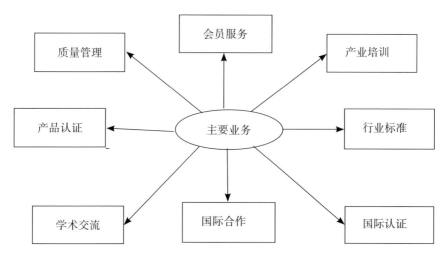

图 5-8　质量相关协会主要业务

第六章　我国区域产品质量问题的原因分析

正如第五章所讨论的我国产品质量现状，近些年随着我国经济发展和社会进步，产品质量水平虽然有了显著提升，但产品质量形势依然较为严峻，产品质量事件屡禁不止，产品质量问题层出不穷，尤其是食品、玩具等质量情况堪忧，仍然频频出现大的质量事故并引发危机。接连不断的恶性产品质量事件，呈现出显著的区域特征，波及行业广、影响面大，不仅给消费者的生命安全造成严重威胁，而且严重影响了经济社会的稳定发展。我国产品质量抽查合格率虽然一直维持在90%左右，仍然约有10%的不合格品，在不同区域、不同行业都存在产品质量问题，也说明产品质量问题依然不容忽视，妥善解决产品质量问题将是一个长期、艰巨的任务。

第一节　我国典型的产品质量特例事件分析及评述

在信息社会极为发达的今天，伴随着消费者普遍关注产品质量，媒体报道产品质量问题更加频繁，一旦发生产品质量事件其恶劣影响就会迅速传播，产品质量信息透明度空前提高。对社会产生影响较大的工业产品质量事件、食品质量事件和医疗保健产品质量事件进行研究，分析不同类型产品质量事件背后的深层次原因，得出产品质量事件处理启示，这是采用科学、先进的监管方法解决质量问题的前提，是分析政府解决措施存在的不足和漏洞的关键，也是提高产品质量水平的必经之路。

一、工业产品质量事件分析

（一）汽车轮胎质量事件（2011 年、2012 年）

2011 年央视"3·15"晚会曝光了锦湖天津工厂"返炼胶质量门"，其在轮胎制造过程中大量添加返炼胶，出现轮胎断裂、鼓包等严重质量问题。锦湖轮胎事件引起了社会的极大反响。[①]2011 年 3 月 21 日，锦湖轮胎公司向消费者道歉，并宣布召回有问题的轮胎。

2012 年邓禄普轮胎产品"以次充好"事件发生在住友橡胶江苏常熟工厂，经检查发现邓禄普轮胎生产工厂为了降低成本、牟取更多利润，出现胶料混用、以次充好的现象，由此造成轮胎抗撕裂性能及强度大打折扣。此种行为渐渐成为轮胎行业心照不宣的"潜规则"，一旦配比失败则意味着将面临大范围产品质量问题，企业将陷入一场有关轮胎产品质量的舆论漩涡中。

大多数汽车生产企业利用政策上的缺陷把容易引发车辆事故的轮胎作为易损件，不在整车质量担保责任范围之内，既逃避了整车企业对消费者应该承担的质保责任，也降低了对上游零部件供应商产品质量的监督责任，这种行业惯例无形中助长了上游零部件供应商为降低成本采取的不法行为。

这两家企业轮胎事件反映出企业质量意识的严重缺失，对质量法规的明知故犯。为了保证轮胎质量，锦湖轮胎公司虽然制定了严格的作业标准，然而在实际制造过程中，轮胎气密层不按标准要求使用了返炼胶，导致出现了严重的质量问题。邓禄普轮胎产品则是违反行业标准，"以次充好"在相关企业中更是司空见惯。

---

① 杜岩、战东阳、赵焕梅：《企业危机公关能力构建与实践研究——以锦湖轮胎事件为例》，《技术与创新管理》2011 年第 6 期。

（二）九阳小家电质量事件（2013 年）

2012 年武汉市工商局对部分小家电抽检时，在抽检 49 批次中不合格产品多达 39 批次，其中九阳股份旗下的小家电产品占据 9 批次，占比达到 23%。2013 年 6 月武汉工商局发布的《2012 年 1 季度小家电质量监测结果及商品经销（生产）单位名单公示》显示，九阳共有 5 个型号的豆浆机存在产品质量问题。

该公司产品质量不合格的主要原因是生产企业为了压缩成本，偷工减料，未达到我国对小家电产品电源线横截面积的标准。[①]类似九阳这类小家电企业普遍存在着法制观念不强、质量意识淡薄的现象，不严格按照国家标准生产产品的问题更是屡见不鲜，是产品质量低下的重灾区。

（三）水龙头含毒事件（2014 年）

消费者长期使用铅、锰和铬等重金属析出量超标的水龙头，对其身体健康造成严重危害。2013 年温州工商局抽检了 20 批次水龙头，不合格率高达 100%；[②]2014 年温州龙湾区家庭作坊生产的水龙头铅超标 81 倍，锌超标 10 倍。从表 6-1 可知近些年来我国水龙头产品不合格事件屡次发生，区域特征明显、危害程度严重。

表 6-1　近年来发生的水龙头问题汇总表

时间	事件地区	事件影响
2011 年 12 月	上海消保委对流通领域的水龙头产品进行比较试验	22% 的样品存在浸泡水铅超标现象
2012 年 4 月	温州市工商局发布了流通领域建材质量专项监测结果	问题最大的是陶瓷片密封水嘴（水龙头）检查总批次合格率仅为 27.9%

---

　　① 中国质量新闻网：《武汉工商抽查结果 39 批次小家电不合格》，2012 年 6 月 5 日，见 http://www.cqn.com.cn/news/xfpd/ccgg/dfcc/2012/577821.html。

　　② 中国经济网：《温州水龙头制造业再遭曝光铅含量超国标 81 倍》，2014 年 3 月 23 日，见 http://www.ce.cn/cysc/zljd/xfyj/201403/23/t20140323_2533019.shtml。

时间	事件地区	事件影响
2012 年 7 月	北京市消协对外公布了对 50 种陶瓷片密封水龙头的比较试验结果	有 3 成多样品质量不达标，铅含量超标
2013 年 7 月	上海市质量技术监督局进行的专项监督抽查	68 批次产品中，7 个批次的产品经检验析出了过量的铅或铬
2014 年 2 月	上海市工商行政管理局发布《流通领域水嘴质量监测情况》	摩恩、美标、科勒、汉斯格雅等国际一线大牌铅超标

由于水龙头标准只是国家推荐性标准，不属于强制性检查产品，致使许多企业认为有机可乘，为了降低生产成本，偷工减料甚至违规添加原材料，使得水龙头中的重金属严重超标，造成了产品质量的低下。从水龙头质量事件可看出，当国家标准缺失或标准要求不严时，企业就会降低自身产品质量的要求，导致行业竞争的低水平和失序，从而严重阻碍产品质量水平的提升。

（四）西安问题电缆事件（2017 年）

陕西省西安市地铁工程采购使用陕西奥凯电缆有限公司生产的不合格电缆，是一起严重的企业制售伪劣产品违法案件。国务院对西安地铁"问题电缆"事件实施严厉问责，陕西省人民政府向国务院作出深刻书面检查并被通报批评，相关人员受到相应处分。同时依法依规撤销涉案违法生产企业的全部认证证书和著名商标认定，吊销营业执照和工业产品生产许可证。

问题电缆事件体现出的产品质量问题：一方面是企业生产环节恶意制假售假，为降低成本而偷工减料，各项生产指标都不符合地铁施工标准所致；另一方面采购环节内外串通，在电缆采购招投标中工程单位和施工建设单位行贿串通；再者，暴露出地方政府职能部门在电缆使用环节把关形同虚设、疏于监管、履职不力等问题。

二、食品质量事件分析

食品行业的质量事件因其影响范围广、影响程度深，一直都是全社会关注的重点领域。早至 2001 年发生的冠生园陈馅月饼事件，就是在月饼制作过程中使用了已发生霉变或陈年的馅料，使拥有 88 年历史的知名品牌因此丧失诚信，最终只能以破产告终；2002 年在广东、广西等地发生的对人体产生极大危害的大米黄曲霉毒素超标事件；2004 年黄曲霉毒素含量严重超标的"陈化粮"事件、霉变的"民工粮"事件；2005 年超市销售注水肉事件、水产品被查出含有致癌物"孔雀石绿"事件以及苏丹红事件；2006 年的瘦肉精中毒事件；2008 年引起重大影响的三聚氰胺奶粉事件；2010 年的地沟油风波；2011 年的染色馒头事件；2013 年高档干果过氧化值超标事件；2015 年红酒、烤鸡翅和贝类食品重金属超标事件等等。

总之，食品安全问题层出不穷，几乎每年都会发生造成恶劣影响的质量事件，这一系列的质量事件不仅说明食品质量问题的严峻性，也暴露出违规造假生产不合格食品的普遍性。其影响不仅给企业造成了巨大经济损失和声誉损失，而且进一步阻碍国民经济的健康有序发展。现选取典型的食品质量事件，深入探究导致事件发生的原因及应对措施。

（一）"瘦肉精"中毒事件（2006 年）

在瘦肉畅销的市场环境下，屠宰点和肉制品加工厂为赚取更多利润，倾向于收购含有更多瘦肉的生猪。不法养殖企业在猪饲料中添加"瘦肉精"（一类能够促进瘦肉生长、抑制动物脂肪生长的动物用药的统称）就能饲喂出高瘦肉率的生猪。食用被喂食"瘦肉精"的猪肺或猪肝比猪肉更容易中毒。

"瘦肉精"中毒案的非法制售网络严密，流程主要为加工源头（研制生产）→主要销售窝点→次级分销窝点（不法兽药店主和生猪购销人）→"瘦肉精"使用者（生猪饲养户）→加工猪流向地（屠宰点和肉制品加工厂）。"瘦肉精"事件始末，如图 6-1 所示。

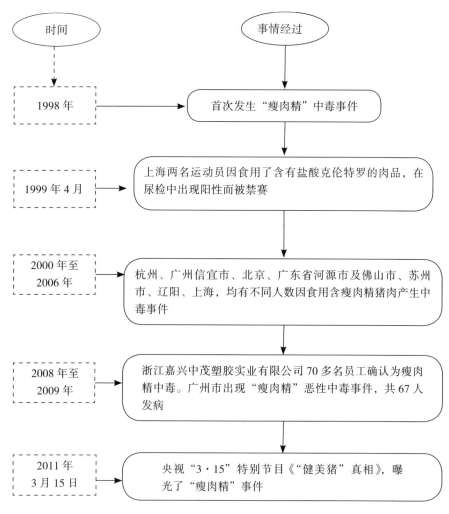

图 6-1　"瘦肉精"事件始末

　　"瘦肉精"事件在全国各地多有发生，仅河南省在 2008 年受理的"瘦肉精"案件，就涉及焦作市、新乡市、济源市等多地市，并以生产、销售有毒有害食品罪、危险方法危害公共安全罪、非法经营罪及滥用职权罪等罪名 113 人被判刑。① "瘦肉精"事件影响巨大，究其原因，一是

————————

　　①　中国新闻：《河南瘦肉精案 113 人获刑》，2011 年 11 月 26 日，见 http://tv.cntv.cn/video/c1 0336/007a059d449146f86fd1abcc66a419f。

生猪监管成本高，检测化验成本昂贵，而且检测时间长，在我国养猪企业和农户数量多、市场流通过于开放，导致抽检比率较低。二是监管执法衔接存在漏洞，我国采取分段监管的模式，生猪在饲养、屠宰、加工到最终进入市场流通过程中，涉及畜牧兽医部门、药监部门、质检部门与工商部门等多个部门，不同部门之间缺乏协调沟通，整个监管过程存在漏洞，从而导致问题猪肉不时流入市场，对消费者健康造成巨大威胁。

（二）三聚氰胺事件（2008 年）

牛奶中添加三聚氰胺引发了乳制品行业的多米诺骨牌效应，我国多省相继有类似事件发生。截至 2008 年，我国婴幼儿奶粉生产企业共有109 家，国家质检总局对以上企业的 491 个批次的奶粉进行严格检查，结果显示包括三鹿集团在内的 22 家企业的 69 个批次的奶粉检出了含量不同的三聚氰胺。除了河北三鹿外，多为国内知名大型乳制品企业，有内蒙古伊利、广东雅士利、蒙牛集团、山西古城、青岛圣元、江西光明乳业等企业，产品被要求立即下架。[①]最终三鹿刑事案件当事人分别受到法律制裁，企业被判罚近 5000 万人民币，三鹿黯然离场，其他企业也大受影响。

在市场上销售的奶粉是通过测含氮量来估算其蛋白质的含量，即氮含量越高，这种食品中蛋白质含量就越高。三聚氰胺因含氮量高（可达到66%）被俗称为"蛋白精"。在奶粉中添加三聚氰胺会提高其蛋白质的含量，从而使劣质奶粉通过食品检验机构的测试。但是长期摄入一定量的三聚氰胺会使人的膀胱、肾等泌尿系统产生结石，严重的可诱发膀胱癌。

三聚氰胺生产工艺简单、成本很低，其花费只有真实蛋白原料的五分之一，这就给了掺假、造假者极大的利益驱动。加之直接检测蛋白质

---

① 李静：《我国食品安全监管的制度困境——以三鹿奶粉事件为例》，《中国行政管理》2009年第 10 期。搜狐新闻：《资本主导的食品安全事件回顾之五：三聚氰胺奶》，2017 年 8 月 12 日，见 http://www.sohu.com/a/164097032_613168。

含量的成本却相当高、技术十分复杂，目前常用的检测蛋白质的"凯氏定氮法"，即使掺杂三聚氰胺也不易被发现，这使得在奶粉中添加三聚氰胺事件已成为奶制品企业间的潜规则。

三聚氰胺事件始末及处理结果流程图如 6-2 所示。

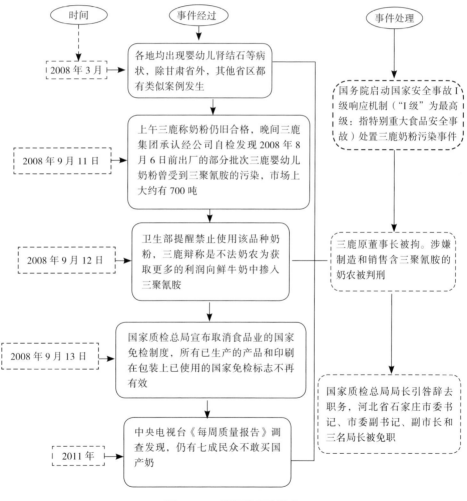

图 6-2 三聚氰胺事件始末

　　从企业角度分析，三鹿集团是国内第一批获得"国家免检"的企业，曾获得国家科技进步奖，被评为中国名牌产品，因而对消费者来说应该是一种典型的信任品。国家免检产品本是为了鼓励企业提高产品质量，反而成了企业躲避监管、牟利不择手段的挡箭牌。为了保证奶制品质量，三鹿集团自称制定了 1100 道检测程序。[①] 但从事件结果可知，这些保障食品质量的检测程序和制度都沦为一种摆设。即使问题食品被揭露后，企业不仅没有尽快反省和整改，却还试图隐瞒真相，搜集行业竞争产品的负面新闻资料，与互联网搜索引擎公司合谋掩盖事实。此次事件导致政府对牛奶企业进行全面整治，并取消了国家免检制度。

　　从政府角度分析，自 2004 年开始，各地消费者就不断向政府举报三鹿奶粉的质量问题，但没有引起政府监管部门的重视，致使事件没有得到有效控制，暴露出政府监管不力、监管失职的问题。政府尽管制定了严格的食品安全法律条文，不断发出食品安全可放心食用的信号，甚至采取了打击食品造假与投毒犯罪行动，但食品安全事件还是屡屡发生。即便是在 2008 年 9 月 13 日，国务院启动国家安全事故 I 级响应机制（"I 级"为最高级，指特别重大食品安全事故）处置三鹿奶粉污染事件，但这种亡羊补牢式的事后监管却难以挽回事件造成的严重后果。

　　从消费者角度，分析三聚氰胺事件的直接受害者是婴幼儿，这严重触动了消费者痛点，使国内消费者对乳制品企业的信心指数降至最低点，直到现在给消费者造成的心理恐慌和信任危机仍然存在且影响远超想象。这也是为何消费者宁愿代购价格更高的国外奶粉，也不愿购买国产奶粉的重要原因之一。

　　三聚氰胺事件之后，国产奶再度风波不断，不断打击消费者信心。2010 年，圣元奶粉深陷"性早熟门"；2011 年，不法商家使用皮革废料所制成的工业明胶作为原料，再掺入奶粉形成"皮革奶"；2012 年，伊

[①]《1100 道检测关的背后》，《每周质量报》2008 年 9 月 2 日。

利紧急召回汞含量异常的婴幼儿奶粉；同年，南山乳粉被检测出黄曲霉素 M1 超标。以上事件让中国乳制品行业再次承受了巨大的打击。

（三）"地沟油"事件（2010 年）

2010 年，地沟油事件在我国多地陆续爆发。地沟油泛指在生活中存在的各类劣质油，如回收的食用油、反复使用的炸油等。地沟油最大来源为城市大型饭店下水道的隔油池。地沟油质量极差，含有大量细菌、真菌等不卫生的有害微生物，还含有黄曲霉素、苯并芘等致癌物质，严重威胁人体健康。地沟油中主要危害物之一黄曲霉素，其毒性是砒霜的百倍，据报道每年返回到消费者餐桌上的地沟油达到 200 万至 300 万吨，这给消费者的身体健康带来了极大的危害。[①]地沟油事件发生的原因可归结为以下几点：

其一，我国针对餐厨垃圾处理的法律尚处于空白状态，为不法企业制造地沟油提供可乘之机；其二，地沟油利益链条利润丰厚，地沟油的原料采集、生产、分销、销售各个环节均有利可图，在利益的诱使下，不法商贩进入该非法领域制售地沟油，把炼制的地沟油混入市场进行贩卖；其三，我国食药监局、卫生局等部门对废弃油脂的监管力度不够，监管效果有限，不能得到有效遏制。该事件的发生不仅使政府的监管能力受到严重质疑，也打击了消费者对政府监管食品的信心。

（四）染色馒头事件（2011 年）

2011 年 4 月，上海盛禄食品有限公司为压缩成本扩大收益，不顾食品质量安全，将过期馒头"回收再利用"。"染色馒头"事件一经发生，引起社会民众的一片哗然。

"染色馒头"事件引发了公众对含有添加剂食品的担忧。我国《食品添加剂使用卫生标准》中明确规定了可以在食品制作过程中的添加剂种类，但该公司却违规使用了明确禁止的添加剂，案件最终让公司负责人

---

① 《依靠法律斩断地沟油产业链》，《中国质量报》2011 年 9 月 28 日。

受到应有刑法处罚并处以罚金。

无独有偶，2013 年北京市对食品开展常规监督检查时，发现"志发"调味面制品中甜蜜素不符合要求，"味之天"芙蓉香干山梨酸钾添加剂过量，北京金良平食品有限公司生产的干果其过氧化氢值严重超标。

总而言之，上述涉及的食品企业都是在利益驱使下，或是过量添加防腐剂等添加剂，或是将已过期的产品销售给消费者，不顾消费者健康的这些行为都是企业过度追求经济利益，不重视产品质量，没有社会责任的典型表现。

三、医疗保健产品质量事件分析

（一）有毒胶囊事件（2012 年）

2012 年 9 家药厂生产的 13 个批次的药品，所用胶囊的重金属铬含量超过国家标准规定 2 毫克 / 千克的限量值，最高超过国际标准 90 倍，如表 6-2 所示。[①] 此次事件波及到的企业不乏有修正药业、通化药业、海外制药等知名药企。公安机关在浙江、河北、山东等地依法严厉彻查打击"毒胶囊"犯罪，最终立案 6 起，抓获犯罪嫌疑人 53 名，现场查扣涉案工业明胶 230 余吨。[②] 本应救命的药成了致命药，"毒胶囊"事件再次震惊了消费者，引起了全社会的高度关注。

表 6-2　胶囊的重金属铬含量超标产品列表

序号	生产企业	药品名称	产品批号	铬含量
1	青海省格拉丹东药业有限公司	脑康泰胶囊	1108204	39.064 毫克 / 千克
2	青海省格拉丹东药业有限公司	愈伤灵胶囊	1008205	3.46 毫克 / 千克

---

① 《胶囊里的秘密》，《每周质量报告》2012 年 4 月 15 日。

② 中国新闻网：《多部门合力打击问题胶囊，警方已抓获 53 名嫌犯》，2012 年 4 月 20 日，见 http://news.eastday.com/c/20120420/u1a6501045.html。

续表

序号	生产企业	药品名称	产品批号	铬含量
3	长春海外制药集团有限公司	盆炎净胶囊	20110201	15.22 毫克／千克
4	长春海外制药集团有限公司	苍耳子鼻炎胶囊	20110903	17.65 毫克／千克
5	长春海外制药集团有限公司	通便灵胶囊	20100601	37.26 毫克／千克
6	丹东市通远药业有限公司	人工牛黄甲硝唑胶囊	20111203	10.48 毫克／千克
7	四川蜀中制药股份有限公司	阿莫西林胶囊	120101	2.69 毫克／千克
8	四川蜀中制药股份有限公司	诺氟沙星胶囊	0911012	3.58 毫克／千克
9	修正药业集团股份有限公司	羚羊感冒胶囊	100901	4.44 毫克／千克
10	吉林省辉南天宇药业股份有限公司	抗病毒胶囊	091102	3.54 毫克／千克
11	通化金马药业集团股份有限公司	清热通淋胶囊	20111007	87.57 毫克／千克
12	通化盛和药业股份有限公司	胃康灵胶囊	111003	51.45 毫克／千克
13	通化颐生药业股份有限公司	炎立消胶囊	110601	181.54 毫克／千克

　　此次事件发生后，国家质检总局下发《关于对非法使用工业明胶加工食品彻查严打的通知》，食药监局紧急叫停问题药品，对药物胶囊等药品进行管理，暂停销售和使用因铬超标的药用空心胶囊产品，卫生部要求毒胶囊企业所有胶囊药停用，药用胶囊接受审批检验。

　　为何国家三令五申禁止的事情反复上演，从毒胶囊的生产到销售，从管理再到检测，从流通到监管，从道德到法治等，审视事件的整个过程非常值得反思。企业为了牟取暴利，不顾公众的生命安全与健康，在产品质量信息不对称情况下，暴露出企业产品质量诚信意识缺失、质量意识淡薄的弊端。

　　（二）浙江宁波亿元假药案（2014 年）

　　浙江宁波亿元假药案是指违规生产假美容药品（肉毒素、玻尿酸等）和器械（药用模具、原料等）。整个事情的过程如图 6-3 所示。此次事件涉及全国 30 个省、自治区、直辖市，共抓获犯罪嫌疑人 56 名，扣押肉毒素、玻尿酸、无注册证医疗器械等假药品、器械共计 77 类、5 万余件，涉案金额超过亿元。[①] 该事件涉及肉毒素、玻尿酸等假美容药品，主要有两个方面来源：一是通过非法走私，从韩国、欧美等国家进入到我国；二是手工作坊通过购入普通药厂生产的生长因子药物，重新贴标装盒后进行销售。肉毒素因毒性非常强，被卫生部、食药监总局明确列入毒性药品管理，玻尿酸极易在使用过程中造成消费者细菌感染，有些因抢救措施不及时带来难以挽回的损失，甚至付出生命代价。

---

① 《宁波警方破获亿元假药案涉及全国 30 余省市》，《中国防伪报道》2014 年第 7 期。

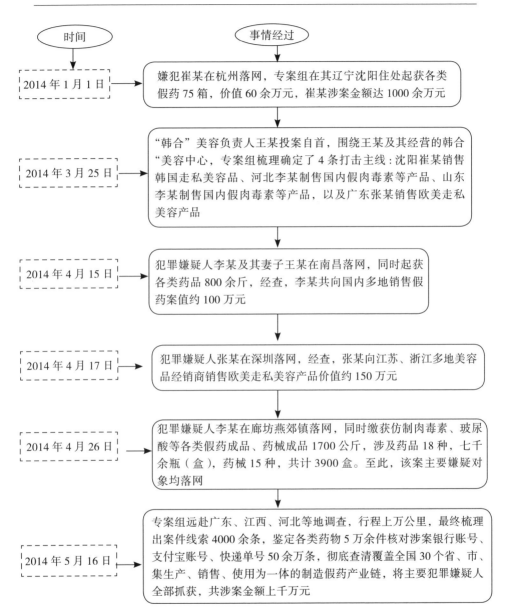

图 6-3　假药案处理过程图

不仅仅限于美容药品，医药行业造假违法获益高，极易滋生产品质量问题。这些质量事件，既给消费者造成物质上的严重损失，又导致消费者心理上的巨大危害。

（三）济南非法疫苗事件（2015 年）

2015 年 4 月发生的济南疫苗事件被公安部列为当年打击食品药品犯罪十大典型案例之一，涉案金额高达 5.7 亿元，非法疫苗多达 25 种，主要有儿童、成人用二类疫苗。[①] 此案案发后即被公安部、食药监总局列为督办案件，涉及的医药企业处理结果如表 6-3 所示。

表 6-3　涉案责任单位及处理结果

时间	单位
2016 年 3 月 22 日	9 家单位：河北省卫防生物制品供应中心、湖南华一生物制品有限公司、陕西益康众生医药生物有限公司、山东兆信生物科技有限公司、山东实杰生物药业有限公司、郑州邦正医药有限公司、吉林尚元生物制品有限公司、济宁福泰医药有限公司、陕西医维远康生物制品有限责任公司
2016 年 3 月 23 日	4 家单位：山东鲁越生物制品有限公司、保定市保北医药药材有限责任公司、南阳致远生物医药有限公司、四川恒达生物制品有限公司
2016 年 3 月 25 日	依法撤销了山东兆信生物科技有限公司、山东实杰生物科技股份有限公司、济宁福泰医药有限公司、山东鲁越生物制品有限公司的《药品经营质量管理规范认证证书》
2016 年 3 月 25 日	湖南省食品药品监督管理局决定暂扣湖南华一生物制品有限公司的《药品经营质量管理规范认证证书》
2016 年 3 月 30 日	河南省食药监局依法撤销了郑州邦正医药有限公司、南阳致远生物医药有限公司的《药品经营质量管理规范认证证书》

此次事件一经发生就引起公众的高度重视，造成了恶劣的社会影响，已注射或未注射疫苗的使用者都不寒而栗，暴露出因监管不严使得不法商贩有机可乘，趁乱生产假冒伪劣疫苗的现象。企业在利益面前为了牟取暴利，不顾不合格产品对消费者造成的人身和财产损失，此事件引发了严重的社会恐慌，使消费者对政府产生了信任危机，直接影响到社会的稳定。

---

① 央视网新闻：《山东济南破获一非法疫苗案涉案金额达 5.7 亿元》，2016 年 2 月 24 日，见 http://news.cntv.cn/2016/02/24/ARTIGhfPbGHXDmPb62gw07lW160224.shtml。

四、产品质量事件评述

由以上不同类型的典型质量事件分析可知，频发的假冒伪劣质量事件表现为涉及面越来越广、危害程度越来越深、问题产生的原因越来越多元化、影响产品质量的因素越来越复杂、企业不法手段越来越隐蔽的特点，不仅危及民众生命健康和人身安全，而且充分说明我国的产品质量形势不容乐观，产品质量监管任重而道远。

反观我国形形色色的产品质量事件，与发达国家相比既有相同之处，也有自身特点。由第四章对国外产品质量事件讨论可知，发达国家质量事件大多数是环境污染或食物链污染等客观因素造成的，而少有人为因素导致。我国近年来发生的产品质量事件有些是因企业外在因素所致，但更多的是因企业不遵循既定的法律法规、标准和规章制度所产生的，比如人为使用不合格原材料、滥用添加剂甚至是非法使用有毒化学添加物等。

产品质量事件的频频发生，其危害之大、影响之广、程度之深足以说明产品质量所面临的严峻形势，这些质量事件具有以下特征：

一是行业"潜规则"盛行，产品质量事件往往不是个别企业的行为，而是发生在行业内的多个企业，具有同行业大规模的特点。三鹿奶粉事件就是奉行行业潜规则，添加三聚氰胺导致企业破产的典型案例，导致我国整个牛奶产业遭受到重创。

二是传导速度快、影响范围大。在信息化时代，质量事件一旦发生就会快速传播，波及全国甚至全球。随着物流技术的发展，商品流通速度加快，尤其是食品药品领域的产品，大都是销往全国各地，某区域一旦出现问题就会传播到其他省市，引起全国消费者的关注。如 2017 年服务质量领域方面，红黄蓝虐童事件在网上迅速传播，引起了全国的强烈反响，美国上市的红黄蓝公司，在事件发生后两日之内其股价下跌近 50%。

三是明知故犯违规现象严重。多数质量事件并非是因企业技术不先进、质量管理制度不完善等客观因素所致，而是由于生产企业趋利行为过度，为降低生产成本，怀有侥幸心理、刻意为之而出现的产品质量问题。在工业产品质量事件中的汽车轮胎质量事件、水龙头含毒事件，在食品药品质量事件中地沟油事件、毒胶囊事件等都是因此而产生。

四是区域性特征明显。产品质量事件在同一区域内反复发生，随着产品销往各地之后，其质量问题影响面才不断扩大。例如，水龙头生产企业主要分布在温州地区，导致该地区的水龙头含毒事件屡禁不止。

自 2008 年爆发的"三聚氰胺问题奶粉"后，尽管我国政府不断强化质量安全监管行为，制定了更为严格的法律，设立了庞大的监管机构，但在某些区域或某些行业产品质量问题及其隐患并没有得到有效遏制，甚至出现愈演愈烈的趋势。即使在国家重视、政府监管、企业加强质量管理基础上，产品质量进一步提升仍然面临较大阻力，发展遇到一定瓶颈。

当前政府承担起我国产品质量监管的主要职能，产品质量监管体制、手段和制度虽然得到不断完善，但随着持续的改革开放进程，经济全球一体化的进展，企业运营体制与经济体制的多元化，民众消费意识的加强，产品质量仅依靠单一的政府监管部门的管控与治理显然已经满足不了经济社会发展的基本要求。

从产品质量利益相关者角度，分析政府、企业和消费者各自在产品质量表现出来的问题，剖析致使问题发生背后深层的原因，探究分析各主体质量策略动机，逐渐形成了社会各界共同关注产品质量问题的局面，多主体构成的监管体系是进一步提出解决问题的方案及措施，改善产品质量现状的关键环节。

第二节　政府方面产品质量问题原因分析

为了更加深入剖析我国政府方面产品质量问题深层原因，掌握产品质量实际监管现状，结合对相关政府部门的专门访谈和调研，以及获取的大量有关产品标准制定与执行、食品药品监督管理、市场监督管理方面的一手数据，现从政府方面研究导致产品质量问题高居不下的根本原因，为有针对性地提出改变我国产品质量现状、提升产品质量总体水平的措施奠定基础。

一、产品质量监管法律及标准问题

（一）产品质量监管法律体系修订不及时、行业法律缺口较大

许多产品质量事件存在反复发生的情况，如"地沟油"事件、有毒大米、毒奶粉事件等，揭示出产品质量监管法律法规依然存在漏洞。尽管地沟油事件反复发生，我国针对餐余垃圾处理的法律仍然处于空白状态；还有轮胎行业违规使用返炼胶，但相关法律法规及制定的实施细则仍没得到有效执行。这些事件的屡次出现说明采取的措施没有起到应有的震慑作用，未能及时弥补产品质量监管法律体系的空白，从而避免类似事件的再次发生。从产品质量监管法律及标准方面分析得出上述事件发生的具体原因有：

首先，产品质量法律、法规滞后修订次数较少。表6-4统计了我国产品质量监管主要法律及制定后的修订的次数。《产品质量法》制定于1993年，尽管当时已提出发展社会主义市场经济，但整个社会还处于从计划经济向市场经济的转型过程中，仍具有浓厚的计划经济体制特色。改革开放40年来，监管法律的许多要求已不适应我国现代市场经济的发展，面对市场经济中出现的许多新问题显得也越来越力不从心。1989年制定的《标准化法》虽然修订呼声一直很高，但至今仍没有落到实处，显而易见，随着社会不断进步，当前我国的产品质量监管法律已经满足不了企业生产发展的需求。

表 6-4　我国产品质量监管主要法律修订次数

颁布时间	法律名称	修订次数	修订时间
1986 年 7 月	《计量法》	1	2013 年
1989 年 4 月	《标准化法》	0	未曾修订
1993 年 9 月	《产品质量法》	1	2000 年 7 月
1994 年 1 月	《消费者权益保护法》	2	2009 年 8 月
			2013 年 10 月
1995 年 10 月	《食品卫生法》	1	2009 年 2 月
2009 年 6 月	《食品安全法》	1	2015 年 10 月

其次，我国针对具体行业的监管法律较少，不能体现出监管的侧重点。例如，我国现阶段轮胎行业标准、法规滞后的问题。现行的《子午线轮胎工艺技术若干规定》是化工部橡胶司于 1991 年 5 月制定的，在二十多年时间里，轮胎生产工艺技术较过去有了很大提高，但相关标准却一直未重新制定。直到 2012 年 4 月，中国橡胶工业协会才首次正式发布《子午线轮胎工艺技术规范》（中橡协字 [2011] 100 号）。[①] 但新技术规范仅是在轮胎会员企业中参考试行，属于行业自律标准，轮胎行业不断爆发的质量危机证明，企业的自律性往往不堪一击。因此，该规范的约束力和执行力在一定程度上会大打折扣；还有水龙头行业标准制定不完善，国家标准关于水龙头中铅含量和铬含量，只是推荐性标准不是强制性标准。因此，针对与消费者密切相关、关系国家核心竞争力、多发质量事故的行业，应该从法律上制定行业约束要求，才能提高行业产品质量水平。

（二）产品质量标准制定过程不规范、标准落后

一是产品标准要求方面，我国的标准化法律体系主要由《标准化法》《标准化法实施条例》及其配套相关管理办法组成。表 6-5 指出了我国质量标准具体划分情况，可知标准主要可分为国家标准、行业标准、地方标准和企业标准四类。我国标准体系的主体是国家标准，行业标准和地

---

① 赵文权：《中橡协首次发布子午胎工艺技术规范》，《中国橡胶》2012 年第 9 期。

方标准作为补充，国家无标准，企业则按照行业标准，行业无标准，企业则自行制定标准。在这个过程中对产品质量标准的要求却是层层降低，这也是造成我国产品质量粗糙、质量水平不高的一个重要原因。

表 6-5　我国标准体系分类

国家标准			行业标准		地方标准	企业标准
强制性国家标准	推荐性国家标准	国家标准化指导性技术文件	强制性行业标准	推荐性行业标准	由省、自治区、直辖市标准化行政主管部门制定	企业自主制定实施
全国范围内实施，主要是基础性、通用性和安全性标准			在全国某个行业范围内统一的技术要求所制定的标准			

　　二是许多产品质量检测指标缺少标准依据。在 2005 年发生苏丹红事件之前，我国还没有关于苏丹红的检测标准，缺少检测该项指标的约束，企业便有机可乘，刻意隐瞒加入苏丹红添加剂的行为；2006 年有关瘦肉精滥用而导致的细菌耐药性的研究和检测问题，我国也尚无统一、有效、快速的违禁药品检测方法标准，导致检测结果没有可比性。随着社会发展以及经济技术的发展，及时更新相关标准才能能够适应时代的要求。

　　三是产品质量标准制定方面，我国标准是政府监管部门主导制定的，政府直接管理标准化工作，实行"统一管理、分工负责"的方式，即国务院有关行政主管部门、地方人民政府及国家标准化管理委员会均承担产品质量标准的制定工作，只是在标准制定过程中根据职责分工，确定负责标准化工作的范围、任务。

　　在标准制定中，由于程序不规范，内容不透明，信息渠道不通畅，企业的意见和呼声也容易被漠视，只能被动接受标准，所制定出来的标准往往不能满足企业生产产品的需求，在标准执行中跟不上市场的变化，标准适应性不强。而且不同行业之间标准存在交叉现象，多部门制定标准不可避免地出现标准不一致情况，导致企业在执行标准时莫衷一是。

二、政府产品质量监管模式弊端

由于我国产品质量实施分段监管模式，一种产品从生产到销售整个过程往往会受到多个部门的监督管理。以我国食品安全监管为例，当前负责管理食品质量安全的部门就有食品安全办公室、工商局、质检局、食品药品监督管理局、农业局等。这些部门在开展食品质量安全监管过程中，监管职能分散就会很容易出现多头监管、监管职能交叉和监管漏洞的现象。2006年的"瘦肉精"事件中，生猪从饲养、屠宰、加工到市场的一系列过程中，生猪饲料、养殖过程的问题是由畜牧兽医部门进行管理，而瘦肉精这种药品类的安全管理工作由药监部门、质检部门与工商部门共同负责。不同的部门对其进行监管给"瘦肉精"的监管工作带来了极大的隐患，存在着许多监管缺失环节；2009年的有毒大米镉超标问题，质监部门、工商部门等多个部门负责监管该事件，在监管过程中不能协调合作，互相推卸监管职责，导致监管效率低，监管存在漏洞。

政府这种监管职能划分不清，监管职能交叉现象与监管领域空白现象同时存在时，不仅严重浪费了监管行政资源，还未能对产品质量起到很好的监管效果。这种多重监管或监管空白无法对食品制造全过程进行有力监管，也就给了不法企业可乘之机，为企业生产不合格产品，销售假冒伪劣产品提供生存土壤。

此外，分段监管模式也会导致监管部门之间，不同监管地区之间合作机制缺失，缺乏沟通协作，监管任务分到各个部门实际上是为了各司其职，但由于缺乏协调机制，造成了执法资源分散，信息无法及时沟通。

正因如此，分析工商部门、质检部门、食药监行政机构改革后，"三局合一"后能否有机融合成一体，政府监管机构面临的多头监管问题是否得到妥善解决，合并后又会面对哪些新的问题，这值得我们深思。

事实上，三个部门合并后虽然能在一定程度上解决之前协调不畅的问题，但是政府在财政约束与政治激励双重作用下，产品监管与追求政绩之间存在许多矛盾，如图6-4所示。政府有时为了地方经济发展，仍然会纵容、偏袒甚至会出现保护违规企业的行为。这也是为何只有爆发大的产品质量事件危及社会公共安全时，政府才会对违规企业进行运动式打击的重要原因之一，而此种"专项整治""专项检查"一定程度上助长了违法者的侥幸心理。

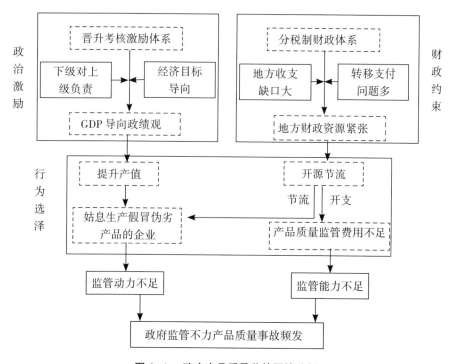

图6-4　政府产品质量监管困境分析

再者，国外各监管机构的职责和权力都是由相关法律赋予的，而我国监管法律法规条文规定过于笼统，比如《产品质量法》规定对于可能造成伤害的产品进行检查，但对可能造成伤害的程度界定不严，使得法律在实际实施过程中法律条文也难以操作，缺乏协调性。同时，法律对监管部门的职务权限规定不详，责任制度设计不合理等弊端，形成了多头管理、条块分割的局势。

三、政府监管资源与监管能力的局限性

（一）政府监管资源的局限性

政府监管本身也存在经济成本、社会成本、道德成本、法律成本等，监管部门的分散进一步加大了监管成本。在政府监管资源（监管费用、检测技术、管理水平、人员队伍等）有限的条件下，并不能对产品进行长期、有效的监管，其质量监管力量也无法完全覆盖产品的全过程。长期以来，上述因素使得"全能型"政府质量监管承担了过多的难以肩负的质量监管责任，事后监督往往也疲于奔命，在监管过程中捉襟见肘。

在调研各政府监管部门时，多数工作人员也都提到企业数量庞大、产品种类、数量繁多，监管人员在抽查及检查过程中，目前普遍存在监管对象多，监管力量不足，监管投入经费短缺的情况。例如，烟台莱山区执法大队8人，办公用车5辆，需要监管900多家企业、餐饮点等，平均至少每人负责110多家企业。在监管费用、检测设备、人员队伍等资源有限的条件下，地方政府普遍存在监管动力不足，监管能力不够的现象。在政府监管力量不足情况下，由于产品生产加工企业数量庞大，使得监管工作十分困难。政府对各企业只是进行不定时监管，规模较小且不够全面。即使进行监管，由于双方对法律规定信息的不对称，导致企业员工也会出现不听取监管人员的整改意见的现象。

2006年发生的水产品"孔雀石绿"事件，由于市场的水产品数量太多，本地的监管也只能以抽检为主，而且检验"孔雀石绿"的成本高、所需时间长，很难做监管的全覆盖；对于"瘦肉精"的监管查处，由于抽检化验成本昂贵，花费大量的人力、物力，检测时间长，抽检比率一般为1%—5%；2013年九阳小家电质量事件也说明，虽然我国制定了严格的产品强制性认证制度，但是产品种类多，检测指标更是繁多，仅仅依靠质检部门

抽查，可谓杯水车薪，更是凸显出质监部门监管不力、监管无力的弊端。

（二）政府监管能力的局限性

国家、省级和市县级的产品质量监督检验机构之间技术力量相差悬殊，尤其是市县级产品质量监督部门缺少必要的检测仪器，且不具有快速检测违禁药品的能力。因此，能检验的产品品种较少。例如，多数基层检测机构关于瘦肉精的检测工作比较难以开展；酱油的氨基酸酞氮指标的检测、电器产品的电磁兼容检测，在西部省份大部分检验机构都不具备这些指标的检测能力。

此外，我国企业数量庞大、集中度不高、素质参差不齐的特点，无疑增加了监管难度。仅以食品生产企业为例，其多数规模较小且数量庞大，分布范围广、集中度不高，根据国家质检总局 2010 年统计数据，我国有 12 万家食品生产企业、1837 家食品添加剂生产企业和 10938 家食品相关生产企业获得了生产许可，这就对政府监管能力提出了更高层次的要求。[①]

伴着科学技术的不断发展，产品造假技术也更为隐蔽，更加难以辨别。由于技术和设备的限制，现阶段我国仍然无法检测与产品质量密切相关的指标。例如，牛奶中蛋白质含量检测技术上十分复杂，成本也相当高，目前使用的检测蛋白质的方法是"凯氏定氮法"法，即使掺杂三聚氰胺也不易被发现，执法查处十分困难。此外，劣质酱油氨基酸成分、地沟油检测等在技术上面仍然存在难度。

四、政府产品质量监管诚信缺失问题

从政府自身分析，除了产品监管法律法规不健全、监管模式存在弊端、资源有限不足等外在原因之外，其在产品监管过程中的诚信缺失问题也较为突出。"中国式打假"更是被饱为诟病，政府执法的合规性、独

---

① 中央人民政府网：《今年我国食品工业产值预计将达到 5.3 万亿元》，2010 年 10 月 20 日，见 http://www.gov.cn/jrzg12010-11/20/content_174968./tm。

立性、产品信息公布的透明度也一度深受消费者质疑。有些消费者对合格率产品仍然心存芥蒂，2008 年三鹿奶粉出事前，其抽检合格率却很高。倘若政府发生"诚信型"信任违背，无论哪种补救方式，效果都不会很明显。政府监管过程信息透明度不高，长此以往，使得政府监管公信力、满意度都会逐渐降低。因此，政府监管的诚信问题不容忽视。

我国产品质量监管是国家质检总局、食药监总局总领全国的产品质量监管事宜，各监管部门在各个省市设立分支机构，负责产品质量的具体监管工作，但其业绩考核却由地方政府负责。因此，各分支机构往往受地方政府的影响较大，实施监管措施也会受地方政府的限制。而对地方政府而言，为了 GDP 的上升或某些公职人员单纯为了自身经济利益，往往采取保护地方企业的措施。在大型企业发生产品质量安全事件后，地方政府有意袒护违规企业，甚至帮助企业隐瞒或降低事件对企业的影响。由此造成的权力寻租、地方保护主义盛行等现象普遍存在。诚信监管是政府监管的基石，政府应在诚信建设中发挥主导作用，进而引导企业诚信。关于诚信缺失问题将在第十二章和第十三章进行详细讨论。

第三节　企业方面产品质量问题分析

虽然企业应用质量工具已经较为普遍，但是仅局限性地使用了设计开发质量工具，质量改进的深度还远远不够。中国质量协会调查表明，我国装备制造业企业质量管理成熟度不高，大中型企业分数为 67.6 分，小型企业分数还没有达到及格水平，结果如表 6-6 所示。

表 6-6　我国装备制造企业质量管理成熟度

类型	分数
大中型企业	67.6 分
小型企业	56.0 分
平均值为 63.5 分（满分为 100 分）	

调查还反映出一半以上被调查企业的员工参与质量改进的比例低于 12.0%。"人员素质"是企业目前质量管理最迫切需要加强的关键点，装备制造产业基础依然薄弱，技术创新优势不足，调查企业关键设备的国产化率为 52.4%；"关键工序的过程能力（Process Capability Index，CPK）达到 1.33 以上"的企业比例仅为 12%；质量责任落实不到位，72.3% 的被调查企业没有设立有最高领导参与的质量委员会，40% 的企业在研发、售后、设备、物流等质量关键部门没有建立质量考核指标。

从频发的产品质量事件，特别是食品质量安全事件可知，产品质量问题并非都是企业技术不高导致的，也不全是企业质量责任制度不健全，监管体系不完善造成的，有些恰恰是技术范围以外的因素。

一、产品质量责任心不强，缺乏产品质量主体意识

在社会主义市场经济环境下，企业追求自身利益最大化无可厚非，但必须在遵守相关法律法规的前提下。有些企业在市场经济的利益驱使下，超越了法律底线和道德底线，严重侵害消费者权益，诸如毒奶粉、毒大米、陈化粮、注水肉以及地沟油、染色馒头、三聚氰胺等事件，无不都是企业为了牟取暴利而有意为之。这种不顾对消费者造成的损失和伤害，偷工减料、以次充好等违法行为，未能履行以诚为本、以质取胜的经营理念，直接反映出企业质量责任心不强、公德意识下降的问题。

企业本应在产品质量中承担主体责任，却为了获取高额利润，降低了对产品质量的要求，造假手段越来越多样，造假行为也越来越隐蔽，具体到产品上就表现为坑蒙拐骗、弄虚作假等现象。企业一味地追求暴利和个人私利，不顾不合格产品给消费者带来的财产损失，甚至人身健康的危害。企业这种缺乏产品质量的主体意识、社会道德观念淡薄，产品质量责任心缺失的现象，是导致产品质量事件的关键原因之一。

二、企业利用质量信息不对称优势，掩盖问题真相

企业在产品生产、流通和销售等整个过程中都占有绝对的信息优势，在信息不对称条件下，企业购买价格低廉的原材料，或违法添加有害物质，同时对政府监管机构能够发现其违法行为存在较强的侥幸心理。例如，"瘦肉精"该类药品价格廉价；"孔雀石绿"成本较低保鲜效果显著；三聚氰胺生产工艺简单、成本很低，这给了掺假者、造假者极大的利益驱动。在我国对企业违法惩罚主要依据《行政处罚法》，遵循"过罚相当"的原则，针对企业过错或损失已经发生的情形，这种采取事后惩罚不利于事前遏止产品质量事故的发生。同时，对企业造假、违法的事后惩罚及赔偿很低，使得违法收益远大于违法成本，导致企业为了牟取暴利就会铤而走险，缺乏追求高质量的动力，即使被发现依然存在有利可图的现象，在这种情况之下就很容易形成行业的潜规则。

政府监管能力有限的条件下，劣质产品生产、销售产品的企业被发现的概率较小，此外，即使违法行为被政府查出，占有信息优势地位的企业还有可能与政府合谋，影响政府部门的质量监管决策。譬如某些地区的企业往往在当地具有一定的影响力，承担着缴纳税收的重任，或者能解决当地大量就业问题。因此，企业积极寻求当地政府监管机构出台某些符合其利益的质量监管决策，这一寻租行为也会影响到政府公开、公正的执行监管任务，从而导致产品质量水平难以保障。因此，从企业与政府博弈角度分析企业产品质量策略显得十分必要，围绕政府与企业间利益关系分析二者博弈过程，从而提出更有针对性的监管措施。

三、企业一味追逐利润，缺失诚信理念

市场经济是法制经济，更是诚信经济。市场经济条件下，不仅要依靠法律、制度，也要提倡道德、诚信。市场经济的诚信不仅是对市场主体的内在要求，也是对其客观的外在约束。然而诚信缺失现象在企业中不胜枚举，不仅在企业内部虚假财会信息，偷税漏税等违法行为屡见不鲜，产

品质量问题的层出不穷更是揭示出企业忽视自身诚信建设，只顾追求经济利益，置诚信于不顾的短视行为。这不仅对企业发展是极为不利的，也一直是导致我国产品事件发生的关键所在。国家食物与营养咨询委员会副主任李里特教授明确指出食品安全问题的根源在于诚信的缺失。[①] 由多发的食品质量事件也明确可知，食品质量问题的发生，有政府法律、标准的问题，有企业技术不高的问题，但更多的是企业诚信和道德的缺失。

产品质量需要诚信行为的规范和保护，而在我国产品质量社会诚信体系尚未形成。很多企业在生产产品过程中，不惜以损害消费者利益为代价，上文中所提到的"三聚氰胺""瘦肉精"等事件充分体现了企业在暴利诱惑下，不顾消费者健康而肆意使用对人体有极大伤害的添加剂，以最大限度降低产品制造成本或使产品在外观上显示出较高品质。不论是以假乱真还是以次充好，无一例外都关乎着诚信问题，揭示出企业唯利是图，缺乏诚信自律的问题。

由詹姆士·威尔逊（James Q. Wilson）及乔治·凯林（George L. Kelling）提出的著名"破窗理论"可知，环境中的不良现象如果被放任存在，会诱使人们效仿，甚至变本加厉。因此，当少数企业因不守诚信，生产假冒伪劣产品但是却未被查处，赚取了巨额利润后，更多的企业便会效仿这种行为，久而久之就会形成的违反诚信道德的"潜规则"。

企业诚信问题不仅是造成我国产品质量安全事件频发的重要原因之一，也是影响社会主义市场经济完善的重要障碍。因此，分析我国企业产品质量诚信缺失问题，指出诚信缺失的原因，建立有效的企业诚信机制，加强企业诚信建设，让企业能够诚信生产、诚信经营，既能节约政府监管成本，减少政府监管资源的投入，又能提高政府监管效率，保证监管效益，从而也就达到了政府监管的主要目的。所以，诚信建设是企业发展的方向和监管方式转型的集中体现，当然构建企业诚信体系将是一项十分重要而艰巨的任务。

---

① 李里特：《食品安全问题的根源在于诚信的缺失》，《第一财经日报》2011 年 9 月 27 日。

第四节　消费者方面产品质量问题分析

产品质量监管绝不仅仅只是企业或者政府相关机构的职责，消费者同样扮演着至关重要的角色。为了真实调研消费者质量监督情况，分区域调研了当前消费者维权情况。调研的东部地区包括北京、上海、济南、青岛、潍坊、杭州、苏州，中部地区有呼和浩特、南昌、长沙，西部地区包括西安、重庆、昆明，覆盖了全国不同地区，较好地满足抽样要求。调查组共收回问卷 520 份，其中网络收回问卷 163 份（占总回收问卷数的 31.3%），纸质问卷回收 392 份（占总回收问卷数的 68.7%），经过筛查后有效问卷 492 份，占总问卷数量的 82.5%，接下来将根据调查问卷结果详述消费者在产品质量监督过程中存在的主要问题。

一、维权意识较低，维权成本高

目前消费者虽然越来越认识到产品质量的重要性，对产品质量的要求越来越高，但是当消费者权利受到侵害时，主动维权意识较低，过度依赖监管部门对产品质量进行监管。根据图 6-5 可知，消费者在维权方面确实存在积极性不高的问题，当产品权益受到损害时，接近一半的消费者不会采取措施维护自身权益。

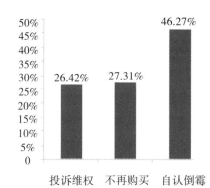

图 6-5　消费者面对产品质量问题行动选择

此外，鉴定产品质量需要专业化的设备和技术，在产品投诉、举报过程中，消费者不可能具备完整的产品质量知识体系。当消费者权益受到损害，由于缺乏专业知识，往往无法分辨产品质量的优劣，只能依靠质检部门的技术帮助，但是产品质量鉴定时间长、鉴定费用高进一步制约了消费者的维权行为和监管效果，同时证明产品不合格面临获取证据难、检测难的问题，无形中也为企业生产假冒伪劣产品提供了前提条件。

我国消费者的维权意识不强，也与对消费者权益保护不力密切相关。一方面，单个消费者维权时，往往存在精力、财力等方面的限制。若多个消费者选择集体维权时，虽然在举证、财力方面限制大幅降低，但当相关企业利益与地方政府政绩有关联时，司法机关难以做到有效执法，从而使消费者维权仍然存在阻力，导致消费者维权困难，其合法权益无法得到有效保障。

另一方面，我国消费者保护机构的权力层级较低，缺乏向消费者提供司法服务的功能。在这种情况下，消费者遭到侵权时只能依靠自身力量进行维权。消费者较低的维权积极性，使得企业违规行为被发现的概率也会有所降低，加大了企业造假不被查处的侥幸心理。

二、消费者处于信息不对称的弱势方

信息不对称是指在市场中，经济关系各方对于标的物相关的信息，一方知情私有信息而另一方不知情。企业与消费者之间的信息不对称属于卖方与买方的信息不对称，是指在企业生产产品与消费者选择购买过程中，二者间获得的信息不一致，在信息搜集时消费者不能完全掌握产品的质量、性能、用途和价格等信息，而企业也不能完全知晓消费者的喜好、需求等信息。

社会分工和专业化、产品本身的信任品属性就导致了消费者和企业之间信息不对称的地位，不论是消费前还是消费后，消费者都无法完全掌握产品的全部信息。目前消费者获取产品质量监管信息的渠道少、获知监管信息滞后。相对于众多的低劣产品及其违法生产企业而言，现有的信息传递方式、频率根本不足以披露大量产品质量问题，消费者缺少了解产品质量信息的有效渠道。

产品质量监管从根本上说就是解决信息不对称问题，产品质量信息传递的有效性是监管的重要组成部分。企业与消费者间信息不对称，不仅影响企业与消费者的交易顺利进行的可能性，也影响着整个市场的健康发展。对消费者而言，信息不对称不但增加了购买风险，由于获得的信息有限而购买了劣质却价高的产品，而且使消费者权益受到损害，企业为获得高额利润将产品的真实信息隐藏起来，向消费者传递虚假信息、销售假冒伪劣产品，侵犯了消费者的知情权、安全权等权益。

三、消费者知假买假行为增加监管难度

消费者购买产品过程中过多关注其外形、款式、色泽等，忽视影响产品质量的关键因素，忽略了对产品实质性能的要求。在消费者需求驱动下，相关企业为了满足消费者的需求，往往选择违规添加能够有效改善产品的外观。例如，2008年发生的"瘦肉精"事件主要起因之一就是大多数消费者倾向于购买瘦肉，才使得不法企业有可乘之机。消费者此种行为充分说明自身存在产品质量监督乏力问题，无法呼应政府的监管，在一定程度上纵容了产品质量问题的发生。

消费者不购买劣质产品，是遏制假冒伪劣产品的根本途径。经济发展不均衡，各地区之间的消费水平存在较大差距。在经济发展较为落后、消费水平较低的地区，消费者的可支配收入较少，难以消费质量水平较高的产品。所以，限于自身经济实力在购买产品时产品价格起到决定性作用，对质量水平较低的假冒伪劣产品却有很大的需求，这就为生产假冒伪劣产品的企业提供了生存的空间，尤其是在农村、城乡结合部等经济发展较落后地区，假冒伪劣产品更是盛行。

消费者知假买假行为进一步增加了监管的难度。在现实生活中，

有时明知产品存在质量问题，但由于价格或侥幸心理等原因仍然选择购买，无形中为假冒伪劣产品提供了生存的土壤。在安丘市食品药品监督管理局专题调研时获知，对于日常食品，老百姓没有产品质量的概念，有时明知该食品存在质量问题，但由于价格、外观等方面考虑，仍然会选择购买。

消费者是产品的最终使用者，产品质量直接影响消费者的消费体验与效用，作为最彻底、最广泛的产品监管参与者，消费者尚未充分发挥其能动作用，这也是大多数监管制度在设计时，将消费者监督排除在外的重要原因之一。所以，本书将消费者纳入产品质量问题的分析及研究中，对发挥消费者的监督作用具有重要意义。

基于以上分析，从政府、企业和消费者等利益相关者角度，分析出影响区域产品质量的因素主要有哪些，特别是从监管的角度讲，确定出区域产品质量影响因素，对关键因素进行控制，从而有的放矢地对产品质量进行监管，更能够高效地提高区域产品质量水平。因此，接下来将分析区域产品质量的影响因素，构建区域产品质量影响因素体系，研究因素之间关系及对产品质量的作用机制。

第七章　当前衡量与评价产品质量的指标

政府、企业、消费者及社会各界分别从不同角度对产品质量予以衡量、评价和制约，对政府而言，最重要的就是寻找影响区域产品质量的因素，并对这些因素加以控制和改进，这也是提高政监管效率，制定和完善产品质量监管政策的基础。因此，构建一套科学、合理的区域产品质量影响因素指标体系，分析影响区域产品质量的关键因素，通过指标的量化分析探究各因素之间的关系，对政府采取针对性措施提高产品质量及监管能力具有重要作用和现实意义。

第一节　体现区域特征的质量竞争力指数

区域产品质量（Regional Product Quality）是从区域或行业角度出发，在界定区域范围内产品所表现出来的整体质量特征，是在区域内或行业内政府监管能力、企业产品质量管理能力和社会监督等要素集合的总体表现。[①] 因此，分析区域因素对区域产品质量影响因素的探究必不可少。

区域产品质量的区域性主要体现在地域性，同一区域内企业之间相互影响、相互联系，当区域内众多企业生产的产品不断出现质量问题时，就会演变成区域性产品质量问题，即便是该区域内生产的优质产品都会因整个区域产品质量不高，而遭到消费者的抵制购买。当该区域产品受

---

① ［美］约瑟夫·莫西·朱兰：《朱兰质量手册》，焦叔斌等译，中国人民大学出版社 2003 年版。

到消费者普遍认可时，其范围内产品竞争力就会增强，例如美国的运动产品、日本的数码产品、德国的保健产品等。

2006年12月，国家第一次发布制造业质量竞争力指数，该指数用于反映我国制造业质量竞争力整体水平的经济技术指标，是宏观质量状况量化的衡量指标。我国制造业质量竞争力指数评价指标体系包括"质量水平"和"发展能力"2个二级指标、6个三级指标和12个观测变量，其具体指标体系见表7-1。依据该体系对各个省的质量情况打分，分值（60至100之间）高低反映了其持续提供高质量产品能力的强弱。

表 7-1　我国制造业质量竞争力指数指标

一级指标	二级指标	三级指标	观测变量
质量竞争力指数	质量水平	标准与技术水平	产品质量等级品率
			微电子控制设备比重
		质量管理水平	质量管理体系认证率
			质量损失率
		质量监督与检测水平	产品监督抽查合格率
			出口商品检验合格率
	发展能力	研发与技术改造能力	研究与实验发展经费比重
			技术改造经费比重
		核心技术能力	每百万元产值拥有专利数
			新产品销售比重
		市场适应能力	平均产品销售收入
			国际市场销售率

以2014年我国制造业质量竞争力指数为例，根据对全国近34万多家规模以上制造业企业相关数据的测算，2014年全国规模以上制造业（以下称"制造业"）质量竞争力指数为83.34。

（一）各行业之间质量竞争力对比

根据质量竞争力指数，将制造业质量竞争力划分为5个阶段，即卓

越竞争力 [94—100]，较强竞争力 [90—94)，中等竞争力 [84—90)，初等竞争力 [80—84)，欠竞争力 [60—80)。通过国家质检总局测算的数据，全国有 10 个行业的质量竞争力指数在 84 分以上。其中，制造业处于较强竞争力的有计算机、通信和其他电子设备制造业，医药制造业分别为 91.68 分和 91.18 分。制造业进入中等竞争力阶段的主要是仪器仪表制造业（89.00 分）；铁路、船舶、航空航天和其他运输设备制造业（88.78 分）；电气机械和器材制造业（88.78 分）；专用设备制造业（87.84 分）；汽车制造业（87.38 分）；通用设备制造业（86.41 分）；化学纤维制造业（85.22 分）；烟草制品业（84.90 分）。

质量竞争力指数衡量各行业竞争力的强弱，客观反映出部分行业优势、行业之间的差距等，对制定切实可行的行业发展对策提供决策依据。

（二）制造业各地区之间质量竞争力对比

按照各个省份来看，全国有 12 个省份的质量竞争力指数高于 84 分，质量竞争能力较强，经济发展潜力较大。其中，上海 93.27 分、北京 90.25 分，进入较强竞争力阶段。天津 89.70 分、浙江 89.51 分、江苏 89.34 分、广东 86.83 分、安徽 85.53 分、陕西 85.28 分、重庆 85.22 分、福建 84.63 分、湖南 84.61 分、湖北 84.53 分，进入中等竞争力阶段，所有省份所在阶段绘制成图 7–1。

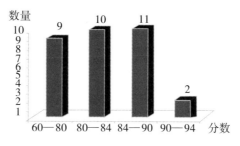

图 7–1　制造业五个阶段省份数量分布图

（三）区域之间质量竞争力对比

我国东部、中部、西部地区制造业质量竞争力指数分别为 86.37、82.39、81.69。其中，东部地区质量水平得分为 87.58，分别比中部、西部地区高 2.32、2.56；发展能力得分为 85.16，分别比中部、西部地区高 5.65、6.80。1999—2014 年东、中、西部地区质量竞争力指数如图 7-2 所示，可直观清晰看出我国区域之间制造业竞争力存在较为明显的差距。[①]

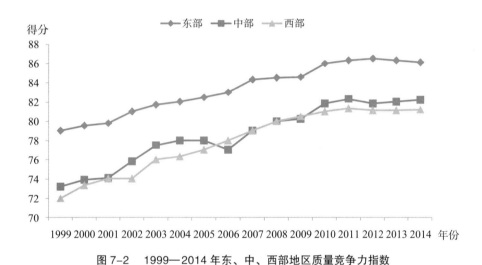

图 7-2　1999—2014 年东、中、西部地区质量竞争力指数

通过质量竞争力指数该套指标体系计算出的数值，一是可以清晰反映出当前我国制造业质量竞争力指数的整体情况，二是实现不同行业之间质量竞争力指数的差距分析，三是不同省份、不同区域之间也可进行横向的比较，为提高我国产品质量水平提供了重要的参考依据。

---

①　国家质量监督检验检疫总局官方：《2015 年全国制造业质量竞争力指数公报》，见 http://www.aqsiq.gov.cn/zjsj/tjsj/tjsj4/。

第二节　全国性质量奖励及中质协所用评价指标

一、"全国质量奖"所采用质量评价指标

2001年，国家为了贯彻落实《产品质量法》，激励和引导我国企业追求卓越的质量经营，设立了全国质量奖。该奖项由中质协负责承办，现已成为与日本戴明奖、美国波多里奇质量奖、欧洲EFQM卓越奖齐名的国家级、全国性的质量奖励。

全国质量奖采用《卓越绩效评价准则》GB/T19580国家标准，评奖标准借鉴了国外卓越绩效管理的经验和做法，结合我国企业经营管理的实践，主要分析企业运营绩效、满足顾客需求、持续改进与创新的能力以及外部环境变化时组织的应变能力和可持续发展能力，从领导、战略、顾客与市场、资源、过程管理、测量、分析与改进以及经营结果七个方面确定了评价要求，见表7-2。

全国质量奖评奖标准重点放在企业经营结果上，其在整个评价指标体系中的权重最大，评分体系共有1000分，该项占到了400分。全国质量奖所选取的评价指标体系较为全面，该套评价指标既包括高层领导的作用，又分析了企业的组织治理、社会责任和相关方的关系。

表7-2　全国质量奖评价指标

一级指标	二级指标	三级指标
全国质量奖评价指标	领导	高层领导的作用
		组织治理
		社会责任
	战略	战略制定
		战略部署
	顾客与市场	顾客和市场的了解
		顾客关系与顾客满意
	资源	人力资源

续表

一级指标	二级指标	三级指标
全国质量奖评价指标	资源	财务资源
		信息和知识资源
		技术资源
		基础设施
		相关方关系
	过程管理	过程的识别与设计
		过程的实施与改进
	测量、分析与改进	测量、分析和评价
		改进与创新
	经营结果	产品和服务结果
		顾客与市场结果
		财务结果
		资源结果
		过程有效性结果
		领导方面的结果

二、"中国质量奖"所采用质量评价指标

中国质量奖的评选表彰工作由国家质检总局负责组织实施，2013 年举办了首届颁奖仪式，中国航天科技集团公司基于质量问题"双归零"的系统管理方法和海尔集团公司提出"人单合一双赢"为核心的质量管理模式获得该项奖励。以国务院《质量发展纲要（2011—2020 年）》规定为主要依据，中国质量奖审核包括基本情况评审、关键指标评审和否决事项评审三个部分，要求申报的组织是在我国境内合法注册的法人或者其他组织，近五年内无重大质量、安全、环保等事故，无违法、违规、违纪行为；在质量水平、创新能力、品牌影响力以及效益等方面取得突出成绩并达到国际领先水平；质量管理制度、模式、方法实现创新并具有推广价值。

中国质量奖评审内容包括质量、技术、品牌和效益四个部分，还细化出 25 个四级指标，较为全面地衡量和评价了政府和企业的产品质量工作水平：

其一在质量方面，制造业企业近三年内产品质量合格率均处于行业领先水平，未出现产品质量国家监督抽查不合格现象。服务业企业近三年内顾客满意度均处于行业领先水平。其中，生产性服务业企业的顾客满意度达到 80 以上，生活性服务业企业顾客满意度达到 75 以上。

其二在技术方面，企业核心技术获得国家科学技术奖励数量和等级；企业通过自主创新获得技术专利的数量与水平，参与国际技术标准制修订数量处于行业领先。

其三在品牌方面，主导品牌产品和服务国内市场占有率行业领先；品牌国际化程度行业领先，主导品牌产品或服务的国际市场占有率、出口国家数量、年出口创汇数额均处于行业领先。

其四在效益方面，近三年主营业务收入、投资收益、利润总额、销售额等关键财务指标水平及其趋势处于行业领先；近三年全员劳动生产率、万元总产值综合能耗水平及其趋势处于行业领先；近三年对国家和地方依法纳税总额处于行业领先。具体详细指标如表 7–3 所示。

中国质量奖和全国质量奖出发点一致，均是从企业角度，评价企业产品质量、技术创新、品牌和效益所做的工作。但两个奖项的评价指标体系不同，中国质量奖侧重于质量管理模式、管理方法和管理制度领域，而全国质量奖将质量、经济、社会效益等方面纳入到评价体系中。

表 7–3　中国质量奖评审指标

一级指标	二级指标	三级指标	四级指标
中国质量奖评价指标	质量	质量发展	质量战略
			质量文化
			基础能力
			质量教育培训

续表

一级指标	二级指标	三级指标	四级指标
中国质量奖评价指标	质量	质量安全	质量责任
			质量诚信
			风险管理
		质量创新	理论模式
			技术方法
			改进攻关
		质量水平	关键指标
			顾客满意度
	技术	技术创新	技术先进性
			创新能力
		技术价值	经济价值
			社会价值
	品牌	品牌建设	品牌规划
			品牌推广
			品牌维护
		品牌成果	品牌价值与效应
			品牌国际化
	效益	经济效益	财务绩效
			税收贡献
		社会效益	社会责任
			社会影响

三、中质协调查制造业企业质量管理现状所采用指标

从 2015 年开始，中国质量协会每年会对全国制造业质量现状进行调查，本书作者分别于 2016 年和 2017 年参与到制造业质量相关的调研中，该项调查包括企业质量状况和政府质量推进两个方面。其中，企业质量状况评价指标见表 7-4，该指标主要涉及企业创新质量、制造质量、管理质量与表现评价四个维度，并通过三级指标反映企业质量状况水平。

表 7-4　企业质量状况指标

一级指标	二级指标	三级指标
企业质量状况评价指标	创新质量	采标率
		技术创新
		电子商务
		服务制造
	制造质量	质量损失率
		一次交检合格
		直通率
		质量信息化
		质量技术普及
	管理质量	教育培训技术
		团队改进参与
		质量责任制
		管理系统方法
	表现评价	成本
		质量
		交付
		创新速度
		公司财务

全国制造业质量现状中政府质量推进评价指标见表 7-5，具体二级指标包括政府在提升产品质量过程中所采取的主要激励措施，在产品检测过程中的收费情况。此外，还包括人民群众对政府政策和工作的满意度。

表 7-5　政府质量推进指标

一级指标	二级指标	三级指标
政府质量推进指标	激励制度	税收优惠
		节能优惠
		专项资金扶持

续表

一级指标	二级指标	三级指标
政府质量推进指标	激励制度	金融融资扶持
		创业培训扶持
		质量激励政策
		监督抽查
	规范收费	产品检验收费
		计量检定收费
		产品认证收费
		体系认证收费
		许可证收费
		其他收费
	质量政策和工作满意度	工作效果

中质协调查制造业企业质量管理现状既包括企业自身在产品质量管理方面情况，也考核政府在推动产品质量提升所做的激励工作及措施，更加全面地反映出我国制造业当前的产品质量现状。

第三节　国家有关统计部门所用产品质量指标

国家层面与产品质量相关的统计年鉴主要有《国家统计年鉴》《中国工商行政管理年鉴》《中国质量监督检验检疫年鉴》和《中国食品药品监督管理年鉴》等。除此以外，各省及地市在各自统计年鉴中也有具体针对产品质量状况的统计指标。国家和省级统计年鉴主要是从政府产品质量监管工作角度出发，通过工作结果衡量产品质量水平情况，反映地区产品质量状况及存在的具体问题。

一、国家统计局产品质量统计指标

国家统计局主管和组织《国家统计年鉴》的工作，《国家统计年鉴》

与产品质量国家监督抽查情况相关的指标，在第二十项教育和科技中，主要从产品质量的国家监督抽查情况、各地区产品质量情况及分地区产品质量情况三个方面对产品质量监管情况进行统计。各省、自治区、直辖市情况由75个重点工业城市抽样数据汇总而成。针对每一个统计项目，具体细化的测量指标，如表7-6所示。其中抽查项目指标主要是食品、日用消费品、建筑与装修装饰材料、农业生产资料、工业生产资料等。

表7-6　《国家统计年鉴》中产品质量指标

一级指标	二级指标	三级指标
产品质量统计指标	产品质量国家监督抽查	抽查项目
		抽查产品（种）
		抽查企业（家）
		抽查产品（批）
		不合格产品（批）
	分地区产品质量情况	产品质量等级品率
		质量损失率
	产品质量省级监督抽查	抽查产品（种）
		抽查企业（家）
		抽查产品（批）
		不合格产品（批）

从国家统计年鉴中产品质量指标可知，该统计指标一是通过抽查企业和产品的数量考核政府在质量方面工作水平的高低，二是依据质量考核指标判定区域总体产品质量水平。

二、国家工商行政管理部门衡量产品质量指标

《中国工商行政管理年鉴》是国家工商行政管理总局主管、中国工商出版社编纂出版的工商行政管理系统资料性年刊。[①]该统计年鉴主要是概述国家、省、自治区、直辖市及计划单列市、副省级市工商行政管理工

---

① 《中国工商行政管理年鉴》截至2014年，共十编。

作，其中统计资料包括工商行政管理统计分析及工商行政管理基本情况统计表。选取其中与产品质量监管相关的指标（见表7-7）。

从工商行政管理部门统计年鉴中产品质量指标可知，该统计指标一方面统计工商局处理案件数量，包括侵害消费者权益、假冒伪劣商品案件；另一方面主要是从消费者角度分析，包括消费者举报案件、咨询数量及12315维权等指标。从消费者角度衡量产品质量水平，对构建区域产品质量影响因素提供重要参考。

表7-7　《中国工商行政管理年鉴》中产品质量指标

一级指标	二级指标
工商行政管理部门产品质量指标	公平执法案件数
	查处侵害消费者权益案件
	查处制售假冒伪劣商品案件
	处理商品消费申诉数量
	处理消费者举报案件
	处理消费者咨询数量
	12315维权联络站建设

三、省级地方政府产品质量统计指标

各省统计局均有关于产品质量的相关统计指标，这些指标从不同角度、不同层面反映了本地区产品质量的相关数据。以山东省为例，《山东省统计年鉴》与产品质量相关的条目在公共管理和社会服务一项中，其中主要为制造业各大类行业产品质量合格率。从制造业的各大类行业中，根据每年抽检数量，整理得出主要产品（农副食品加工业、食品制造业、酒、饮料和精制茶制造业、烟草制品业、纺织业、纺织服装、服饰业等）质量抽查合格率、产品质量监督抽查情况、各市质量强省和名牌战略实施情况及各市标准化工作情况。以山东省统计局产品质量统计相关指标为例，其统计指标见表7-8。

表 7-8　《山东省统计年鉴》中产品质量相关指标

一级指标	二级指标	三级指标
山东省统计年鉴质量监管指标	产品质量国家监督抽查	抽查类别
		监督检验企业数
		检验批次
		合格批次
		批次合格率
	各市质量强省和名牌战略实施情况	年度山东名牌产品
		年末累计山东名牌产品
		年度山东省服务品牌
		年末累计山东省服务品牌
		年度省长质量奖
		年末累计省长质量奖
		年度地理标志保护产品
		年末累计地理标志保护产品
	各市标准化工作实施情况	制定国际标准数量
		主导制定国家标准数量
		制修订地方数量
		采用国际和国内先进标准数量
		标准化实施项目数量（国家级、省级）

　　与国家抽查层面涉及的产品质量指标对比，省级统计局有关产品质量的相关统计指标更加关注到本省质量强省、名牌战略以及各市标准化工作实施情况。

第四节　中央政府用于考核地方政府质量工作指标

一、《质量发展纲要》中的产品质量指标

　　2012 年，国务院制定了《质量发展纲要（2011—2020 年）》以实现产品质量、工程质量、服务质量的明显提升。根据《质量发展纲要》所

提炼出的与产品质量相关的详细指标，见表7-9。

表 7-9　《质量发展纲要》中产品质量相关指标

一级指标	二级指标	三级指标
《质量发展纲要》中产品质量主要指标	企业质量主体作用	关键岗位责任制
		建立健全质量管理体系
		企业质量技术创新
		国际标准、国家标准和行业标准的实施
	政府质量监督管理	质量法律法规
		执法队伍建设
		质量法制宣传教育
		建立质量安全联系点
		实施国家重点监管产品目录
		质量安全风险监测
		完善企业质量信用档案
		打击质量违法行为
	创新质量发展机制	质量工作绩效考核评价体系
		严格市场准入
		建立质量奖励制度
		实施名牌发展战略
	质量发展环境	完善质量投诉信息平台
		发挥社会中介服务作用
		质量舆论宣传
	质量发展基础	质量科技投入
		健全国家标准体系
		完善认证认可体系
		检验检测技术保障体系
		质量信息网络工程建设

根据《质量发展纲要》中产品质量指标可知，二级指标包括企业质量主体作用、政府质量监督管理、创新质量发展机制、质量发展环境和基础五个方面，所涉及的三级指标较为全面，将政府产品质量具体工作纳入其中，分析了政府质量基础投入，还考虑到企业产品质量工作情况，最为关键的是将新闻媒体的监督作用、质量舆论宣传也作为衡量产品质量水平的关键指标。

二、《政府质量工作考核办法》中的产品质量指标

自 2009 年 2 月，在食品安全领域方面，全国人大常委会通过《食品安全法》以来，地方政府在食品安全监管中的角色和责任逐步得到强化；2012 年 7 月，国务院颁布了《关于加强食品安全工作的决定》（国发 [2012]20 号），明确提出要"建立健全食品安全责任制，上级政府要对下级政府进行年度食品安全绩效考核，并将考核结果作为地方领导班子和领导干部综合考核评价的重要内容"；依据《质量发展纲要》中政府质量监督管理的相关要求，2013 年 5 月，国务院办公厅印发了《政府质量工作考核办法》，首次提出每年对省级人民政府质量工作进行考核。

全国质量工作部际联席会议制定《政府质量工作考核办法》的考核目标设置、统计方案、评价方法、评分标准、实施细则等。政府质量工作考核从质量目标和质量措施两方面开展，考核评定采用评分法，满分为 100 分，考核结果分 4 个等级，分别为 A 级（90 分及以上）、B 级（80—89 分）、C 级（60—79 分）、D 级（59 分及以下），具体考核指标见表 7-10。

在政府质量工作考核中，对区域产品质量高度关注，明确指出若发生区域性、系统性产品质量安全事件，考核结果一律不合格，被定为 D 级。

表 7-10　《政府质量工作考核》指标

一级指标	二级指标	三级指标	四级指标
政府质量工作考核指标	质量目标	产品质量量化指标	制造业产品质量合格率
			主要农产品质量安全监测合格率
		工程质量量化指标	建筑工程竣工验收合格率
	质量措施	质量宏观管理	质量发展规划制定与实施
			质量工作协调机制建立与运行
			品牌发展战略实施
			质量统计分析制度建立与开展
			质量投入机制运行
			行业准入及产业政策落实
		质量安全监管	质量监管能力和制度建设
			打击假冒伪劣及专项整治
			质量诚信建设
			质量安全风险管理机制建设
		质量安全监管	消费者维权机制建设
			产品质量监管
			工程质量监管
			服务质量监管
		质量基础建设	标准、计量、认证认可基础建设
			检验检测技术能力建设
			口岸检验检疫综合能力建设
			质量人才队伍建设

　　2017 年 6 月，国家质检总局公布的 2015—2016 年度省级政府质量工作考核结果表明，北京、上海、浙江等 5 个省市为 A 级；天津、河北、内蒙古等 17 个省市为 B 级；山西、黑龙江、湖南等 9 个省市为 C 级，具体考核结果见表 7-11。国家根据考核确定的等级结果，在各项质量奖励和政策支持的核准和审批方面，有针对性地对上述省市优先考虑。

表 7-11　2015—2016 年度省级政府质量工作考核结果

等　　级	省　　市
A 级（5 个）	北京市、上海市、浙江省、广东省、重庆市
B 级（17 个）	天津市、河北省、内蒙古自治区、辽宁省、吉林省、江苏省、安徽省、福建省、江西省、山东省、河南省、湖北省、广西壮族自治区、四川省、贵州省、陕西省、甘肃省
C 级（9 个）	山西省、黑龙江省、湖南省、海南省、云南省、西藏自治区、青海省、宁夏回族自治区、新疆维吾尔族自治区

产品质量监管绩效评估逐步成为中央政府落实产品安全监管部署和监督地方政府产品安全监管绩效的重要手段。构建一套科学、合理考核政府产品质量工作能力的综合评价指标体系，准确评价政府产品质量监管能力水平，对提升政府产品质量监管的积极性和主动性，解决产品质量监管中各自为政、多头管理、职责不清、互相推诿等问题具有重要意义，也是当前面临的一个重要难题。政府质量工作考核围绕政府所做产品质量工作，确定了政府方面影响产品质量的相关因素，有别于全国质量奖、中国质量奖的评价体系，仅仅从企业角度考虑产品质量影响因素。

从质量工作考核结果，也体现出产品质量的区域特征，被评为 A 级的政府质量工作省份主要分布在东部地区，而被评为 C 级的政府质量工作集中在西部地区，表明东部、中部和西部地区的政府质量工作水平存在一定差距。

三、产品质量相关法律中的质量指标

与产品质量密切相关的《产品质量法》《食品安全法》《消费者权益保护法》等法律文件，从法律角度归纳并提炼出影响产品质量的主要因素，为区域产品质量影响因素指标体系的构建提供重要的参考依据。

（一）《产品质量法》中产品质量影响因素指标

2009 年，为了更好地加强对产品质量的监督管理，引导、督促生产者与销售者加强产品质量管理，提高产品质量水平，明确产品质量责任，保护消费者的合法权益，维护社会经济秩序，我国重新修订了《产品质量法》。[①] 根据最新的《产品质量法》规定的具体内容，与产品质量相关的具体影响因素指标见表 7–12。

表 7–12 《产品质量法》中的产品质量影响指标

一级指标	二级指标	三级指标
《产品质量法》中产品质量相关指标	企业质量主体作用	企业质量体系认证
		符合质量标准
		产品的标识必须真实
		不得以不合格产品冒充合格产品
	政府质量监督管理	制定产品质量标准
		监督检查产品质量
		监督抽查的产品质量不合格惩罚
		发展独立的产品质量检验机构
		公布监督抽查的产品的质量状况
	消费者产品权益维护	消费者有权就产品质量问题查询
		消费者申诉
		消费者起诉

通过表 7–12 可知，《产品质量法》与《质量发展纲要》具有共同点，既考虑到企业质量主体作用，也分析了政府产品质量监督管理工作。不同之处在于《质量发展纲要》分析了社会舆论监督作用，而《产

---

① 以 2009 年最新修订《产品质量法》为依据。

品质量法》将消费者纳入衡量产品质量工作的主体之一。因此，《产品质量法》全面涵盖了与产品质量密切相关的企业、政府和消费者三个重要主体。

（二）《食品安全法》中产品质量影响因素指标

食品质量与公众的身体健康、生命安全息息相关，受到了政府部门高度重视及消费者的广泛关注。2015 年 4 月，国家制定新的《食品安全法》，新法律主要从食品安全风险监测和评估、食品安全标准、食品生产经营、食品安全事故处置及监督管理方面，加强对食品质量的管控。

通过对比分析新《食品安全法》与修订之前的版本可知，该法律对过去含糊其辞的内容进行了详细规定，对食品质量中主体责任进行明确界定。提炼出与产品质量密切相关指标见表 7-13，表中包括政府质量监督管理、食品生产企业质量保障、食品企业生产经营过程控制和消费者产品权益维护四个方面。具体体现为：

一是从政府角度，对每一项二级指标都进行了分解，确定出具体的衡量三级指标，不仅分析了政府监管过程中的重点、方式、频次，还提出了发挥认证独立的食品检验机构的作用。

二是从生产企业角度，新《食品安全法》既重视食品生产企业质量保障中制度建设情况，也将衡量产品质量的指标前移，分析食品企业生产经营过程控制中人员要求、制度建设、检测记录等方面。

三是从消费者角度，将消费者这一主体纳入产品质量影响因素中，新《食品安全法》提出了消费者咨询、投诉、举报等措施对产品质量水平的影响。

表 7-13 《食品安全法》中的产品质量指标

一级指标	二级指标	三级指标
《食品安全法》中的产品质量指标	政府质量监督管理	确定监督管理的重点、方式、频次
		加强对执法人员业务能力培训
		不符合食品安全标准作行政处罚
		建立食品生产经营者安全信用档
		公布本部门的电子邮件地址或者电话
		对举报人予以奖励
		建立统一的食品安全信息平台
		认证独立的食品检验机构
	食品生产企业质量保障	符合食品安全法律、标准
		规范使用食品添加剂
		食品生产经营实行许可制度
		食品生产加工小作坊和食品摊贩管理办法
		食品添加剂生产实行许可制度
		食品规模化生产和连锁经营、配送
		建立食品安全全程追溯制度
	食品企业生产经营过程控制	建立健全食品安全管理制度
		建立食品出厂检验记录制度
		食品进货查验记录制度
		建立食品召回制度
		实施危害分析与关键控制点体系
		进行职工食品安全知识培训
		执行从业人员健康管理制度
		加强食品检验工作
	消费者产品权益维护	消费者咨询
		消费者投诉
		消费者举报

（三）《消费者权益保护法》中产品质量影响因素指标

2013 年 10 月颁布的《消费者权益保护法》，旨在保护消费者的合法权益，维护社会经济秩序，促进社会主义市场经济健康发展。《消费者权益保护法》中产品质量影响因素指标见表7–14所示，主要有消费者合法权益保护、消费者诉讼等内容，从法律、标准层面再到抽查结果的信息披露情况。

表 7–14　《消费者权益保护法》中的产品质量指标

一级指标	二级指标	三级指标
《消费者权益保护法》中产品质量指标	消费者产品权益维护	制定有关消费者权益的法律、法规、规章
		制定有关消费者权益的强制性标准
		发挥消费者协会作用
		及时向社会公布抽查检验结果
		惩处侵害消费者合法权益的违法犯罪行为
		消费者提起诉讼

综上所述，通过《国家质量发展纲要》、国家质量奖励和国家统计部门数据等对产品质量影响因素指标的分析和讨论可知，全国质量奖和中国质量奖都是从企业角度出发，全国质量奖着重于企业生产的全过程，从领导重视程度、战略部署到过程管理，最终落脚点在经营结果上。而中国质量奖则偏重于结果考核，注重企业质量发展措施、技术创新、品牌建设和产生效益方面；《政府质量工作考核》是从政府角度，分析政府制定的质量目标，并采取的相关质量措施，考核政府质量工作能力；产品质量相关统计年鉴指标都是针对产品质量监督抽查、标准实施、品牌战略的落实情况进行相应的分析统计；《质量发展纲要》较为全面地涉及企业地主体作用、政府质量监管，还包括了社会中介机构与质量舆论工作。

区域产品质量是政府、企业、消费者等利益主体相互作用、相互影响的结果，同时受到社会舆论的监督，并与区域经济发展密切相关。但现有的国家质量奖、国家统计部门、《质量发展纲要》《政府质量工作考核办法》所涉及指标由于视角不同，所建立的相关区域产品质量指标均不够完善，具体表现在：

一是反映产品质量的区域指标的研究相对较少。虽然质量竞争力指数在一定程度上反映区域质量的总体水平，对政府与企业寻找差距、发现问题、分析原因具有参考作用，但没有具体的涉及区域指标，也未体现区域产品质量的动态性。

二是未能分析出区域产品质量水平与政府产品质量监管（产品质量法律、质量标准、检测认证等措施）、企业质量管理等指标之间的量化关系。因此，建立区域产品质量影响因素体系并确定出关键因素，对指导政府、企业制定可操作性的措施具有重要参考价值。

三是全面、综合、系统的区域产品质量影响因素指标体系还未建立。区域产品质量的影响因素众多，不仅要分析政府、企业等利益相关者内部因素，也要考虑外部因素。但现有研究分析消费者、社会媒体等因素对产品质量作用较少，仍未能形成全面、客观反映区域产品质量水平的指标体系，更没有可以指导实践的具体措施。

综上所述，在现有指标分析基础上，建立客观反映区域产品质量水平的指标体系，对指导政府产品质量监管、企业产品质量管理和消费者产品质量监督都具有重要的现实意义。

第八章　基于 SEM 的区域产品质量
影响因素研究

第一节　区域产品质量影响因素筛选

以区域产品质量总体水平为研究对象，对我国已有的产品质量奖励指标、各级政府统计年鉴中的产品质量指标、中央政府对省级地方政府质量工作考核所采用指标，以及区域指标进行分析、筛选和提取区域产品质量关键影响因素，进一步构建影响区域产品质量因素的具体指标体系，并利用数据进行实证研究。

一、区域产品质量关键因素提炼

关键成功因素（Critical Success Factors，CSF）的概念最初由罗卡特（Rockart，1979）引入信息系统研究领域，用于需求分析和信息系统规划，通过确定影响项目的关键成功因素，管理者可以将有限的资源用于最重要的地方，还可以通过对关键成功因素的监控来指导项目实施。目前关键成功因素法得到了进一步的推广和多领域的应用，主要有企业 ERP 实施关键成功因素、移动商务网站关键成功因素，以及企业知识管理关键成功因素等。[①]

---

① 仲秋雁、闵庆飞、吴力文：《中国企业 ERP 实施关键成功因素的实证研究》，《中国软科学》2004 年第 2 期。周涛、鲁耀斌、张金隆：《移动商务网站关键成功因素研究》，《管理评论》2011 年第 6 期。徐枞巍、盖素霞：《中国企业知识管理关键成功因素及其管理策略研究》，《管理世界》2012 年第 3 期。

通过构建区域产品质量关键成功因素的分析框架，选取关键成功因素法确定区域产品质量影响的关键因素，不仅能确定影响区域产品质量的关键因素，还能有助于指导区域产品质量影响因素指标体系的选取。区域产品质量关键成功因素的具体应用见图 8-1。

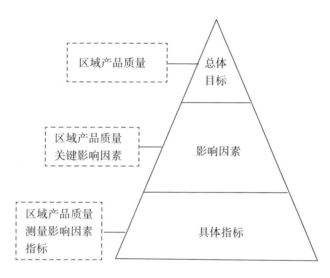

图 8-1　区域产品质量关键成功因素图

运用关键成功因素法，根据已识别和分析的区域产品质量影响因素，可将区域产品质量关键成功因素分成区域经济发展因素、政府监管因素、企业生产因素、消费者产品质量监督和社会舆论监督因素五大类。基于此，再根据第六章从利益相关者视角剖析我国区域产品质量问题的深层原因和第七章对我国当前用于衡量与评价产品质量的因素指标的研究，由区域产品质量影响因素的鱼骨头图 8-2，既分析产品质量的区域因素，又综合研究政府、企业、消费者和社会舆论监督对其的影响。

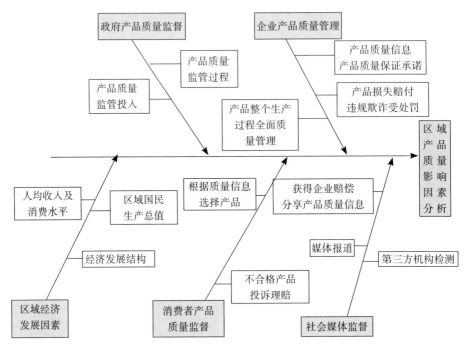

图 8-2   区域产品质量影响因素鱼骨图

根据区域产品质量关键成功因素和鱼骨图的分析可知，区域产品质量关键成功影响因素，即为区域经济发展需求因素、政府产品质量监管因素、企业产品质量管理因素及社会舆论监管因素。

二、区域产品质量影响因素研究假设的提出

区域产品质量影响因素指标体系包括政府产品质量监管因素、企业产品质量管理因素、社会舆论监督因素和区域经济发展需求因素四个部分。其中社会舆论监督因素涉及消费者、媒体及第三方检测机构三个方面。为了研究各个因素之间的相关性，需建立各因素之间相互关系模型。

　　基于区域产品质量关键成功因素识别结果，提出区域经济发展需求、政府产品质量监管、企业产品质量管理及社会舆论监管对区域产品质量之间相互作用关系假设，区域经济发展需求因素、政府产品质量监管因素、企业产品质量管理因素、社会舆论监督因素作为外生变量，直接对区域产品质量产生影响，假设关系如图 8-3 所示。

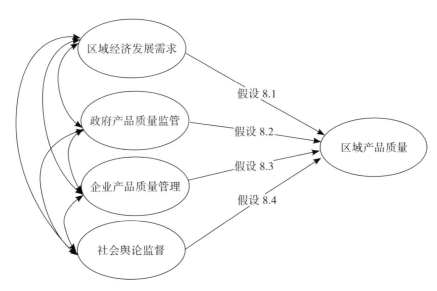

图 8-3　区域产品质量影响因素作用路径图

　　假设 8.1：区域经济发展需求对区域产品质量产生正向直接影响。

　　在良好的区域经济环境下，区域产品质量能够得到更好的保障，否则区域产品质量将会受到影响。

　　假设 8.2：政府产品质量监管对区域产品质量产生正向直接影响。

　　政府产品质量监管工作做到位，区域产品质量水平高，否则，区域产品质量水平低。

　　假设 8.3：企业产品质量管理对区域产品质量产生正向直接影响。

企业产品质量管理水平的高低直接影响着区域产品质量。如果企业产品质量管理水平高，那么产品市场秩序就能良性运行，政府监管效率就高。反之，若企业产品质量管理水平低，政府的监管任务就会繁重，监管效果不好。

假设8.4：社会舆论监督对区域产品质量产生正向直接影响。

消费者揭露假冒伪劣产品等违法犯罪行为，对企业的生产行为起到约束作用，为政府监管提供线索。媒体宣传产品质量的法律法规，开展鉴别产品质量高低的活动，为区域产品质量创造有利氛围。第三方检测机构有效分担政府监管重任，弥补政府监管力量的不足。

三、结构方程模型方法的选用依据

结构方程模型（Structural Equation Model，SEM）在实践中应用广泛，国内外学者应用SEM的研究主要集中于解决影响因素、满意度、评价指标体系和竞争力等问题。[1]SEM分为测量模型和结构模型两部分，是基于变量的协方差矩阵来分析变量之间关系的一种统计分析方法，并通过各种拟合指数检验是否吻合数据。测量模型分析指标与潜变量之间的关系，结构模型则是反映潜变量间的关系。因此，选用SEM方法可对测量模型与结构模型一起分析。[2]

测量模型中潜变量 ξ、η 与观测变量 X、Y 之间的关系可描述为：$X = \wedge_X \xi + \sigma$，$Y = \wedge_Y \pi + \psi$。公式中，$Y$、$X$ 为内生观测变量与外生观测变量组成的向量；π 为内生潜变量；ξ 为外生潜变量；$\wedge_Y$ 表示 π 和 Y 之间的关系，为内生观测变量在内生潜变量上的因子载荷矩阵；

---

① 辛士波、陈妍、张宸：《结构方程模型理论的应用研究成果综述》，《工业技术经济》2014年第5期。

② Coenders G., Batista-Foguet J. M., Saris W. E., "Simple Efficient and Distribution-free Approach to Interaction Effects in Complex Structural Equation Models", *Quality&Quantity*, 2008(3).

$\wedge_X$ 表示 ξ 和 X 之间的关系，为外生观测变量在外生潜变量上的因子载荷矩阵；ψ、σ 为测量方程的误差矩阵。

结构模型说明外生潜变量和内生潜变量之间的关系：$\pi = B\pi + \Gamma\xi + \zeta$。$\pi$ 为内生潜变量，B 为内生潜变量之间的关系，表示结构模型中内生潜变量 π 的构成因素之间的互相影响，Γ 为结构系数矩阵，外生潜变量对内生潜变量的影响；ξ 为外生潜变量，ζ 为结构方程的残差项。

应用 SEM 分析区域产品质量影响因素，验证已提出的四个理论假设的正确性，分析不同因素对区域产品质量的作用路径和效果，研究区域产品质量影响因素之间的作用机理，主要原因有以下三个方面：

第一，SEM 引入潜变量概念，可以将无法直接观测而又欲研究探讨的问题具体化，从而建立潜变量之间的结构关系，以便更清楚地了解客观现实，对社会现象进行深层次分析。

第二，SEM 相比传统的多变量分析而言，允许自变量和因变量存在测量误差，同时处理多个因变量之间关系，根据模型与数据之间的一致性程度，可以比较及评价不同的理论模型，是一种广义的多元因果分析模型。SEM 在研究自变量与因变量之间的路径关系时，同时考虑了其他因变量的影响，弥补了传统统计方法的不足。[①]

第三，SEM 还可以对整个模型的拟合程度进行估计，为能达到最优的拟合可以修正模型的路径或删减指标，通过不同的模型进行比较，从而使模型更加贴近现实。

在区域产品质量影响因素分析中，区域经济发展需求因素、政府产品质量监管因素、企业产品质量管理因素、社会舆论监督因素作为外生潜变量，区域产品质量为内生潜变量，下面将分别确定五个潜变量的观测指标。

---

① 吴明隆：《结构方程模型：AMOS 的操作和应用》，重庆大学出版社 2013 年版。

第二节　区域产品质量影响因素的测量指标

一、区域经济发展需求因素测量指标

区域因素对经济发展的影响已有目共睹，2014 年李克强总理仍然提出早在 1935 年被"胡焕庸线"划分的两个大区域怎么破的命题，时至今日，在经济的统筹规划、协调发展、政策制定方面都具有重要的指导意义。另外，我国的东部、中部及西部区域的划分，对指导我国经济发展政策的制定与实施也发挥着举足轻重的作用。

在第二章区域产品质量相关理论及影响因素研究中，对区域经济发展需求影响因素的研究已进行具体详述，在良好的区域经济环境下，区域产品质量能够得到更好的保障。因此，提出区域经济发展是影响区域产品质量的一个因素，区域经济发展需求对区域产品质量提出更高的客观要求。

企业是区域经济发展的动力，是保障新产品产出、科技成果转化和区域经济增长的关键。区域产品质量问题与区域内生产企业整体情况密切相关。因此，将区域生产企业状况纳入到衡量区域经济发展需求的指标体系中，主要是指企业在保障产品质量过程中，所进行的技术研究、开发、试验、研究成果转化、生产等的一系列动态的活动。该指标包括规模以上工业企业数量、工业总产值、批发和零售业企业数量，用以反映区域中企业的概况。通过以上分析，从区域经济状况、区域居民生活水平、区域生产企业状况三个方面，提取的区域经济发展需求指标如表 8-1所示。

表 8-1　区域经济发展需求因素测量指标

一级指标	二级指标	三级指标	指标来源
区域经济发展需求测量指标 R	区域经济状况 R1	地区生产总值 R11	政府工作报告
		公共财政收入 R12	《产品质量法》
		公共财政支出 R13	参考文献
		固定资产投资 R14	政府工作报告
	区域居民生活水平 R2	人口数量 R21	参考文献
		居民消费水平 R22	《质量发展纲要》
		城镇居民人均可支配收入 R23	国家统计年鉴
		农民人均纯收入 R24	国家统计年鉴
		社会消费品零售总额 R25	参考文献
	区域生产企业状况 R3	主要年份工业总产值 R31	国家统计年鉴
		规模以上工业企业数量 R32	中质协调研
		批发和零售业企业数量 R33	参考文献

　　区域经济状况指标反映了区域的经济规模与经济总量状况，是组成区域经济发展综合水平的核心。作为衡量区域经济发展水平的重要指标之一，区域经济状况指标主要包括 GDP、全社会固定资产投资与公共财政收入额，这三个指标分别反映了区域的经济总产出、全社会固定投资额和政府财政收入情况。其中，GDP 是国民经济各部门增加值的总额，反映的是整个地区的经济总量情况，是衡量国民经济发展情况最重要的一个指标；公共财政收入反映的是一个地区的企业经济发展情况，主要是指地方所属企业收入和各项税收收入，也是经济总量、经济结构、经济效益三方面因素共同作用的结果。

　　区域居民生活水平指标，不仅体现了区域居民作为经济活动的主导者，和其生活水平和消费能力的高低，也能反映地区的经济发展水平。区域居民生活水平指标主要包括人口数量、社会消费品零售总额、城镇居民人均可支配收入和农民人均纯收入指标。城镇人均可支配收入反映的是城镇居民的消费能力，农村人均纯收入指标反映的是农村居民的消费能力。

二、政府产品质量监管因素测量指标

政府角度研究区域产品质量影响因素指标方面，主要有监管环境、监管主体、监管技术及监管制度；政府监管的职能定位、干预范围、管理成本及管理效益等，从能力建设、监管过程、效能结果三个维度展开，对社会性规制绩效影响因素进行分析。研究学者主要是从政府监管部门自身考虑，对监管体制、法律法规建设、标准管理体系、机构设置及检验检测水平等因素进行分析。从政府角度构建的具有代表性的产品质量影响因素主要测量模型，如表8-2所示。

表8-2　政府层面产品质量影响因素指标

研究学者	指标选取依据	指标维度	指标数
尼贝尔（Noble A. W.，2014）[1]	监管机构能力指标	法律法规、检测技术；惩罚力度；提供正确的产品质量信息、及时处理质量安全投诉、咨询等事件、落实产品质量监管政策、监管部门的廉洁自律，执法公开、公正、公平	12
安德鲁斯（Andrews R.，2008）[2]	政府公共服务绩效	机构组织绩效、服务费用、制度支持	10
马奥拉诺（Maiorano F.，2009）[3]	政府监管工作满意度影响因素	消费环境感受、部门工作形象和能力、质量信息评价	8
梁昌勇（2012）[4]	政府部门公众满意度	感知质量、公众期望、公众抱怨、政府形象	10

---

[1]　Noble A .W., *The Effectiveness of Local Government Regulation of the Taxi Trade*, University of Birmingham, 2014.

[2]　Andrews R. et al., "Organizational Strategy: External Regulation and Public Service Performance", *Public Administration*, 2008(1).

[3]　Maiorano F., *Regulation and Performance: Evidence from the Telecommunicaitons Industry*, City University, 2009.

[4]　梁昌勇、朱龙、冷亚军：《基于结构方程模型的政府部门公众满意度测评》，《中国管理科学》2012年第1期。

研究学者	指标选取依据	指标维度	指标数
李丹丹（2013）[①]	政府产品质量监管满意度影响因素	政府部门工作形象和能力、消费环境感受、质量信息评价	9
纪杰（2012）[②]	食品安全满意度影响因素	生产加工因素、有害物质因素、安全监管因素、食品质量因素	20

　　从政府角度构建影响区域产品质量的因素，一是依据全国质量奖评价指标、中国质量奖评价指标、中国质量协会关于全国制造业质量现状调查、国务院办公厅关于政府质量工作考核及《国务院关于印发质量发展纲要（2011—2020 年）》相关指标；二是参照《产品质量法》《食品安全法》《消费者权益保护法》等产品质量影响因素指标；三是根据已有学者研究提出的政府产品质量监管影响因素指标。

　　政府产品质量工作主要分为两大方面：一方面是政府质量工作基础建设，包括质量制度及政策制定、质量基础设施建设和质量人才建设 3 个二级指标。比如质量制度及政策制定依据国务院办公厅关于《政府质量工作考核办法》筛选出相应指标。另一方面为政府产品质量监管执行措施，指标包括政府监管能力、政府监管收费和产品质量信息化建设 3 个二级指标。政府监管能力指标参考《全国制造业质量现状调查》中政府质量推进中政府质量推进指标；政府监管收费指标依据《全国制造业质量现状调查》中政府质量推进中规范收费的 5 个指标；产品质量信息化建设指标主要依据《质量发展纲要》。上述指标中具体的三级指标及其指标来源见表 8-3。从政府角度选取了 6 个二级指标，22 个三级指标的区域产品质量影响因素指标。

---

① 李丹丹：《政府质量监管满意度影响因素——基于质量观测数据的分析》，《宏观质量研究》2013 年第 1 期。

② 纪杰：《公共教育财政支出与地方经济发展》，《中国行政管理》2012 年第 6 期。

表 8-3　政府产品质量监管因素测量指标

一级指标	二级指标	三级指标	指标来源
政府产品质量监管因素测量指标	质量制度及政策制定 G1	质量发展规划制定与实施 G11	《政府质量工作考核办法》
		行业准入及产业政策 G12	《政府质量工作考核办法》《质量发展纲要》
		法律法规数量 G13	《质量发展纲要》中质协调研
	质量基础设施建设 G2	认证认可基础建设 G21	《政府质量工作考核办法》《质量发展纲要》
		检验检测技术能力建设 G22	《政府质量工作考核办法》《质量发展纲要》
		质量标准体系建设 G23	《产品质量法》
	质量人才建设 G3	监管人员数量 G31	参考文献
		人员工作年限 G32	参考文献
		人员受教育年限 G33	参考文献
		业务能力培训次数 G34	《食品安全法》
	政府监管能力 G4	监管企业数量 G41	《国家统计年鉴》《省统计年鉴》
		打击假冒伪劣及专项整治 G42	《政府质量工作考核办法》
		违规企业行政处罚 G43	《产品质量法》《食品安全法》
		监督企业频次 G44	《食品安全法》
	政府监管收费 G5	产品检验收费 G51	中质协调研指标
		计量检定收费 G52	中质协调研指标
		产品认证收费 G53	中质协调研指标
		体系认证收费 G54	中质协调研指标
		许可证收费 G55	中质协调研指标
	质量信息化建设 G6	质量法制宣传 G61	《质量发展纲要》
		质量投诉信息平台 G62	《质量发展纲要》
		监管信息共享 G63	《产品质量法》《食品安全法》

三、企业产品质量管理因素测量指标

产品质量管理是企业管理的中心环节，围绕如何使其产品能满足质量要求，而不断开展的组织、策划、控制、改进及审核等所有活动的总和。企业产品质量管理贯穿原材料采购、生产过程统计控制、出厂检验、销售等多个环节，产品质量的高低则是整个过程的最终表现。为了提高产品质量，减少产品质量安全隐患，企业在整个过程中应依照法律法规和标准，建立一套完整的产品质量操作规程和安全管理制度。

从生产企业角度，研究学者分析影响区域产品质量的关键因素有企业贯彻质量体系动机、咨询机构水平、质量管理基础、全员参与程度、质量激励机制等；[①] 并从企业质量体系建设、关注顾客、新产品开发、供应管理、生产过程控制、设备管理、计量检测、统计过程控制和质量工具使用 9 个维度，17 个指标体系衡量企业产品质量竞争力水平。具有代表性的企业产品质量影响因素指标，如表 8-4 所示。

表 8-4　企业产品质量影响因素指标研究

研究学者	产品质量影响因素
布莱克，波特（Black S. A., Porter L. J., 1996）[②]	公司质量文化、质量改善测量系统、战略质量管理、员工和顾客管理、外部交互管理、运作质量管理、供应商关系、团队结构、顾客满意导向、改善顾客信息沟通
亨德瑞，辛格尔（Hendricks K.B., Singhal V.R., 2001）[③]	领导承诺、员工关系、过程控制、培训、以顾客为中心、持续改进
阿希尔（Ahire S. L., 2000）[④]	高层管理、统计过程控制、以顾客为中心、供应商质量管理与业绩评估、设计质量管理、员工授权／培训

---

① 兰娴、徐小龙：《企业质量管理体系有效性形成研究》，《科学经济社会》2014 年第 2 期。

② Black S. A., Porter L. J., " Identification of the Critical Factors of TQM", *Decision Sciences*, 1996(1).

③ Hendricks K.B., Singhal V.R., "The Long-Run Stock Price Performance of Firms with Effective TQM Programs", *Management Science*, 2001(3).

④ Ahire S. L., Dreyfus P., "The Impact of Design Management and Process Management on Quality: An Empirical Investigation", *Journal of Operations Management*, 2000(5).

续表

研究学者	产品质量影响因素
持尔佐夫斯基，格罗伊特（Terziovski M., Gloet M., 2004）[1]	领导承诺、质量信息、供应商管理、标杆、以顾客为中心
莫利纳（Molina-Azorin J.F. et al., 2009）[2]	领导、员工管理、计划、信息与分析、流程管理、供应商管理、关注顾客/利益相关方
赵玉忠（2009）[3]	企业领导的质量意识、过程控制体系完善程度、顾客满意度、质量设计、员工培训、关键设备管理
熊伟等（2012）[4]	领导承诺、质量信息、过程管理、员工关系、以顾客为中心

从第七章可知《质量发展纲要》和《产品质量法》中均提到企业质量主体的作用，其中《产品质量法》中分析的企业质量体系、质量标准及生产合格产品均在《质量发展纲要》中有所体现。因此，以《产品质量发展纲要》为基础，结合全国质量奖和中国质量奖中对企业评价的指标，同时根据学者提出的企业产品质量影响因素，从企业产品质量基础能力、关键岗位责任制、产品质量技术创新、企业抽查检验、产品质量经营结果 5 个方面，从企业角度提出区域产品质量影响因素指标，上述二级指标中具体测量指标和来源见表 8-5。

---

① Terziovski M., Gloet M., "Exploring the Relationship between Knowledge Management Practices and Innovation Performance", *Journal of Manufacturing Technology Management*,2004(5).

② Molina-Azorin J.F. etal., "The Importance of the Firm and Destination Effects to Explain Firm Performance", *Tourism Management*,2010(1).

③ 赵玉忠、何桢:《对中国制造企业质量管理现状的研究》,《科技管理研究》2009年第 2 期。

④ 熊伟、奉小斌:《基于企业特征变量的质量管理实践与绩效关系的实证研究》,《浙江大学学报（人文社会科学版）》2012年第 1 期。

表 8-5　企业产品管理因素测量指标

一级指标	二级指标	三级指标	指标来源
企业角度区域产品质量影响因素指标	产品质量基础能力 E1	产品质量战略 E11	全国质量奖中国质量奖
		质量管理体系 E12	《产品质量法》《质量发展纲要》
		质量标准落实 E13	《产品质量法》《质量发展纲要》
		危害分析与关键点控制体系 E14	《食品安全法》
	关键岗位责任制 E2	质量责任制 E21	中质协调研指标中国质量奖
		团队改进参与 E22	中质协调研指标
		高层领导的作用 E23	全国质量奖
	质量技术创新 E3	质量技术培训 E31	中质协调研指标中国质量奖
	质量技术创新 E3	管理系统方法 E32	中质协调研指标
		质量工具使用 E33	参考文献
	企业抽查检验 E4	检验批次 E41	参考文献
		企业抽检费用 E42	参考文献
		企业检验部门人员数量 E43	参考文献
	产品质量经营结果 E5	质量损失率 E51	中质协调研指标
		产品质量成本 E52	中质协调研指标
		顾客满意度 E53	全国质量奖中国质量奖

四、社会舆论监督因素测量指标

社会舆论监督因素分消费者、第三方检测机构及新闻媒体对区域产品质量的影响。

首先，消费者在产品质量购买、使用、废弃的整个过程，以及每一个环节的决策过程，都会促使市场达到质价相符、质量水平提升的均衡状态。消费者的产品选择行为不仅能对企业社会责任行为产生积极的响应，其消费能力及维权意识也直接影响政府对产品质量的监管效率。通过上一章分析可知，提及消费者主体在产品质量中的作用，主要集中在法律文件及统计年鉴。《食品安全法》中提出应维护消费者产品质量的咨询、投诉及举报等权益；《产品质量法》指出消费者有权对产品质量问题进行查询、申诉、起诉，从而保障自身权益不被侵犯；《消费者权益保护法》更是明确提出消费者的法律法规、消费者合法权益保护、消费者诉讼等方面应采取的措施。在《中国工商行政管理年鉴》中统计指标涉及侵犯消费者权益案件、消费者投诉案件数量等。

研究学者们主要是从消费者对政府在保障产品质量安全方面的感知评判展开研究。李翠霞（2015）提出消费者鉴别能力的高低、维权意识的强弱、应对产品问题的态度也是影响产品质量监管的重要因素。[①] 刘军弟等（2009）研究了消费者的性别、受教育程度、收入以及价格特征和消费者对食品安全的主观认知与评价等因素，对消费者的产品质量监督具有重要影响。[②] 卢菲菲等（2010）、王怀明等（2014）研究了消费者的产品质量感知、社会责任支持、信息知晓程度及信任对产品质量监管的影响。[③] 尹世久等（2013）探究了消费者年龄、受教育年限、食品安全意识、政府食品监管效果评价、价格评价与购买便利性等变量对信任有着显著影响。[④] 王军（2009）对消费者购买意愿的影响因素进行了实证分析，研究得出购买意愿受到消费者年龄、家庭收入水平、质量安全

① 李翠霞、姜冰：《情景与品质视角下的乳制品质量安全信任评价——基于 12 个省份消费者乳制品消费调研数据》，《农业经济问题》2015 年第 3 期。

② 刘军弟、王凯、韩纪琴：《消费者对食品安全的支付意愿及其影响因素研究》，《江海学刊》2009 年第 3 期。

③ 卢菲菲、何坪华、闵锐：《消费者对食品质量安全信任影响因素分析》，《西北农林科技大学学报（社会科学版）》2010 年第 1 期。王怀明、崔吉：《消费者对企业社会责任表现的响应及影响因素》，《北京理工大学学报（社会科学版）》2014 年第 3 期。

④ 尹世久、陈默、徐迎军等：《消费者对安全认证食品信任评价及其影响因素——基于有序 Logistic 模型的实证分析》，《公共管理学报》2013 年第 3 期。

忧患程度、购买产品金额和为生态付费意愿等因素的影响。[①] 瑞典最早于 1989 年建立的顾客满意度指数，是根据顾客对企业产品和服务质量的评价衡量消费者对产品质量的满意程度，该模型主要由 6 种变量组成，即顾客期望、顾客对质量的感知、顾客对价值的感知、顾客满意度、顾客投诉、顾客忠诚。之后美国、德国、加拿大等二十多个国家和地区先后建立了全国或地区性的顾客满意指数模型。我国顾客满意度指数测评体系的建立起步较晚，1999 年 12 月，国务院发布了《关于进一步加强产品质量工作若干问题的规定》，明确提出要研究和探索顾客满意度指数评价方法，最终确定了一套由预期质量、感知产品质量、感知服务质量、感知价值、用户满意度、用户投诉和用户忠诚度 7 个主要指标组成的模型，计算出消费者对产品使用的满意度指数。依据来源于学者们相关研究、法律法规、统计年鉴及顾客满意度指数。

其次，独立的产品质量机构提供检测服务的比重不断提升，第三方检测机构快速发展，质量相关协会的职能也不断完善调整，都为产品质量的提升发挥着作用。《质量发展纲要》明确提出发挥社会中介服务作用及质量舆论宣传作用；《产品质量法》指出发展独立的产品质量检验机构在监督中的作用；《消费者权益保护法》也提出发挥消费者协会的作用；中国质量协会每年开展调查制造业企业质量管理现状，为我国制造业企业寻找差距，进一步提升提供重要参考。

再次，分析区域产品质量影响因素指标，在研究中新闻媒体作用往往被忽视。但随着新闻媒体的普及、产品质量宣传形式的多样，在实践中其在区域产品质量中占有重要的位置。新闻媒体对产品质量产生着重要影响，理应纳入区域产品质量影响因素的指标中。综合以上分析，社会舆论监督因素测量指标见表 8-6。

---

① 王军、张越杰：《消费者购买优质安全人参产品意愿及其影响因素的实证分析》，《中国农村经济》2009 年第 5 期。

表 8-6　社会舆论监督因素测量指标

一级指标	二级指标	三级指标	指标来源
社会舆论监督因素指标 C	消费者特征 C1	消费者的性别 C11	参考文献
		消费者收入 C12	参考文献
		消费者受教育程度 C13	参考文献
	消费者维权意识 C2	产品质量咨询数量 C21	《中国工商行政管理年鉴》
		产品质量举报数量 C22	《中国工商行政管理年鉴》
		产品质量投诉数量 C23	《中国工商行政管理年鉴》
	政策工作满意度 C3	政府部门工作形象 C31	参考文献
		政府质量推进政策 C32	参考文献
		消费者监管参与度 C33	参考文献
		消费者质量信息评价 C34	参考文献
	产品质量满意度 C4	消费者期望 C41	顾客满意度指数
		消费者抱怨数量 C42	顾客满意度指数
		消费者再次购买数量 C43	顾客满意度指数
	新闻媒体 C5	产品质量宣传形式数量 C51	《质量发展纲要》
		媒体产品质量版面数量 C52	《质量发展纲要》
		媒体报道产品质量数量 C53	《质量发展纲要》
	独立产品质量机构 C6	第三方检测机构数量 C61	《产品质量法》
		中国质量协会作用 C62	《质量发展纲要》
		消费者协会作用 C63	《消费者权益保护法》

　　综上所述，构建的区域产品质量影响因素模型，不仅考虑了区域产品质量各主体之间关系，还分析了外部区域经济发展因素对区域产品质量的影响。

五、区域产品质量测量指标

区域产品质量测量模型主要体现在产品质量结果指标，包括政府监管结果指标、监管激励措施和质量诚信建设，各个指标选取依据及具体三级指标见表 8-7 所示。

表 8-7　区域产品质量测量指标

一级指标	二级指标	三级指标	指标来源
区域产品质量测量指标	监管结果指标 Q1	产品抽查合格率 Q11	《政府质量工作考核办法》《国家统计年鉴》
		重大质量安全事故数量 Q12	参考文献
		查出违法案件数量 Q13	参考文献
		产品质量抽查数量 Q14	《国家统计年鉴》
	监管激励措施 Q2	税收优惠 Q21	中质协调研指标
		节能优惠 Q22	中质协调研指标
		专项资金扶持 Q23	中质协调研指标
		金融融资扶持 Q24	中质协调研指标
		消费者举报奖励 Q25	《食品安全法》
	质量诚信建设 Q3	质量信用档案建设 Q31	《质量发展纲要》
			《食品安全法》
		企业诚信黑名单公布 Q32	参考文献
		产品质量诚信系统建设 Q33	参考文献

第三节　基于 SEM 的区域产品质量影响因素路径分析

一、调研数据来源

本书在分析区域产品质量影响因素时，不仅综合考虑了政府、企业、消费者、社会媒体的影响，还将外部区域因素纳入其中。从指标构成和数量上不难发现，该套指标体系中的指标来源广泛，既包括定量指标，也涵盖定性指标，因而收集实际数据进行实证研究存在较大困难。所以，为了进一步分析区域产品质量影响因素指标，运用实证的方法分析影响区域产品质量因素的权重，依托山东师范大学质量研究中心、山东省质量管理协会，通过调查问卷和访谈调查获取研究数据。根据指标选取的可行性、可比性等原则，对构建的区域产品质量影响因素指标重要性进行打分。

数据获取对象主要由四部分组成：一是政府质量监管机构，例如国家质检总局、山东省质监局、济南市质监局、潍坊市质监局、烟台市市场监督管理局、临沂市食品药品监督管理局等；二是社会质量管理机构，主要有中国质量协会、山东省质量管理协会、山东省质量技术审查评价中心、山东省质量评价协会等；三是调研了从事质量管理研究的专家、学者，主要选取了上海交通大学、同济大学、山东大学、上海大学、山东师范大学、山东财经大学等高校；四是选取典型的制造企业进行调研，涵盖了食品加工企业、日常用品与工业产品企业，具体调研情况已在前面章节论述，在此不再详述。综上可知，调研对象不仅密切围绕区域产品质量开展相关业务，而且对区域产品质量情况十分熟悉，因此，调研针对性强且范围分布较广，其反馈的数据在一定程度上能较好地分析区域产品质量影响因素。

通过网上电子问卷和实地发放问卷两种形式获取数据，整个调研过程以网上发放问卷调查为主，深入访谈为辅，对访谈记录进行分析，以提取关键性语句作为问卷修改或补充的主要依据。调查问卷观测指标的测量方法采用 5 级李克特量表进行打分，要求回答者以 1—5 之间数字衡量每一个条目对区域产品质量的影响程度（非常重要 5，重要 4，不确定 3，不重要 2，非常不重要 1）。本次调查共发放调查问卷 310 份，收回问卷 274 份，有效问卷 258 份，有效回收率为 83%。

二、量表检验及模型拟合

在分析区域产品质量影响因素路径分析之前，首先对测量量表的信度和模型适配度进行检验。

（一）信度检验

在对调研数据进行分析之前，首先运用 SPSS17.0 对量表进行信度和效度检验，确保问卷的可信性及有效性。采用 Cronbach's α 系数评估样本的信度，经计算得出整个量表的 Cronbach's α 值为 0.877，各分量表信度分析结果如表 8-8 所示。4 个潜变量均满足 Cronbach's α>0.7 的要求，表明该量表测量具有较高的一致性和可靠性。[①]

表 8-8　量表信度检验结果

二级指标	Cronbach's α	观测指标个数
区域产品质量	0.872	12
区域经济发展需求	0.715	12
政府产品质量监管	0.773	22
企业产品质量管理	0.726	16
社会舆论监督	0.817	19

---

① 王威、綦良群：《基于结构方程的区域装备制造业产业结构优化影响因素研究》，《中国科技论坛》2013 年第 12 期。

（二）模型适配度检验

利用 AMOS 进行模型拟合分析，模型参数拟合结果见表 8-9。根据 Hair 等给出的判断标准，[1] 模型卡方统计值为 656.04，卡方自由度比值 $\chi^2/df=1.99<2$，表明模型拟合很好；近似误差均方根 RMSEA 为 0.06 <0.08，体现了良好的适配情况；相对拟合指数 CFI 为 $0.91>0.9$，增值适配指数 IFI 为 $0.91>0.9$。

表 8-9　主要适配度（拟合）检验指标值

Goodness-of-fit	2/df	RMSEA	IFI	CFI
指标值	1.96	0.05	0.93	0.94
理想值	<2	<0.08	>0.9	>0.9

从以上结果可知，各项主要适配度检验指标均达到了可接受的范围，说明区域产品质量影响因素的结构方程模型较好地反映了各因素对其作用的影响关系，测量模型具有良好的适配度。

三、区域产品质量影响因素权重计算

应用 SEM 分析区域产品质量影响因素，运用 AMOS7.0 对模型数据进行分析处理，得到内在潜变量（区域产品质量）与外在潜变量（区域经济发展需求、企业产品质量管理、政府产品质量监管和社会舆论监督因素）之间关系，以及潜变量与观测变量之间的路径系数。区域产品质量影响因素结构方程模型路径，如图 8-4 所示，从模型计算结果可知，区域经济发展需求、政府产品质量监管、企业产品质量管理、社会舆论监督与区域产品质量之间的路径系数均为正。

---

　　① Hair J.F., Black W.C., Babin B.J., et al., *Multivariate Data Analysis (7th Edition)*, New Jersey: Prentice Hall, 2009.

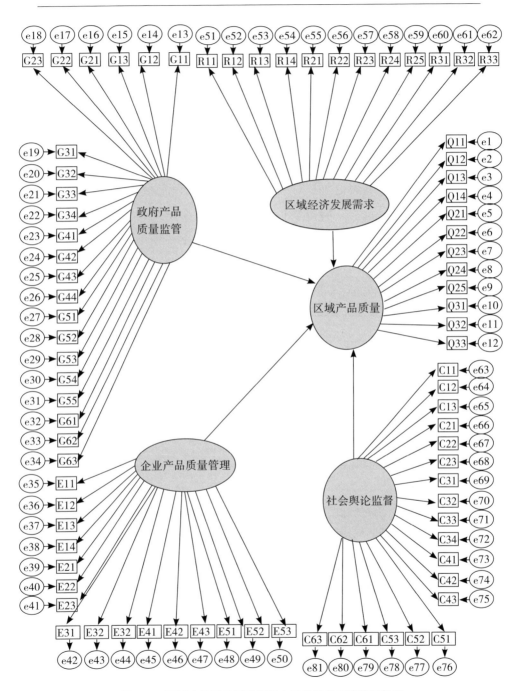

图 8-4　区域产品质量影响因素之间作用关系路径系数图

假设 8.1，检验区域经济发展需求对区域产品质量的影响作用，结果显示影响显著（ β =0.378，p < 0.05），假设 8.1 成立。

假设 8.2，政府产品质量监管对区域产品质量的影响作用，结果显示影响显著（ β =0.418，p < 0.05），假设 8.2 成立。

假设 8.3，企业产品质量管理对区域产品质量的影响作用，结果显示影响显著（ β =0.442，p < 0.05），假设 8.3 成立。

假设 8.4，社会舆论监督对区域产品质量的影响，结果显示影响显著（ β =0.152，p < 0.05），假设 8.4 成立。

相应检验结果如表 8-10 所示，所提假设均成立。

表 8-10　模型假设检验表

相互关系	路径系数 β	P	验证结果
区域产品质量◄--区域经济发展需求	0.293	0.006	支持
区域产品质量◄--政府产品质量监管	0.347	0.005	支持
区域产品质量◄--企业产品质量管理	0.488	0.003	支持
区域产品质量◄--社会舆论监督	0.154	0.027	支持

通过模型结果分析四个研究假设均被证实，即区域经济发展需求、政府产品质量监管、企业产品质量管理和社会舆论监督对区域产品质量均有直接的正向效果，区域经济发展需求、政府产品质量监管、企业产品质量管理及社会舆论监督对区域产品质量影响系数分别为 0.293、0.347、0.488、0.154。

第四节　区域产品质量的影响因素权重分析

一、企业产品质量管理因素分析

企业产品质量管理对区域产品质量的影响作用最大为 0.488，表明企业产品质量管理活动是提升区域产品质量的重要途径。企业重视产品质量管理工作，加强产品质量基础能力建设，加大质量技术创新、企业抽查检验投入，保障良好的经济与社会效益等措施对区域产品质量产生重要影响。

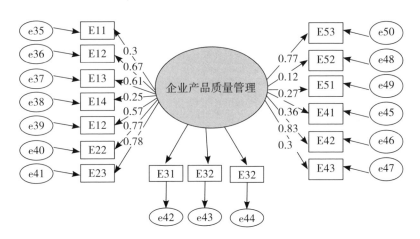

图 8-5　企业产品质量管理测量因素权重图

分析外生潜变量——企业产品质量管理各影响因素计算结果见图 8-5。由企业产品质量管理测量因素权重，可以得到各个测量指标的权重及排序，企业产品质量管理时对产品抽检费用权重最大为 0.83，其次是高层领导的重视作用为 0.78，第三是顾客满意度与团队改进参与为 0.77。综上可知，在企业实施产品质量管理时，以上四个因素影响较大。

表 8-11　企业产品质量管理测量指标权重排序

指标	三级指标	指标权重
企业产品质量管理影响因素指标	企业抽检费用 E42	0.83
	高层领导的作用 E23	0.78
	团队改进参与 E22	0.77
	顾客满意度 E53	0.77
	管理系统方法 E32	0.71
	质量管理体系 E12	0.67
	质量标准落实 E13	0.61
	质量技术培训 E31	0.58
	质量责任制 E21	0.57
	检验批次 E41	0.36
	企业检验部门人员数量 E43	0.3
	产品质量战略 E11	0.3
	质量损失率 E51	0.27
	危害分析与关键点控制体系 E14	0.25
	质量工具使用 E33	0.25
	产品质量成本 E52	0.12

二、政府产品质量监管因素分析

政府产品质量监管对区域产品质量的影响作用为 0.347，排在第二位。分析内生潜变量——政府产品质量监管影响因素计算结果见图 8-6。根据计算结果，得到各个测量指标的权重及排序。

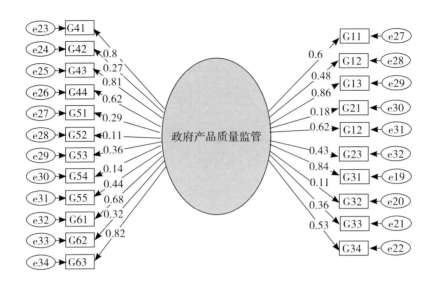

图 8-6 政府产品质量监管测量因素权重

从图 8-6 中可得，对于政府产品质量监管而言，影响监管最重要的因素是法律法规数量，权重达到 0.86，直接关系到监管工作执行过程中的依据；第二是监管人员数量，权重为 0.84，是产品质量监管过程中的人员保障；第三是监管信息共享，在区域监管中，可见共享监管信息对提升政府产品质量监管具有重要作用；第四是对违规企业的惩罚，权重是 0.81，从而也验证了加大违规企业处罚力度，可降低企业投机取巧生产假冒伪劣商品的可能性；第五是监管企业数量，提高监管针对性对于提升政府产品质量监管能力具有推动作用。因此，通过区域划分对相同类型企业进行监管，尽管数量没有变化，但相对而言更有利于监管工作的展开。

表 8-12　政府产品质量监管测量指标权重排序

指标	三级指标	指标权重
政府产品质量监管因素测量指标	法律法规数量 G13	0.86
	监管人员数量 G31	0.84
	监管信息共享 G63	0.82
	违规企业行政处罚 G43	0.81
	监管企业数量 G41	0.80
	质量法制宣传 G61	0.68
	检验检测技术能力建设 G22	0.62
	监督企业频次 G44	0.62
	质量发展规划制定与实施 G11	0.6
	业务能力培训次数 G34	0.53
	行业准入及产业政策 G12	0.48
	许可证收费 G55	0.44
	质量标准体系建设 G23	0.43
	人员受教育年限 G33	0.36
	产品认证收费 G53	0.36
	质量投诉信息平台 G62	0.32
	产品检验收费 G51	0.29
	打击假冒伪劣及专项整治 G42	0.27
	认证认可基础建设 G21	0.18
	体系认证收费 G54	0.14
	人员工作年限 G32	0.11
	计量检定收费 G52	0.11

三、区域经济发展需求因素分析

区域经济发展需求对区域产品质量的路径系数为 0.293，排在第三位。即区域经济发展每提高 1 个单位，区域产品质量潜变量将提升 0.29个单位。这说明近些年来，我国区域经济发展对于促进区域产品质量水平的提升起到重要作用，为区域产品质量监管中检测设备、检测技术更新提供费用支持，区域经济发展为区域产品质量提升打下坚实的基础。

分析外生潜变量——区域经济发展需求影响因素中各影响因素计算结果，如图 8-7 所示。

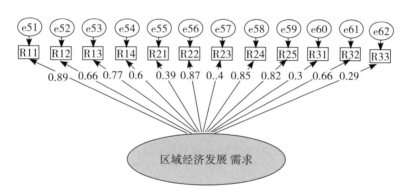

图 8-7　区域经济发展需求测量因素权重

根据图 8-7 计算结果，得到各个测量指标的权重及排序，在区域经济状况中，地区生产总值排在第一位，权重是 0.89，这也是 GDP 衡量区域经济发展水平的关键指标；第二是居民消费水平，权重为 0.87；第三为农民人均纯收入水平。在区域居民生活中，一定程度上反映了消费者在选择产品时的考虑因素，尤其是价格因素。社会消费品零售总额和公共财政支出分别排在第四和第五。

表 8-13　区域经济发展需求测量指标权重排序

指标	三级指标	指标权重
区域经济发展需求测量指标 R	地区生产总值 R11	0.89
	居民消费水平 R22	0.87
	农民人均纯收入 R24	0.85
	社会消费品零售总额 R25	0.82
	公共财政支出 R13	0.77
	公共财政收入 R12	0.66
	规模以上工业企业数量 R32	0.66
	固定资产投资 R14	0.6
	城镇居民人均可支配收入 R23	0.4
	人口数量 R21	0.39
	主要年份工业总产值 R31	0.3
	批发和零售业企业数量 R33	0.29

四、社会舆论监督因素分析

社会舆论监督对区域产品质量的影响较弱，其路径系数为 0.154。说明虽然消费者、第三方独立机构及媒体对区域产品质量的提升起到了一定的作用，但还远远没有达到预期的效果。究其原因，一方面是社会舆论监督表达渠道不够畅通，尤其是消费者鉴别产品质量知识欠缺，维权意识不高；另一方面是政府对社会舆论监督作用的重视程度还不够，导致其在区域产品质量中未能充分发挥作用。

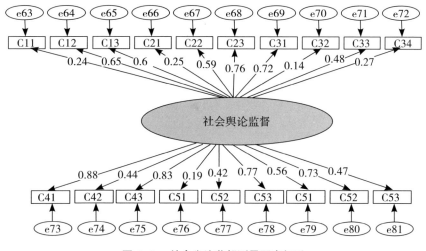

图 8-8　社会舆论监督测量因素权重

根据图 8-8 计算结果，得到各个测量指标的权重及排序，在社会监督因素中，消费者再次购买数量权重最大，为 0.88；其次是消费者对产品的期望，权重为 0.83；媒体报道产品质量数量是第三位；消费者产品投诉数量权重为 0.76，排在第四位。

表 8-14　社会舆论监督测量指标权重排序

指标	三级指标	指标权重
	消费者再次购买数量 C41	0.88
	消费者期望 C43	0.83
	媒体报道产品质量数量 C53	0.77
	产品质量投诉数量 C23	0.76
社会舆论监督 因素指标 C	中国质量协会作用 C62	0.73
	政府部门工作形象 C31	0.72
	消费者收入 C12	0.65
	消费者受教育程度 C13	0.6
	产品质量举报数量 C22	0.59
	第三方检测机构数量 C61	0.56

指标	三级指标	指标权重
社会舆论监督因素指标 C	消费者监管参与度 C33	0.48
	消费者协会作用 C63	0.47
	消费者抱怨数量 C42	0.44
	媒体产品质量版面数量 C52	0.42
	消费者质量信息评价 C34	0.27
	产品质量咨询数量 C21	0.25
	消费者的性别 C11	0.24
	产品质量宣传形式数量 C51	0.19
	政府质量推进政策 C32	0.14

通过已有理论分析，基于区域产品质量影响因素识别结果，提出了区域经济发展需求、政府产品质量监管、企业产品质量管理及社会舆论监管之间相互作用关系假设。基于 SEM 构建区域产品质量影响因素模型，明确区域产品质量影响因素之间的作用关系，影响最大的因素为企业产品质量管理，权重为 0.347，其次为政府产品质量监管，之后依次为区域经济发展需求和社会舆论监督因素。在此基础上，计算出四个影响因素的测量指标权重，权重信息为提高各因素水平提供决策依据，如社会舆论监督因素指标中，消费者再次购买数量权重为 0.89，因此应提高社会舆论作用中的关键因素。所构建的指标体系不仅考虑了区域产品质量主体关系，还分析了外部区域经济因素对区域产品质量监管的影响；不仅弥补了以往研究中缺少影响因素作用关系实证研究的不足，也充分说明区域产品质量是内因和外因共同作用的结果。

第九章　政府—企业间产品质量监管博弈分析

我国产品质量的状况与发达国家相比，基础仍然很薄弱，与国际先进水平仍有较大的差距，质量问题已成为制约经济发展和构建和谐社会的关键所在，提高我国产品质量整体水平已成为不可阻挡的趋势。国务院《质量发展纲要（2011—2020 年）》中指出："质量问题是经济社会发展的战略问题，关系可持续发展，关系人民群众切身利益，关系国家形象。"长期以来我国经济发展片面追求速度和数量，忽视发展质量和效益，导致质量水平的提高滞后于经济发展，质量问题造成的经济损失、环境污染和资源浪费等现象触目惊心，质量安全特别是食品安全事故屡屡发生。一些生产经营者质量诚信缺失，肆意制售假冒伪劣产品，破坏市场秩序和社会公正，危害人民群众生命健康安全，损害国家信誉和形象。

质量事故不断发生，暴露出产品质量偏低、质量竞争意识不高、质量安全隐患难以消除的问题，尤其是食品、药品等一系列事件。这些问题足以说明：一方面，我国产品质量确实存在严重问题，有些安全隐患还未能被及时发现，曝光的只是一部分；另一方面，一些多数产品质量事件不是被政府查出，而是由媒体或社会曝光，走入了"媒体曝光—监管查处"的怪圈，表明我国产品质量监管还有很长的路要走。重大产品质量事故的频繁发生，既威胁人们的身体健康，又造成资源的巨大损失，严重制约着社会的进步与发展，对我国的产品质量声誉造成了很大的负面影响。

针对频繁发生的产品质量问题，以政府产品质量监管为出发点，基于博弈理论方法，针对监管过程中存在的漏洞及不足，构建政府与生产企业的纯策略博弈模型、混合策略博弈模型，研究政府与生产企业间的博弈关系及策略选择问题，探究政府对企业实施监管过程中的影响因素，从而提出提高政府产品质量监管水平和企业生产合格产品的措施。

第一节　产品质量监管博弈机理分析

目前大部分产品存在抽查合格率较低、档次不高的普遍现象，严重的质量问题造成了恶劣的社会影响。有关产品质量事故频发的原因，如何提高政府监管的效率，国内外学者都给予高度关注。从产品供应链的角度，大卫·哈蒙德等（David Hammond et al., 2007）建立了完全信息下的古诺博弈模型，分析了政府在逆向供应链管理中的作用。[①] 塞博利亚等（Supriya Mitra et al., 2008）建立了生产商和再制造商的二阶段博弈模型，探究了政府在再制造活动中补贴的作用。[②] 周敏等（2008）在集群供应链中，运用博弈模型分析相同质量水平的制造商之间竞争与合作的关系。[③] 加里等（Gary H.Chao et al., 2009）在研究区域中制造商与供应商质量控制问题时，提出了改进激励措施和产品回购中的契约设计问题，以提高产品质量水平。[④] 徐利民等（2012）研究供应商与制造商食品质量投入的演化博弈模型，证明了质量投入策略与双方质量投入产出比密

---

①　David Hammond, Patrick Beullens, "Closed-loop Supply Chain Network Equilibrium under Legislation", *European Journal of Operational Research*, 2007 (2).

②　Supriya Mitra, Scott Webster, "Competition in Remanufacturing and the Effects of Government Subsidies", *International Journal of Production Economics*，2008 (2).

③　Zhou Min, Deng Feiqi, Wu Sai, "Coordination Game Model of Co-opetition Relationship on Cluster Supply Chains", *Journal of Systems Engineering and Electronics*, 2008(3).

④　Gary H.Chao, Seyed M.R.Iravani, R.Canan Savaskan, "Quality Improvement Incentives and Product Recall Cost Sharing Contracts", *Management Science*, 2009(7).

切相关，通过给予补贴，可激励供应商或制造商加大质量投入，增强食品的安全性。[①] 从生产企业与政府的角度，格拉西亚等（Gracia.M. et al., 2007）提出由于监管成本高昂和监管资源有限等原因，政府和企业协调配合共同行动的联合监管系统，才能弥补政府的公共监管体系与企业的私人监管体系的缺陷。[②] 李峰等（2010）从博弈论的视角，针对"三鹿奶粉事件"分析了企业与地方政府之间围绕产品质量规制的行为博弈。[③] 任燕等（2011）通过博弈模型，研究了政府和企业进行食品安全监管及控制的行为决策过程，提出政府应主动转变其食品安全监管职能，促使企业从反应型食品安全监管向自主型食品安全监管转变。[④] 李宗泰（2011）运用博弈理论分析农产品质量安全监管的问题，研究表明收入、成本和罚款预期是决定生产经营者和监管者策略选择的重要因素。[⑤]

此外，安德烈等（Francisco J. Andre et al., 2009）构建了纵向产品差异化的双寡头模型，分析了生产企业之间的博弈关系，提出在平衡状态下，生产企业都会自发地生产良好的产品。[⑥] 从产品质量监管的法经济学视角，谢地等（2010）分析了产品质量监管中相关行为人的行为模式，提出设计产品质量监管制度关键在于对参与人是否实施了有效的约束和

① 许民利、王俏、欧阳林寒：《食品供应链中质量投入的演化博弈分析》，《中国管理科学》2012 年第 5 期。

② Gracia M., Fearne A., Caswell J. A. , "Co-regulation as A Possible Model for Food Safety Governance; Opportunities for Public-Private Partnerships", *Food Policy*, 2007(3).

③ 李峰、万庄、米强等：《产品质量规制中企业与政府的行为博弈——以"三鹿奶粉"事件为例的实证研究》，《南昌大学学报（人文社会科学版）》2010 年第 1 期。

④ 任燕、安玉发、多喜亮：《政府在食品安全监管中的职能转变与策略选择——基于北京市场的案例调研》，《公共管理学报》2011 年第 1 期。

⑤ 李宗泰、何忠伟：《基于博弈论的农产品质量安全监管分析》，《北京农学院学报》2011 年第 1 期。

⑥ Francisco J. Andre, Paula Gonzalez, Nicolas Porteiro, "Strategic Quality Competition and the Porter Hypothesis", *Journal of Environmental Economics and Management*, 2009(2).

激励。① 戴维·德兰诺夫（David Dranove，2010）从卖家不主动披露、政府如何强制揭发、披露的信息是否有偏见这三个方面，探究了质量监管过程中存在的问题。② 从产品质量监管的环境考虑，周玲等（2011）引入全面风险管理理念，在进行风险评估的基础上，合理分配监管资源是提升我国产品质量安全管理的有效路径。③ 毕军贤等（2011）分析了抽样检验产品的质量检验博弈，提出以质量裁决权配属权重为变量，质量博弈的道德风险模型将出现不同的均衡结果。④

实际上，无论是产品标准制定过程还是产品生产加工过程及产品质量监管过程，博弈标准制定方与执行方、产品质量监管方与被监管方均存在双方甚至多方博弈的情形。即围绕产品质量监管问题，监管方总是希望将标准制定得更高，生产过程控制得更严，流向市场的不合格品更少；而生产方则希望标准越宽松越好，生产过程控制的成本越少越好，流向市场中存在质量问题的产品被检查到的概率越小越好。从中看出博弈现象始终贯穿于产品质量形成的整个过程，之前诸多研究者围绕产品质量规制、质量监管体系、信息披露等方面进行了大量的定性分析，缺乏对政府与企业两方安全监管的决策动机和利益分配进行深入研究。

基于以上实践和理论基础，从定量的角度运用博弈方法探讨政府（监管方）与生产企业（被监管方）间如何进行博弈，就产品质量问题分析二者间各自策略的选择。通过建立政府与企业之间的纯策略纳什模型、混合策略纳什模型，研究政府监管力度、监管成本对企业策略选择的影

---

① 谢地、孙志国：《监管博弈与监管制度有效性——产品质量监管的法经济学视角》，《学习与探索》2010 年第 2 期。

② David Dranove, Ginger Zhe Jin, "Quality Disclosure and Certification Theory Practice", National Bureau of Economic Research, 2010(4).

③ 周玲、沈华、宿洁：《风险监管：提升我产品质量安全管理的有效路径》，《北京师范大学学报（社会科学版）》2011 年第 6 期。

④ 毕军贤、赵定涛：《抽样检验产品的质量检验博弈与诚信机制设计》，《管理科学学报》2011 年第 5 期。

响，并从政府与企业两个层面分别给出提高产品质量的具体建议与措施。

第二节　政府与生产企业的纯策略纳什均衡模型

一、产品质量监管的模型假设

博弈论是一种研究决策主体的行为发生直接相互作用时的决策以及这种决策的均衡问题的方法，即博弈论研究的问题是当一个主体的选择受到其他主体选择的影响，且反过来又会影响到其他主体的决策问题与均衡问题。[①]在质量监管过程中采用博弈理论进行问题分析，核心就是参与者在发生相互作用的情况下，采取怎样的策略，能够实现各自利益最大化。为了便于对政府与生产企业进行研究，现给出如下假设：

假设9.1：两个博弈局中人——政府与生产企业，参与者对信息、对方的策略及收益函数都完全了解，博弈双方是完全理性的，属于完全信息博弈方。所以，政府与生产企业都希望以最小成本实现自身效益最大化。

假设9.2：政府制定规则，维持市场秩序，对生产企业实行监督管理。政府的策略空间为$\alpha=(\alpha_1,\alpha_2)=$（对生产企业监管，对生产企业不监管）。如果对生产企业进行监管，行政成本耗费费用为$-C_{g_1}$；若生产企业产品不合格，政府对违规生产企业进行经济惩罚，政府的行政支出为$F_g-C_{g_1}$。

假设9.3：企业作为市场经济的主体是政策的执行者，企业的策略空间为$\beta=(\beta_1,\beta_2)$（生产合格产品，生产不合格产品）。企业生产质量合格产品出售时获利为M_{e_1}，生产不合格产品出售时获利为M_{e_2}。当企业违规生产时，生产成本降低，获得经济利益增多，可知$M_{e_1}<M_{e_2}$。当政府发现企业生产质量不合格产品后，企业受到的经济惩罚为F_g，此时生产企

---

① 张维迎：《博弈论与信息经济学》，上海人民出版社2004年版。

业的收益为 $M_{e_2} - F_g$。

假设 9.4：企业生产不合格产品时，若政府采取不监管措施，因未及时发现产品质量问题，导致不合格产品在市场上流通，作为管理者自身受到的经济损失为 $-Z_g$。两者之间的博弈矩阵，如图 9-1 所示。

		政　府	
		监管 α_1	不监管 α_2
	生产合格产品 β_1	$(M_{e_1}, -C_{g1})$	$(M_{e_1}, 0)$
生产企业			
	生产不合格产品 β_2	$(M_{e_2} - F_g, F_g - C_{g_1})$	$(M_{e_2}, -Z_g)$

图 9-1　政府与生产企业纯策略博弈矩阵

当政府监管、企业生产合格产品时，政府与企业的支付为（$M_{e_1}, -C_{g_1}$）；当政府监管、企业生产不合格产品时，政府与企业的支付分别为（$M_{e_2} - F_g$, $F_g - C_{g_1}$）；当政府不监管、企业生产合格产品时，政府与企业的支付为（$M_{e_1}, 0$）；当政府不监管、企业生产不合格产品时，政府与企业的支付为（$M_{e_2}, -Z_g$）。

二、产品质量监管的模型分析

根据构建政府与生产企业的模型，可得到纯策略博弈模型的纳什均衡：

当政府加强监管时 α_1，若 $(M_{e_2} - F_g) < M_{e_1}$，表明生产企业违规生产获得利润小于生产合格产品时的利润，此时，企业为获得更大的收益，会选择生产合格产品 β_1；若 $(M_{e_2} - F_g) > M_{e_1}$，即企业生产不合格产品 β_2，政府监管并对其作出一定的经济处罚后获得的利润仍比生产合格产品时要高，那么企业会选择生产不合格产品。可知，政府处罚力度的大小对企业的策略选择具有重要影响。

当政府不进行监管 α_2 时，因为 $M_{e1} < M_{e2}$，企业生产不合格产品获利比生产合格产品要高，为了获得利润最大化，企业就违背法律法规，选择生产不合格的产品 β_1。假冒伪劣产品在市场上流通，会造成大量社会生产资源的浪费，政府作为监管部门也会受到一定程度的经济损失 Z_g。而此种情况对企业、政府和社会均不利，其社会效用最小。

当企业生产合格产品 β_1，政府监管要支付监管成本 $-C_{g1} < 0$，所以政府选择不监管 α_2，此种情况对企业、政府和社会均实现收益最大，其社会效用最小。

当企业生产不合格产品 β_2，若 $(F_g - C_{g1}) > Z_g$，即对违规生产企业惩罚的金额与政府的行政成本的差值仍高于不合格产品的流通导致自身受到的经济损失，政府会选择不进行监管 α_2；若 $(F_g - C_{g1}) < Z_g$，不合格产品的流通导致自身受到的经济损失要更大时，政府认识到不监管的严重后果，就会选择监管的策略 α_2。因此越容易引起严重质量后果的产品，越应加强管理。

第三节　政府与生产企业的混合策略纳什均衡模型

一、混合策略纳什模型构建及分析

在实际产品质量监管情况中，企业并不知道政府监管力度的大小。因此，假设政府对企业进行监管的概率为 p（$0 \leqslant p \leqslant 1$），政府对企业不监管的概率为 $1-p$。企业生产合格产品的概率为 n（$0 \leqslant n \leqslant 1$），企业生产不合格产品的概率为 $1-n$。政府与生产企业混合策略博弈矩阵，如图9-2所示。

		政　府	
		监管 α_1 p	不监管 α_2 $1-p$
生产企业	生产合格产品 β_1 n	$(M_{e1}, -C_{g1})$	$(M_{e1}, 0)$
	生产不合格产品 β_2 $1-n$	$(M_{e2}-F_g, F_g-C_{g1})$	$(M_{e2}, -Z_g)$

图 9-2　政府与生产企业混合策略博弈矩阵

通过构建的模型可得，政府的期望收益函数为：

$$\pi_{g_1} = np(-C_{g_1}) + p(1-n)(F_g - C_{g_1}) + (1-n)(1-p)(-Z_g) \tag{9.1}$$

生产企业的期望收益函数为：

$$\pi_{e_1} = npM_{e_1} + n(1-p)M_{e_1} + (1-n)p(M_{e_2}-F_g) + (1-p)(1-n)M_{e_2} \tag{9.2}$$

命题 9.1 政府以 $\dfrac{M_{e_2}-M_{e_1}}{F_g}$ 的概率对企业进行抽查，政府的混合策略

纳什均衡值为 p^*，$p^* = \dfrac{M_{e_2}-M_{e_1}}{F_g}$。

证明：生产企业的期望收益函数公式（9.2），它的最优解满足：

$$\frac{\partial \pi_{e_2}}{\partial n} = 0 \tag{9.3}$$

可以计算出：$\dfrac{\partial \pi_{e_1}}{\partial n} = pM_{e_1} + (1-p)M_{e_1} + (-p)(M_{e_2}-F_g) + (1-p)(-M_{e_2})$ （9.4）

联立式（9.3）与式（9.4），解得 $p^* = \dfrac{M_{e_2}-M_{e_1}}{F_g}$

计算结果表明政府对生产企业的监管的可能性为 $\dfrac{M_{e_2}-M_{e_1}}{F_g}$ ，其值与

企业违规生产收益与生产合格产品获利之差成正比，与政府监管成本成

反比。当政府以 $p > \dfrac{M_{e_2}-M_{e_1}}{F_g}$ 的概率对企业监管时，企业的最优策略为

生产合格产品；当政府以 $p < \dfrac{M_{e_2}-M_{e_1}}{F_g}$ 的概率对企业监管时，企业的最

优策略为生产不合格产品；当政府以 $p = \dfrac{M_{e_2} - M_{e_1}}{F_g}$ 的概率对企业监管时，企业此时可以随机选择自己的策略，因为无论何种行动其收益都是相同的。

推论 9.1 对违规生产的企业实施惩罚措施，起到一定的震慑作用，惩罚的力度越大，企业生产合格产品的概率越大，那么政府部门监管的概率越小，反之亦然。

证明：p^* 对求解偏导数 $\dfrac{\partial p^*}{\partial F_g} = -\dfrac{M_{e_2} - M_{e_1}}{(F_g)^2}$，因为 $M_{e_2} - M_{e_1} > 0$，可推得 $\dfrac{\partial p^*}{\partial F_g} < 0$，$p^*$ 是关于 F_g 的减函数，F_g 越大，p^* 越小，F_g 越小，p^* 越大。

推论 9.1 表明政府部门依据相关法律法规，对违规企业进行惩罚，会使企业加强自律，按照标准生产产品，自觉遵守行业规定，这样政府对其监管的概率就会减小。

推论 9.2 在实际的生产过程中，如果企业按照既定标准生产合格产品，获得利润越大，企业就会积极提高产品的质量，那么政府部门对企业监管的必要性就减小。

证明：p^* 对 M_{e_1} 求解偏导数，即 $\dfrac{\partial p^*}{\partial M_{e_1}} = -\dfrac{1}{F_g} < 0$，得到 p^* 是关于 M_{e_1} 的减函数。分析得 M_{e_1} 越大，p^* 越小，M_{e_1} 越小，p^* 越大。

推论 9.2 表明整个行业的参与者都合理的从分配格局中受益，使优质的企业综合竞争力不断提高，避免因恶性竞争导致低水平、市场不规范运作的现象，从而为企业竞争营造良好的市场秩序。

推论 9.3 生产企业销售不合格产品获得额外利润，违规生产不合格产品获得收益越大，政府必然会加大监管力度，依法查处违法违规行为，抽查假冒伪劣产品的概率就越大。

证明：p^* 对 M_{e_2} 求解偏导数，$\dfrac{\partial p^*}{\partial M_{e_2}} = \dfrac{1}{F_g} > 0$，得到 p^* 是关于 M_{e_2} 的增函数。分析得 M_{e_2} 越大，p^* 越大，M_{e_2} 越小，p^* 越小。

推论 9.3 也表明企业生产合格产品时获得的收益越大，违法的可能越小，这也是大多数不合格产品都是由一些中小企业生产的原因。

命题 9.2 对于生产企业而言，企业以 $1-\dfrac{C_{g_1}}{F_g+Z_g}$ 的概率决定生产合格的产品，生产企业的混合策略纳什均衡值为 n^*，即 $n^*=1-\dfrac{C_{g_1}}{F_g+Z_g}$。

证明：政府的期望收益函数公式（9.1），求偏导数并令其为零，即

$$\frac{\partial \pi_{g_1}}{\partial P}=0 , \ 可得： \frac{\partial \pi_{g_1}}{\partial P}=n(-C_{g_1})+(1-n)(F_g-C_{g_1})+(1-n)Z_g=0 \qquad (9.5)$$

由公式（9.5）求得 $n^*=\dfrac{F_g+Z_g-C_{g_1}}{F_g+Z_g}$，化简后 $n^*=1-\dfrac{C_{g_1}}{F_g+Z_g}$。

命题 9.2 表明企业选择是否生产合格产品的概率，与政府监管成本的支出、政府对违规企业惩罚的大小、政府受到的经济损失有关。若企业以 $n>1-\dfrac{C_{g_1}}{F_g+Z_g}$ 的概率生产合格产品时，政府的最优策略为不监管；当企业以 $n<1-\dfrac{C_{g_1}}{F_g+Z_g}$ 的概率生产合格产品时，政府的最优策略为监管；当企业以 $n=1-\dfrac{C_{g_1}}{F_g+Z_g}$ 的概率生产合格产品时，政府此时也可随机选择行动策略。

推论 9.4 政府支出的监管成本越大，越不利于政府对生产企业进行监督管理。因此，企业生产合格产品的概率越小，即违规生产的概率越大。所以政府应优化内部管理机制，形成统一的监管体系，提高监管的效率，实现责任明确、分工协作，降低监管的行政成本支出，从而提高企业生产合格产品的概率。

证明：n^* 对 C_{g_1} 求解偏导数，即 $\dfrac{\partial \mathrm{n}^*}{\partial C_{g_1}}=-\dfrac{1}{F_g+Z_g}<0$，得到 n^* 是 C_{g_1} 关于的减函数，C_{g_1} 越大，n^* 越小，$1-n^*$ 的概率越大。

推论 9.5 政府选择不监管时造成社会资源浪费，政府受到的经济损失越大，其监管的力度越大，那么企业生产合格产品的概率越大。所以，政府应做好本职工作，提升监管的密度，为提高产品合格率提供保障。

证明：$n*$ 对 Z_g 求解偏导数，$\dfrac{\partial n*}{\partial Z_g} = \dfrac{C_{g_1}}{(F_g + Z_g)^2}$，$C_{g_1} > 0$，$(F_g + Z_g)^2 > 0$，

得到 $\dfrac{\partial n*}{\partial Z_g} > 0$，$n*$ 是关于 Z_g 为增函数。Z_g 越大，$n*$ 越大；Z_g 越小，$n*$ 越小。

推论 9.6 政府对企业进行抽查时，对违反规定生产的企业惩罚力度越大，企业生产合格产品的概率也越大。对生产企业实施相应的奖惩制度，可提高企业生产合格产品的积极性，能够维护企业之间公平的竞争秩序。

证明：$n*$ 对 F_g 求解偏导数，$\dfrac{\partial n*}{\partial F_g} = \dfrac{C_{g_1}}{(F_g + Z_g)^2} > 0$，$n*$ 得到是关于 F_g 为增函数。F_g 越大，$n*$ 越大；F_g 越小，$n*$ 越小。

结合博弈模型可以得出，政府对企业实施监管力度的概率，与企业受到经济惩罚 F_g、企业出售合格产品的收益 M_{e_1} 成反比，与违规生产不合格产品获得利润 M_{e_2} 成正比。表明政府为提高企业的自律性，应完善对违规企业的惩罚制度，保障企业正常的生产收益，避免出现劣币驱逐良币的现象，同时对企业因违规生产获取的收益须依法查处。企业是否选择生产合格产品的策略，与政府监管支出的成本 C_{g_1}、政府监管不当受到的经济损失 Z_g、生产企业惩罚的力度 F_g 有关。企业生产合格产品的概率与监管成本 C_{g_1} 成反比，政府监管不到位时的经济损失 Z_g、企业惩罚的力度 F_g 成正比。

二、博弈模型策略分析

针对政府与生产企业关于产品质量监管的问题，构建了纯策略纳什

博弈模型与混合策略纳什博弈模型。从博弈分析的结果得出，政府为提高产品质量监管的有效性，可从以下几个方面着手：

第一，构建全面的产品质量监控体系，完善质量监督管理信息系统，建立统一高效的产品质量监管机构。充分发挥行业机构的作用，有效降低政府监管的监管支出成本。同时加强自身监管队伍建设，理顺职能，明确各个部门的责任，可根据行业特点、产品特性实施分类监管，提高监管的针对性与效率。

第二，完善质量方面法律法规，制定严格的奖惩制度。一旦发现不合格产品，对违规企业进行严厉惩罚，让企业承担产品质量欺诈行为产生的社会成本，对不法企业的惩罚必须大于其不法活动的收益，从而较好地遏制生产企业的不当行为，提高企业自律水平。

第三，政府监管部门应建立长效的问责机制。为了避免假冒伪劣产品在市场上流通，增强政府对产品监管的主动性，应建立明确的问责制度，没有问责，监管就形同虚设，只有职责明确，才能保证政府监管措施落实到位，监管能力得到不断提升。

为提高企业生产合格产品的积极性，从生产企业层面改进产品质量的具体措施包括：

第一，全面考虑层次性、经济性、策略性和技术性的要求，设计具有前瞻性的质量标准，为生产合格产品提供坚实的保障。只有制定严格的产品标准体系，才能掌握生产过程中的主动性，从而出售合格产品获得更高的收益。

第二，实施问题产品召回制度，鼓励生产企业主动发现问题，尽量减少不合格产品造成的影响与损失，从而降低产品的生产成本，主动由事中监督与事后监督向事前监督转变，使合格产品与不合格产品收益的差值逐渐变小，保证企业质量管理策略的有效实施。

第三，企业应发挥自身的主体作用，加强行业自律，大力推进企业质量诚信体系建设。目前国内知名的企业对安全信息的主动披露积极性尚且不足，所以，企业领导应从战略高度上意识到产品质量关系到企业的生存与发展，激励每位员工在实践中改善产品质量，从而更新企业的质量理念，不断提高产品质量水平。

第十章　政府、第三方和企业间产品质量监管博弈分析

第一节　第三方与企业之间寻租纯策略博弈

在实际的产品质量监管过程中，政府、第三方及企业都会考虑如何充分利用现有资源给自己带来最大收益，由于不同参与主体各自追求目标不同，较难实现监管方与执行方之间需求统一。为了分析政府（Government）、第三方（The Third-Party Testing Institution）与企业（Enterprise）之间（简称 GTE）的关系，提出了三者之间关系概念模型，如图 10-1 所示，政府、第三方及企业在产品质量监管中有着密切联系，企业生产产品、政府和第三方对其行为进行监管。基于政府、第三方与生产企业之间的相互作用关系，明确三者在产品质量监管过程中的职责，为构建三者参与的博弈模型奠定基础。

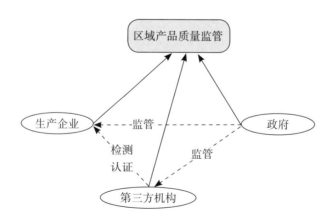

图 10-1　政府、企业和第三方的关系概念模型

政府作为产品质量监管中的主导力量，在监管中处于核心地位，担任着监管法律制定、监管标准审核及监管对策实施等多重任务。从另外一个角度，也可以说产品是生产出来的，也是监管出来的。政府为保障产品质量制定监管法律，制定科学的质量发展战略，从而为我国经济发展由速度向质量转变提供坚实的保障。

第三方是指具备特定的检测能力和条件，获得中国国家认证认可监督管理委员颁发（China National Accreditation Service for Conformity Assessment，CNAS）的认可，通过国家质检总局颁发的中国计量认证（China Metrology Accreditation，CMA）认证的产品检测机构。被委托的第三方在职责范围内可对生产产品的企业加以监管，确保企业资格和行为的合法性、合规性。将第三方引入到区域产品质量监管中已成为政府、业界和学术界的共识。第三方拥有公正、权威的非当事人身份，不仅可以缓解政府监管任务繁重及人员不足的压力，还能为产品质量安全提供保障，与政府形成互补和协调关系。尽管目前政府多个部门对第三方进行技术和行政上的授权，但在产品认证过程中，对第三方的行为却并未产生实质性监督作用。

企业是产品质量的主要责任人，承担着产品质量的主体责任。在产品定位、设计、选材和生产过程中都应符合高质量、高标准的要求。虽然企业已经认识到高质量产品收益大，但是由于高质量产品生产和推广需要大量的资金投入和技术支持，在市场经济中，往往追求自身经济利益而减少投入成本。为了追逐自身私利最大化，不可避免地会出现损人利己行为，甚至铤而走险作出伤天害理的违法乱纪行为。在市场经济中，企业为获得更大利润，取得产品的认证标识，就会与第三方发生权力寻租。这种违规行为不仅损害了消费者的正当利益，可观的寻租收益还会导致腐败，给社会造成不良影响。因此，现就企业与第三方之间的寻租博弈模型进行分析，探讨二者之间的策略选择问题。

第三方与企业之间寻租纯策略博弈的变量设置和产品质量策略选择

假设如下：

假设 10.1：企业行动集合 $\chi=(\chi_1, \chi_2)$ =（寻租，不寻租），第三方行动集合 $\varepsilon=(\varepsilon_1, \varepsilon_2)$ =（接受寻租，拒绝寻租）。

假设 10.2：企业与第三方发生权力寻租时，企业向第三方寻租成本为 V_s，在寻租过程中的收益为 V_e。此时产品质量未能得到保障。

假设 10.3：企业发生寻租活动概率为 P_1，不寻租概率为 $1-P_1$；第三方接受企业寻租概率为 P，第三方拒绝企业寻租概率为 $1-P$。

通过上节模型假设，可得第三方与企业之间寻租的纯战略支付矩阵，如表 10-1 所示。

表 10-1　第三方与企业间策略博弈模型

		第三方	
		接受寻租	拒绝寻租
企　业	寻租	$(V_e-V_s,\ V_s)$	（0，0）
	不寻租	（0，0）	（0，0）

由模型假设可得 $V_s > 0$，根据策略收益矩阵可知，存在两种情况：

当 $V_e-V_s > 0$ 时，即企业寻租获得的收益大于寻租成本时，此时存在两种纯策略纳什均衡（企业寻租，第三方接受寻租）和（企业不寻租，第三方拒绝寻租）。纳什均衡运行弱劣战略存在，通过重复剔除弱劣战略得到博弈解，拒绝寻租是第三方的弱劣战略，因为被剔除。因此，（企业寻租，第三方接受寻租）是唯一剩下没有被剔除的战略组合，因而是重复剔除的占优均衡。

当 $V_e-V_s < 0$ 时，即企业寻租获得的收益小于寻租成本时，此时存在两种纯策略纳什均衡（企业不寻租，第三方接受寻租）和（企业不寻租，第三方拒绝寻租），企业与第三方额外收益均为 0。此时，二者不会存在权力寻租现象。

通过上述分析可知，在政府不监管的情况下，只要企业寻租收益大于寻租成本，就会出现企业寻租且第三方接受寻租的现象，这更充分说明政府授权给第三方的同时，需要对第三方的认证行为进行监管。在实际监管中，第三方与企业都不是产品质量的最终受益者，很容易禁不住利益诱惑而违规操作，发生权力寻租行为。这不仅损害了消费者的正当利益，可观的寻租收益也会导致腐败。政府只有妥善解决第三方与企业的权力寻租问题，才能让第三方在产品质量监管中认真履行职责。下面将分析政府监管部门与第三方之间的演化博弈策略。

第二节　政府与第三方的演化博弈策略分析

一、模型描述及基本假设

目前学者针对区域产品质量监管问题，从不同角度分析了政府监管不力的原因，给出了解决政府监管失灵的相关措施，提出了应充分发挥第三方在区域产品质量监管过程中重要作用的观点。迪顿（Deaton B. J.，2004）、哈塔纳卡等（Hatanaka M. et al.，2005）研究表明独立的第三方检查提高了企业质量行为责任意识，促使企业更加积极地按照认证标准生产高质量产品。[①] 梅耶普德等（Maeyer P. D. et al.，2011）、阿克代尼兹等（Akdeniz B. et al.，2013）具体分析了第三方提供的质量信息对消费者决策的影响机制。[②] 王文婧等（2012）通过建立存在第三方和不存在第三方的两种博弈模型，对比研究得出第三方是控制服务质量信任风险的有

① Deaton B.J.，" A Theoretical Framework for Examining the Role of Third-party Certifiers"，*Food Control*,2004(8). Hatanaka M., Bain C., Busch L., " Third-party Certification in the Global Agrifood System"，*Food Policy*,2005(3).

② Maeyer P. D., Estelami H., " Consumer Perceptions of Third Party Product Quality Ratings"，*Journal of Business Research*,2011(10). Akdeniz B., Calantone R. J., Voorhees C . M., " Effectiveness of Marketing Cues on Consumer Perceptions of Quality: The Moderating Roles of Brand Reputation and Third-party Information"，*Psychology & Marketing*,2013(1).

效措施。[①]

综上所述，之前的文献及学者偏重于研究推动第三方发展的益处，包括可以缓解政府监管的繁重任务，分担监管人员不足的压力，但是涉及政府对第三方监管的问题，则少有学者探讨。尤其是鲜有文献运用定量的方法探究影响政府与第三方行为选择的关键因素，以及如何控制这些因素使二者向既定目标方向演化的分析。

在有限理性条件下，把产品质量监管当作一个渐进学习的动态过程，运用演化博弈方法解决政府监管第三方的问题，构建政府与第三方的演化博弈模型。研究结果更能代表现实中政府与第三方行为的策略均衡选择，更加符合区域产品质量监管情况。

假设 10.4：演化博弈模型中有两个参与群体：政府与第三方。政府的行为集合是（监管，不监管），第三方的行为集合是（履行检测职责，不履行检测职责）。政府监管的比例为 x（$0 \leq x \leq 1$），不监管的比例为 $1-x$；第三方履行检测职责的比例为 y（$0 \leq y \leq 1$），第三方不履行检测职责的比例为 $1-y$。

假设 10.5：第三方履行检测职责的成本为 C_{t1}，如购买先进的检测设备，聘用专业的检测人员，出具准确的检测报告等；不履行检测职责的成本为 C_{t2}，如未购买先进的检测设备，业余人员从事检测工作，出具虚假的检测报告等，可知 $C_{t1} > C_{t2}$。第三方受政府委托从事相应的产品质量检测工作，政府向第三方购买服务支付费用为 R_t。

假设 10.6：政府选择监管，支出的监管成本为 C_g，监管得到的收益为 S_g（政府已将产品质量纳入政府绩效考核当中，对政府监管能力的认可等），此时政府的效用为 $S_g - C_g$。如果政府不监管且第三方履行检测职责，政府不会付出任何成本。

---

① 王文婧、杜惠英、吕廷杰：《基于第三方认证的云服务信任模型》，《系统工程理论与实践》2012 年第 12 期。

假设 10.7：政府监管且查出第三方不履行检测职责时，第三方受到的损失为 f_t，第三方损失大于其履行检测职责的成本，即 $f_t > C_{t1}$，例如责令整改检测硬件设施，严重者禁止从事相关产品的检测等，第三方的效用为 $R_t - C_{t2} - f_t$。

假设 10.8：政府不监管（不按时对比第三方实验室数据、未定期检查第三方工作），那么不履行检测职责的第三方有 β（$0 \leqslant \beta \leqslant 1$）的可能性被上级部门发现，第三方不履行职责被上级部门查出受到损失也为 f_t，例如检测业务量减少、消费者对其检测结果的信任降低等。同时政府也会受到上级部门因监管不力对执法人员的行政问责，政府受到的惩罚为 f_g。基于以上假设，构建出政府—第三方演化博弈的收益矩阵如表 10-2 所示。

表 10-2 政府—第三方演化博弈收益矩阵

		政　府	
		监管 x	不监管 $1-x$
第三方检测机构	履行职责 y	$(R_t - C_{t1}, S_g - C_g)$	$(R_t - C_{t1}, 0)$
	不履行职责 $1-y$	$(R_t - C_{t2} - f_t, S_g - C_g)$	$(R_t - C_{t2} - \beta f_t, -\beta f_g)$

二、均衡点求解与分析

政府选择监管和不监管的期望收益 E_0^1、E_0^2 及政府的平均收益 $\overline{E_0}$ 分别为：

$$E_0^1 = y(S_g - C_g) + (1-y)(S_g - C_g) = S_g - C_g \quad (10.1)$$

$$E_0^2 = (1-y)(-\beta f_g) = (1-y)\beta(-f_g) \quad (10.2)$$

$$\overline{E_0} = x E_0^1 + (1-x) E_0^2 \quad (10.3)$$

根据马尔萨斯（Malthusian）动态方程[①]，政府监管策略数量的增长率等于 E_0^1 减去平均收益 $\overline{E_0}$，t 为时间，整理可得政府的复制动态方程：

$$F(x) = \frac{\mathrm{d}x}{\mathrm{d}t} = x(E_0^1 - \overline{E_0}) = x(1-x)\left(S_g - C_g + \beta f_g - y\beta f_g\right) \quad (10.4)$$

同理，第三方选择履行检测职责和不履行检测职责的期望收益 E_1^1、E_1^2 以及第三方的平均收益 $\overline{E_1}$ 分别为：

$$E_1^1 = x\left(R_t - C_{t1}\right) + \left(1-x\right)\left(R_t - C_{t1}\right) = R_t - C_{t1} \quad (10.5)$$

$$E_1^2 = x\left(R_t - C_{t2} - f_t\right) + \left(1-x\right)\left(R_t - C_{t2} - \beta f_t\right) \quad (10.6)$$

$$\overline{E_1} = yE_1^1 + \left(1-y\right)E_1^2 \quad (10.7)$$

第三方履行职责数量的增长率等于 E_1^1 减去平均收益 $\overline{E_1}$，t 为时间，第三方的复制动态方程：

$$G(y) = \frac{\mathrm{d}y}{\mathrm{d}t} = y(E_1^1 - \overline{E_1}) = y\left(1-y\right)\left[x\left(1-\beta\right)f_t - \left(C_{t1} - C_{t2} - \beta f_t\right)\right] \quad (10.8)$$

根据以上两式可得到一个二维动力系统（L），即：

$$\begin{cases} \dfrac{\mathrm{d}x}{\mathrm{d}t} = x\left(1-x\right)\left(S_g - C_g + \beta f_g - y\beta f_g\right) \\ \dfrac{\mathrm{d}y}{\mathrm{d}t} = y\left(1-y\right)\left[x\left(1-\beta\right)f_t - \left(C_{t1} - C_{t2} - \beta f_t\right)\right] \end{cases}$$

为了便于分析系统的均衡点及稳定性，令 $A = \dfrac{C_{t1} - C_{t2} - \beta f_t}{(1-\beta)f_t}$，$B = \dfrac{S_g - C_g + \beta f_g}{\beta f_g}$。

命题 10.1：该系统的均衡点为（0，0）、（0，1）、（1，0）、（1，1）、（A，B）。

证明：对于二维动力系统（L），令 $\dfrac{\mathrm{d}x}{\mathrm{d}t} = 0$ 和 $\dfrac{\mathrm{d}y}{\mathrm{d}t} = 0$，显然可知（0，0）、（0，1）、（1，0）、（1，1）是系统的平衡点。将（A，B）带入系统（L），

也可使 $\dfrac{\mathrm{d}x}{\mathrm{d}t}=0$，$\dfrac{\mathrm{d}y}{\mathrm{d}t}=0$。综上可得到系统（$L$）的 5 个局部均衡点。

复制动态方程求出的均衡点不一定是系统的演化稳定策略（ESS），根据弗里德麦（Friedman）提出的方法，演化均衡点的稳定性可以从系统的雅可比（Jacobian）矩阵（记为 J）局部稳定分析导出。[①]

$$J=\begin{bmatrix}\dfrac{\partial F(x)}{\partial x} & \dfrac{\partial F(x)}{\partial y}\\[2mm]\dfrac{\partial G(y)}{\partial x} & \dfrac{\partial G(y)}{\partial y}\end{bmatrix}=\begin{bmatrix}a_{11} & a_{12}\\ a_{21} & a_{22}\end{bmatrix}$$ 式中 a_{11}、a_{12}、a_{21}、a_{22} 分别为：

$$a_{11}=(1-2x)\left(S_g-C_g+\beta f_g-y\beta f_g\right),\ a_{12}=-x(1-x)\beta f_g$$
$$a_{21}=y(1-y)(1-\beta)f_t,\ a_{22}=(1-2y)\left[x(1-\beta)f_t-(C_{t1}-C_{t2}-\beta f_t)\right]$$

如果同时满足以下两个条件：① $trJ=a_{11}+a_{22}<0$（迹条件）；

② $\det J=\begin{vmatrix}a_{11} & a_{12}\\ a_{21} & a_{22}\end{vmatrix}=a_{11}a_{22}-a_{12}a_{21}>0$（雅可比行列式条件），则复制动态方程的均衡点就是演化稳定策略。[②]因此，可得（0，0）、（0，1）、（1，0）、（1，1）、（A，B）这 5 个局部均衡点处，a_{11}、a_{12}、a_{21}、a_{22} 具体取值（如表 10–3 所示）。

表 10–3　局部均衡点处 a_{11}、a_{12}、a_{21}、a_{22} 具体取值

均衡点	a_{11}	a_{12}	a_{21}	a_{22}
（0，0）	$S_g-C_g+\beta f_g$	0	0	$-(C_{t1}-C_{t2}-\beta f_t)$
（0，1）	S_g-C_g	0	0	$(C_{t1}-C_{t2}-\beta f_t)$
（1，0）	$-(S_g-C_g+\beta f_g)$	0	0	$f_t-(C_{t1}-C_{t2})$
（1，1）	$-(S_g-C_g)$	0	0	$-\left[f_t-(C_{t1}-C_{t2})\right]$
A，B	0	M	N	0

---

① 王玉燕、李帮义、申亮：《两个生产商的逆向供应链演化博弈分析》，《系统工程理论与实践》2008 年第 4 期。

② 许民利、王俏、欧阳林寒：《食品供应链中质量投入的演化博弈分析》，《中国管理科学》2012 年第 20 期。

其中 M 和 N 的具体表达式分别为：

$$M = \frac{C_{t1} - C_{t2} - \beta f_t}{(1-\beta)f_t} \left(\frac{C_{t1} - C_{t2} - \beta f_t}{(1-\beta)f_t} - 1 \right) \beta f_g$$

$$N = \frac{S_g - C_g + \beta f_g}{\beta f_g} \left(1 - \frac{S_g - C_g + \beta f_g}{\beta f_g} \right) (1-\beta) f_t$$

显然，在局部均衡点（A，B）处有 $a_{11} + a_{22} = 0$ 不符合迹条件，因此该（A，B）均衡点肯定不是演化稳定策略，因为只有同时满足条件①和②两个条件才是系统的稳定策略。所以，只需要考虑其余四个均衡点的情况即可。根据之前提到的判断方法，可求出雅可比矩阵 J 在各个平衡点的行列式和迹的值，并判断局部稳定性。

情况 1：当 $S_g < C_g - \beta f_g$ 且 $C_{t1} - C_{t2} < f_t < \dfrac{C_{t1} - C_{t2}}{\beta}$ 时，系统（L）的演化稳定策略为（0，0）。

表 10-4　情况 1 均衡点的稳定性分析

均衡点	trJ	$\det J$	稳定性
（0，0）	−	+	ESS
（0，1）	不确定	−	鞍点
（1，0）	+	+	不稳定点
（1，1）	不确定	−	鞍点

情况 2 ：当 $C_g - \beta f_g < S_g < C_g$ 且 $C_{t1} - C_{t2} < f_t < \dfrac{C_{t1} - C_{t2}}{\beta}$ 时，系统（L）不存在演化稳定策略。

表 10-5 情况 2 均衡点的稳定性分析

均衡点	trJ	$\det J$	稳定性
（0，0）	不确定	−	鞍点
（0，1）	不确定	−	鞍点
（1，0）	不确定	−	鞍点
（1，1）	不确定	−	鞍点

情况 3 ：当 $S_g > C_g$ 且 $C_{t1} - C_{t2} < f_t < \dfrac{C_{t1} - C_{t2}}{\beta}$ 时，系统（L）的演化稳定策略为（1，1）。

表 10-6 情况 3 均衡点的稳定性分析

均衡点	trJ	$\det J$	稳定性
（0，0）	不确定	−	鞍点
（0，1）	+	+	不稳定点
（1，0）	不确定	−	鞍点
（1，1）	−	+	ESS

情况 4 ：当 $S_g < C_g - \beta f_g$ 且 $f_t > \dfrac{C_{t1} - C_{t2}}{\beta}$ 时，系统（ L ）的演化稳定策略为（ 0 , 1 ）。

表 10-7　情况 4 均衡点的稳定性分析

均衡点	trJ	$\det J$	稳定性
（0，0）	不确定	−	鞍点
（0，1）	−	+	ESS
（1，0）	+	+	不稳定点
（1，1）	不确定	−	鞍点

情况 5 ：当 $C_g - \beta f_g < S_g < C_g$ 且 $f_t > \dfrac{C_{t1} - C_{t2}}{\beta}$ 时，系统（ L ）的演化稳定策略为（ 0 , 1 ）。

表 10-8　情况 5 均衡点的稳定性分析

均衡点	trJ	$\det J$	稳定性
（0，0）	+	+	不稳定点
（0，1）	−	+	ESS
（1，0）	不确定	−	鞍点
（1，1）	不确定	−	鞍点

情况 6：当 $S_g > C_g$ 且 $f_t > \dfrac{C_{t1} - C_{t2}}{\beta}$ 时，系统（L）的演化稳定策略为（1，1）。

表 10-9 情况 6 均衡点的稳定性分析

均衡点	trJ	$\det J$	稳定性
（0，0）	+	+	不稳定点
（0，1）	不确定	−	鞍点
（1，0）	不确定	−	鞍点
（1，1）	−	+	ESS

情况 7：当 $S_g < C_g - \beta f_g$ 且 $f_t < C_{t1} - C_{t2}$ 时，系统（L）的演化稳定策略为（0，0）。

表 10-10 情况 7 均衡点的稳定性分析

均衡点	trJ	$\det J$	稳定性
（0，0）	−	+	ESS
（0，1）	不确定	−	鞍点
（1，0）	不确定	−	鞍点
（1，1）	+	+	不稳定点

情况 8：当 $C_g - \beta f_g < S_g < C_g$ 且 $f_t < C_{t1} - C_{t2}$ 时，系统（L）的演化稳定策略为（1，0）。

表 10-11　情况 8 均衡点的稳定性分析

均衡点	trJ	$\det J$	稳定性
（0，0）	不确定	＋	鞍点
（0，1）	不确定	－	鞍点
（1，0）	－	＋	ESS
（1，1）	＋	＋	不稳定点

情况 9：当 $S_g > C_g$ 且 $f_t < C_{t1} - C_{t2}$ 时，系统（L）的演化稳定策略为（1，0）。

表 10-12　情况 9 均衡点的稳定性分析

均衡点	trJ	$\det J$	稳定性
（0，0）	＋	＋	不稳定点
（0，1）	＋	－	不稳定点
（1，0）	－	＋	ESS
（1，1）	不确定	－	鞍点

综上所述，当 $S_g < C_g - \beta f_g$ 且 $C_{t1} - C_{t2} < f_t < \dfrac{C_{t1} - C_{t2}}{\beta}$ 时或者当 $S_g < C_g - \beta f_g$ 且 $f_t < C_{t1} - C_{t2}$ 时，均衡点为（0，0）；当 $S_g < C_g - \beta f_g$ 且 $f_t > \dfrac{C_{t1} - C_{t2}}{\beta}$ 时或者当 $C_g - \beta f_g < S_g < C_g$ 且 $f_t > \dfrac{C_{t1} - C_{t2}}{\beta}$ 时，均衡

点为（0，1）；当 $S_g > C_g$ 且 $C_{t1} - C_{t2} < f_t < \dfrac{C_{t1} - C_{t2}}{\beta}$ 时或者当 $S_g > C_g$

且 $f_t > \dfrac{C_{t1} - C_{t2}}{\beta}$ 时，均衡点为（1，1）；当 $C_g - \beta f_g < S_g < C_g$ 且

$f_t < C_{t1} - C_{t2}$ 时或者当 $S_g > C_g$ 且 $f_t < C_{t1} - C_{t2}$ 时，均衡点为（1，0）；

不存在均衡点情况是当 $C_g - \beta f_g < S_g < C_g$ 且 $C_{t1} - C_{t2} < f_t < \dfrac{C_{t1} - C_{t2}}{\beta}$。

三、演化仿真研究

为了更直观地探究政府对第三方监管过程中的演化情况，下面将仿真研究分析不同参数变化下，政府与第三方在产品质量监管过程中稳定策略的结果。

情况 1：当 $S_g < C_g - \beta f_g$ 且 $C_{t1} - C_{t2} < f_t < \dfrac{C_{t1} - C_{t2}}{\beta}$ 时 或 者 当

$S_g < C_g - \beta f_g$ 且 $f_t < C_{t1} - C_{t2}$ 时，均衡点为（0，0）；

假设 $\beta = 0.5, C_g = 6, f_g = 8, C_{t1} = 5, C_{t2} = 1, f_t = 5, S_g = 1$ 满足第一种条件要求，$\beta = 0.5, C_g = 6, f_g = 8, C_{t1} = 5, C_{t2} = 1, f_t = 1, S_g = 3$ 满足第二种情况。根据编写的仿真程序，运用 Matlab 得到演化结果如图 10-2 所示，随着演化迭代的步数增加，政府进行监管与第三方履行职责所占的比例不断减小，最后二者互动行为演化的稳定点为（0，0）。

由图 10-2 可得，当政府选择监管得到的收益小于监管成本与失职处罚之差，第三方受到的惩罚大于履行检测职责与不履行检测职责的成本之差，小于成本之差与被上级政府发现概率比值时，即惩罚力度较轻时，政府选择趋向于监管失职，第三方选择不履行检测职责。此时，市场上产品质量保障水平最差，社会总体收益最小。

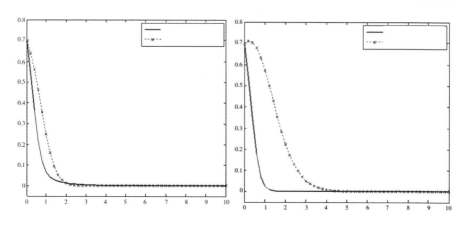

图 10-2　稳定点（0，0）演化仿真结果

情况 2：当 $C_g - \beta f < S_g < C_g$ 且 $C_{t1} - C_{t2} < f_t < \dfrac{C_{t1} - C_{t2}}{\beta}$ 时，系统（L）不存在演化稳定策略。

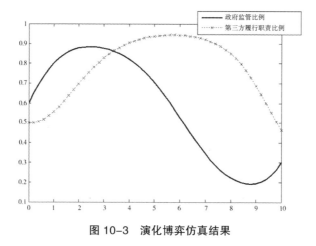

图 10-3　演化博弈仿真结果

令 $\beta = 0.5, C_g = 6, f_g = 8, C_{t1} = 5, C_{t2} = 1, f_t = 5, S_g = 5$ 满足条件要求，得到仿真结果如图 10-3 所示。根据演化迭代的步数，政府进行监管与第三方履行职责所占的比例不断变化，二者互动行为演化趋势大致相同，政府与第三方行为演化的不存在演化稳定策略。

当政府选择监管得到的收益大于监管成本与失职处罚之差，且小于监管成本时，第三方受到的惩罚大于履行检测职责与不履行检测职责的成本之差，小于成本之差与被上级政府发现概率比值时，政府和第三方都处于周期动荡状态，没有稳定的演化结果。这与政府在产品质量事故高发时期，采取运动式、间歇式的监管模式相关，这种状态只能暂时遏制产品安全事件，不能彻底解决产品质量安全问题。

情况 3：当 $S_g > C_g$ 且 $C_{t1} - C_{t2} < f_t < \dfrac{C_{t1} - C_{t2}}{\beta}$ 时或者当 $S_g > C_g$ 且 $f_t > \dfrac{C_{t1} - C_{t2}}{\beta}$ 时系统（L）的演化稳定策略为（1，1）。

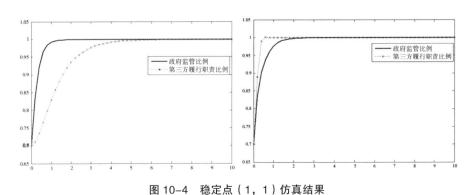

图 10-4　稳定点（1，1）仿真结果

令 $\beta = 0.5, C_g = 6, f_g = 8, C_{t1} = 5, C_{t2} = 1, f_t = 5, S_g = 8$ 或者 $\beta = 0.5,$ $C_g = 6, f_g = 8, C_{t1} = 5 \ C_{t2} = 1, f_t = 5, S_g = 8$ 满足上述两种情况。政府与第三方行为演化的稳定点均为（1，1）。二者的仿真结果如图 10-4 所示。根据演化迭代的步数，政府进行监管与第三方履行职责所占的比例不断增大。

政府选择监管得到的收益大于监管成本，第三方受到的惩罚大于履行检测职责与不履行检测职责的成本之差，小于节省成本之差与上级政府发现概率比值时，政府群体选择策略为进行监管，第三方的理性选择是履行检测职责。

当政府选择监管得到的激励大于监管成本，第三方受到的惩罚大于节省成本之差与上级政府发现概率比值时，政府选择进行监管，在政府严格执法下，此时第三方认真履行检测职责。这种情况下，政府与第三方的质量监管资源优势得到充分发挥，二者均对产品质量安全进行控制。

情况4：当 $S_g < C_g - \beta f$ 且 $f_t > \dfrac{C_{t1} - C_{t2}}{\beta}$ 时或者 $C_g - \beta f_g < S_g < C_g$ 且 $f_t > \dfrac{C_{t1} - C_{t2}}{\beta}$，系统（$L$）的演化稳定策略为（0，1）。

令 $\beta = 0.5, C_g = 6, f_g = 8, C_{t1} = 5, C_{t2} = 1, f_t = 10, S_g = 1$ 或者 $\beta = 0.5, C_g = 6, f_g = 8, C_{t1} = 5$ $C_{t2} = 1, f_t = 10, S_g = 5$ 满足两种情况，二者的仿真结果如图10-5所示。根据演化迭代的步数，政府进行监管的比例不断减小，第三方履行职责所占的比例不断增大。

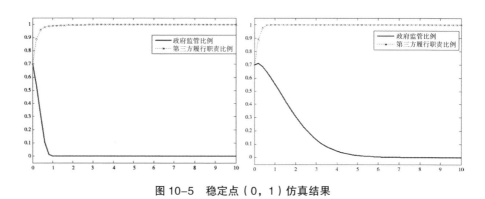

图10-5　稳定点（0，1）仿真结果

此种情况可知，当第三方受到的惩罚大于成本之差与被上级政府发现概率比值时，尽管政府选择不监管，但因对第三方惩罚力度足够大，会对其起到很强的震慑作用，那么第三方的理性选择是履行产品质量检测职责。

情况5：当 $C_g - \beta f_g < S_g < C_g$ 且 $f_t < C_{t1} - C_{t2}$ 或者当 $S_g > C_g$ 且 $f_t < C_{t1} - C_{t2}$，系统（L）的演化稳定策略为（1，0）。

令 $\beta = 0.5, C_g = 6, f_g = 8, C_{t1} = 5, C_{t2} = 1, f_t = 3, S_g = 5$ 或者 $\beta = 0.5,$ $C_g = 6, f_g = 8, C_{t1} = 5$ $C_{t2} = 1, f_g = 3, S_g = 8$ 满足两种情况，二者的仿真结果如图 10-6 所示。根据演化迭代的步数，政府进行监管的比例不断增大，第三方履行职责所占的比例不断减小。

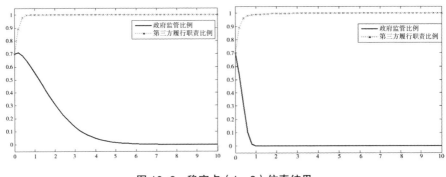

图 10-6 稳定点（1，0）仿真结果

当第三方受到的惩罚小于履行检测职责与不履行检测职责的成本之差时，虽然政府不断加强监管力度，但对第三方的惩罚力度过小，不会产生很强的震慑作用，第三方策略选择是不履行产品质量检测职责。

通过分析产品质量监管演化博弈模型的均衡点及稳定性，研究了政府与第三方在产品质量监管过程中的稳定策略选择。在政府监管成本、惩罚额度、第三方检测成本变化下，对模型进行数值仿真，更加直观反映出质量监管过程的演化趋势。

由政府与第三方演化博弈研究结果可知，除了不存在演化稳定策略情况之外，只要对第三方的惩罚大于节省成本之差与被上级政府发现概率比值，其最优策略便是认真履行职责。只要对第三方的惩罚小于履行检测职责与不履行检测职责成本之差，第三方就会不履行职责。对于政府而言，只要监管获得收益大于监管成本，选择监管就是最优策略，当监管收益小于监管成本与监管处罚之差时，选择不监管是政府最优的策略。

第三节 政府、第三方和企业寻租博弈模型构建

在本章第一节中研究了第三方与企业之间寻租纯策略博弈，第二节分析了政府与第三方的演化博弈策略分析，以上都是两两博弈分析，现探究政府、第三方和企业寻租博弈模型，研究政府、第三方和企业三者共同参与的寻租博弈模型。

阿尔伯斯迈尔（Albersmeier F. et al., 2009）实证研究了第三方认证可为消费者提供权威可信的评价依据，满足社会对保障产品质量安全的需求。[①] 麦考利斯特（McAllister L .K .et al., 2012）详细阐述了第三方认证机构监管框架，提出政府只有加强对第三方的监督，才能使第三方有效地服务于产品质量监管。[②] 政府妥善解决第三方与生产企业的权力寻租问题，是更好发挥第三方在质量监管中作用的重要前提。

虽然政府已认识到将第三方引入到产品质量监管的重要性，然而在发挥其质量认证作用的同时，如何避免第三方与企业发生权力寻租的探讨却较少。在监管过程中，欠缺针对政府、第三方及企业三者参与的博弈关系研究。因此，建立了政府、第三方与生产企业共同参与的寻租博弈模型，分析模型混合策略均衡以及影响均衡的关键因素。

一、基本假设及策略组合

假定博弈模型参与方政府、第三方与企业都是理性的，不考虑各主体之间的差异性，政府以社会整体利益最大化为诉求，第三方及企业以追求利润最大化为目标选择策略。

政府行动集合 $\alpha=(\alpha_1,\alpha_2)$ =（监管第三方，不监管第三方），政府对

---

① Albersmeier F., Schulze H., Jahn G., et al., " The Reliability of Third-Party Certification in the Food Chain: From Checklists to Risk-Oriented Auditing", *Food Control*, 2009(10).

② McAllister L. K., "Regulation by Third-Party Verification", *Boston College Law Review*, 2012. .

二者寻租行为监管概率为P_2，不监管率为$1-P_2$。由于第三方与企业寻租活动的隐蔽性，政府资源有限等因素，政府在监督二者行为时，存在两种情况$\gamma=(\gamma_1,\gamma_2)=$（成功证实寻租，未发现寻租）。政府发现二者存在寻租行为的能力系数为$\varphi(0\leqslant\varphi\leqslant1)$，付出的监管成本为$K_g$，对第三方与企业的经济惩罚分别为$F_s$、$F_e$。二者寻租给政府造成的损失为$F_g$。为了便于分析，主要参数定义汇总如表10-13所示。

表 10-13　主要参数定义

符号	定义	符号	定义
V_s	企业寻租的成本	F_s	政府对第三方寻租的惩罚
V_e	企业寻租的收益	F_e	政府对企业寻租的惩罚
F_g	寻租给政府造成的损失	P_1	企业寻租概率
K_g	政府监管成本	P_2	政府对寻租行为监管概率
P	第三方接受企业寻租概率		

根据以上假设和参数设置，可得政府、第三方与企业三者参与的策略组合及支付矩阵，混合策略博弈模型如表10-14所示。

表 10-14　政府、第三方与企业的三者博弈模型

		政　府		
		监管 P_2		不监管　$1-P_2$
		成功 φ	失败 $1-\varphi$	
企业寻租 P_1	第三方接受寻租 P	$(V_e-V_s-F_e, V_s-F_s,$ $F_s+F_e-F_g-K_g)$	$(V_e-V_s, V_s,$ $-F_g-K_g)$	$(V_e-V_s, V_s, -F_g)$
	第三方不接受寻租 $1-P$	$(0,0,-K_g)$	$(0,0,-K_g)$	$(0,0,-K_g)$
企业不寻租 $1-P_1$	第三方接受寻租 P	$(0,0,-K_g)$	$(0,0,-K_g)$	$(0,0,-K_g)$
	第三方不接受寻租 $1-P$	$(0,0,-K_g)$	$(0,0,-K_g)$	$(0,0,-K_g)$

二、三方博弈模型求解

（一）第三方与企业发生权力寻租的均衡解

根据构建的混合策略博弈矩阵，在第三方参与寻租活动概率 P_1 给定的情况下，政府进行监管收益函数为：

$$E_1=P_1P\Big[\varphi(F+F_s-F_g \text{ 或 }K_g)+(1-\varphi)(-F_g-K_g)\Big]+P_1(1-P)\Big[\varphi(-K_g)+(1-\varphi)$$
$$(-K_g)\Big]+(1-P_1)P\Big[\varphi(-K_g)+(1-\varphi)(-K_g)\Big]+(1-P_1)(1-P)\Big[\varphi(-K_g)+(1-\varphi)(-K_g)\Big]$$

$$（10.9）$$

政府不监管的期望收益函数是：

$$E_2=P_1P(-F_g) \tag{10.10}$$

当政府进行监管与不监管的收益函数相等时，实现博弈均衡，即 $E_1=E_2$。

解得 $Q^*=(PP_1)^*=\dfrac{K_g}{\varphi(F_s+F_e)}$。

第三方与企业发生权力寻租的纳什均衡为 Q^* 时，政府可随机地选择监管第三方与企业，因为此时无论监管与否，政府收益相等且监管会产生成本 K_g。分析第三方与企业寻租的概率，如果第三方与企业选择以 $Q>Q^*$ 的概率进行权力寻租，此时政府的行为策略应是 α_1 选择监管，避免因权力寻租导致产品质量不达标；若第三方与企业选择 $Q<Q^*$ 的概率，政府的最优行为策略是不监管第三方的检测工作 α_2。

（二）政府进行监管的均衡解

在给定政府监管概率的情况下，第三方参与寻租活动和不寻租的期望收益分别为：

$$E_3=P_1P_2\Big[\varphi(V_s-F_s)+(1-\varphi)V_s\Big]+P_1(1-P_2)V_s \tag{10.11}$$

$$E_4=0 \tag{10.12}$$

当第三方参与寻租活动和不寻租的收益相等时，令 $E_3=E_4$ 得到博弈均衡。第三方在博弈均衡时，政府进行监管的最优均衡概率为 $P_2^*=\dfrac{V_s}{\varphi F_s}$。

若政府选择监管的概率 $P_2 > P_2*$，那么第三方最优策略是拒绝寻租行为 ε_2；当政府监管的概率 $P_2 < P_2*$，此时第三方最优策略为接受企业的贿赂发生寻租行为 ε_1；若政府监管的概率 $P_2 = P_2*$，那么第三方则可以随机选择行为策略。

在给定政府监管概率 P_2 时，企业选择寻租与不寻租活动的收益分别为：

$$E_5 = PP_2\big[\varphi(V_e - V_s - F_e) + (1-\varphi)(V_e - V_s)\big] + P(1-P_2)\big(V_e - V_s\big)$$

（10.13）

$$E_6 = 0$$

（10.14）

同上，当企业选择寻租与不寻租活动的预期收益相等时，令 $E_5 = E_6$ 可求得混合策略纳什均衡值。

解得 $P_2* = \dfrac{V_e - V_s}{\varphi F_e}$。

若政府监管的概率 $P_2 > P_2*$，企业寻租被查处的可能性变大，那么企业最优策略为正常生产不寻租行为 χ_2；当政府监管的概率 $P_2 < P_2*$，此时政府监管的力度小，企业存有较大的侥幸心理，为实现自身利益最大化，选择贿赂第三方发生寻租行为 χ_1；若政府监管的概率 $P_2 = P_2*$，此时企业随机选择自己的行为策略，因为收益没有差异。

综上求解可得，博弈模型的混和战略纳什均衡为 $Q* = \dfrac{K_g}{\varphi(F_s + F_e)}$，

$P_2* = \dfrac{V_s}{\varphi F_s}$，即第三方与生产企业以 $\dfrac{K_g}{\varphi(F_s + F_e)}$ 的概率发生寻租行为，政府以 $\dfrac{V_s}{\varphi F_s}$ 的概率对第三方进行监管；或者 $Q* = \dfrac{K_g}{\varphi(F_s + F_e)}$，

$P_2* = \dfrac{V_e - V_s}{\varphi F_e}$，即第三方与企业以 $\dfrac{K_g}{\varphi(F_s + F_e)}$ 的概率寻租，政府以 $\dfrac{V_e - V_s}{\varphi F_e}$ 的概率监管企业行为。

第四节　三方博弈模型分析

为了避免第三方和企业在产品质量认证、检测过程中发生寻租行为，提高政府监管第三方的效率，需设计科学合理的激励与约束机制，来引导第三方和企业的行为向着预期目标方向发展，下面将详细讨论模型参数的理论与实际意义。

一、影响第三方与企业权力寻租的因素

第三方与企业发生权力寻租均衡解的概率为 Q^*，$Q^* = \dfrac{K_g}{\varphi(F_s + F_e)}$ 可知，P_1^* 的大小与 K_g、φ、F_s、F_e 四个变量有关，P_1^* 与 K_g 成正比，与 φ、F_s、F_e 成反比。

政府为了避免第三方与企业发生权力寻租，通过降低 K_g，增大 φ、F_s、F_e 的值，可尽量减小寻租的概率 P_1^*。即政府降低监管付出的成本 K_g，提高成功监管的能力系数 φ，当发现第三方与企业存在权力寻租行为时，提高经济惩罚 F_s、F_e，从而对企业和第三方起到一定的震慑作用，有效降低二者寻租的概率。例如，2010 年修改《食品安全法》对于生产企业规定货值金额一万元以上的，由之前处货值金额五倍以上十倍以下罚款改为十倍以上二十倍以下罚款。运用 MatLab 7.0 算例仿真也可得出，加大寻租企业惩罚会降低寻租行为概率。令 $K_g = 50$，$F_s = 100$ 分析政府企业罚款变现对寻租概率的影响，如图 10-7 所示。同理可以分析政府对第三方罚款也可有效降低其接受寻租的概率。

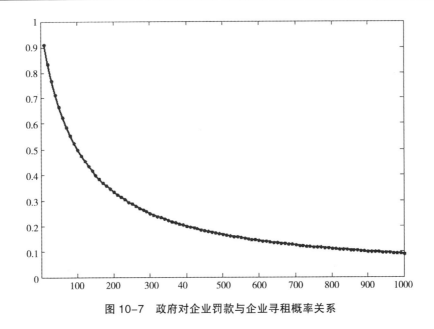

图 10-7 政府对企业罚款与企业寻租概率关系

二、影响政府监管第三方与企业寻租行为的因素

政府对第三方与企业起到引导作用，分析政府监管二者寻租行为的概率 P_2 时，存在两种情况，把第三方的利益还是企业的利益放在第一位会有所不同。

推论 10.1：当把第三方的利益放在第一位时，由 $P_2^* = \dfrac{V_e - V_s}{\varphi F_e}$，可知 P_2^* 的值与参数变量 V_s、φ、F_s 有关，P_2 与 V_s 成正比，与 φ、F_s 成反比。

为提高政府监管的效率，降低政府监管的概率 P_2^*，应减少第三方寻租的额外经济收益 V_s，提高政府监管成功的能力系数 φ，同时加大对第三方发生寻租行为的经济处罚 F_s，则能有效地降低政府监管的概率。

推论 10.2：当以企业利益最大化为原则考虑时，由 $P_2^* = \dfrac{V_e - V_s}{\varphi F_e}$ 可知，P_2^* 的值与 V_e、V_s、φ、F_s 四个参数变量有关，与成正比，与 φ、F_s、V_s 成反比。

企业与第三方寻租的可能性越小，政府监管的概率就越小。为尽量减少政府监管的概率 P_2^*，应降低企业在寻租中获得的收益 V_e，提高企业与第三方权力寻租的成本 V_s，加大对违规企业的经济处罚 F_s，提高政府监管成功的能力系数 φ。

综合以上研究结果，表明寻租行为与政府的监管能力系数、付出成本、对第三方和企业的惩罚力度有关。政府通过降低监管成本，提高监管能力，加大对第三方与企业寻租行为的经济惩罚，能有效避免二者间的权力寻租行为。在提高政府监管二者寻租行为效率方面，分为两种情况：当把第三方利益放在第一位时，政府应减少第三方寻租的额外经济收益，提高政府监管的能力系数，同时加大对第三方发生寻租行为的经济处罚；当把企业利益放在首位时，政府应提高企业与第三方权力寻租的成本，加大对违规企业的经济处罚。

通过对政府、第三方及企业之间博弈关系的研究，寻求产品质量监管过程中各方利益诉求交集，探究制约第三方和企业行为的有效路径，对政府妥善解决寻租问题规范产品监管，保障产品质量提供对策与措施依据具有重要现实意义。

在信息不对称条件下，第三方检测机构与企业容易发生权力寻租问题。有效解决权力寻租问题是产品质量的关键，研究政府、第三方检测机构及企业三者共同参与的监管策略，可为制定符合实际情况的监管对策提供依据。首先建立了政府、第三方与企业关系概念模型，分析三者相互作用的内在机理。阐述了政府、第三方与企业各自的职责，政府监管企业生产行为，第三方获得认证后监管企业受政府监督。其次，运用博弈理论，构建了第三方与企业间博弈模型，企业寻租、不寻租，第三方接受寻租、拒绝寻租行为策略的关键因素。再次，重点讨论了政府、第三方与企业三者共同参与的寻租博弈模型，详细阐述了第三方与企业发生权力寻租、政府监督二者寻租行为的影响因素。最后，给出了政府提高产品质量监管效率，妥善处理博弈各方的利益诉求，避免第三方与企业权力寻租的措施。

　　有效解决权力寻租问题是保障产品质量的关键，通过建立政府、第三方与企业关系概念模型，分析三者相互作用的内在机理，阐述了政府、第三方与企业各自的职责，政府监管企业生产行为，第三方获得认证后监管企业并受政府监督。运用博弈理论，构建了第三方与企业间博弈模型，分析企业寻租、不寻租，第三方接受寻租、拒绝寻租行为策略的关键因素。同时构建政府与第三方演化博弈模型，分析二者行为策略演化稳定情况。重点讨论了政府、第三方与企业三者共同参与的寻租博弈模型，详细阐述了第三方与企业发生权力寻租、政府监督二者寻租行为的影响因素。最后，给出了政府提高产品质量监管效率，妥善处理博弈各方的利益诉求，避免第三方与企业权力寻租的措施。

第十一章　政府、企业和消费者间产品质量监管博弈分析

　　政府对产品质量的监管涉及监管机构、消费者、企业之间直接的和间接的互动关系。虽然消费者的消费能力不断提升，对产品质量的要求越来越高，但其产品质量监督能力却较低。尤其是当消费者权利受到侵害时，主动维权意识和自我保护意识不高，产品质量法律意识淡薄、维权观念不强，过度依赖监管部门对产品质量进行监管。而且消费者处于严重的信息弱势地位。这也是在大多数监管制度在设计时，将消费者监督排除在外的重要原因之一。但是消费者是产品的最终使用者，产品质量直接影响消费者的消费体验与效用。当消费者权益受到损害，可以向政府部门投诉生产企业。因此，考虑政府、企业与消费者之间的关系，如图 11-1 所示，构建政府、企业和消费者三者参与的博弈模型，分析三者之间的相互制约关系更加符合监管的实际情况。

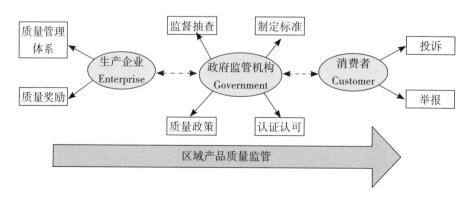

图 11-1　区域产品质量监管主体关系分析

第一节　政府、企业与消费者三者博弈模型构建与求解

一、参数设置

为便于对政府监管部门、生产企业和消费者博弈进行研究和分析，给出如下假设：

假设 11.1：博弈模型参与者为政府、企业与消费者，政府行动集合 $\lambda=(\lambda_1,\lambda_2)$ =（监管，不监管）；企业行动集合 $\omega=(\omega_1,\omega_2)$ =（生产合格产品，生产不合格产品），消费者行动集合 $\phi=(\phi_1,\phi_2)$ =（投诉，不投诉）。博弈三方都是理性经济人，均以实现各自利益最大化为目的。

假设 11.2：政府制定产品质量法律，建立产品所要求的质量标准体系，对区域内生产企业进行监督抽查，审查生产企业的生产情况，如果对生产企业进行监管，政府监管投入的成本为 T_g。政府监管且企业生产合格产品时获得政府收益为 V_g。当政府不监管、企业生产不合格产品，政府受到的损失为 S_1，若生产企业产品不合格，对不符合要求的生产企业给予相应的惩罚 f_e，严厉打击假冒伪劣产品的生产和销售，政府监管对违规生产企业进行惩罚，政府的监管收益为 f_e-T_g。

假设 11.3：企业销售产品的价格为 M_e，生产高质量合格产品的成本为 C_1，生产低劣不合格产品的成本为 C_2，且 $C_1>C_2$。企业不生产合格产品时，如果政府没有监管，则不需要花费任何费用；如果政府及时发现会给予企业惩罚 f_e。

假设 11.4：当消费者购买合格产品获得收益为 V_m，消费者购买假冒伪劣产品受到的损失为 S_m，向政府部门投诉企业付出的成本为 C_m（包

括产品质量鉴定费、律师代理费、诉讼费、误工费等），消费者不投诉则无需耗费成本。政府监管时，消费监督投诉（假定只有当消费者投诉时才会给予赔偿），企业还需要承担对消费者造成的损失赔偿费用总计为 f_m 且 $f_m > C_m$。当消费者投诉且政府不监管时，消费者对政府监管工作不满，政府作为管理者的声誉损失 S_2。

假设 11.5：政府监管的概率为 δ，不监管的概率为 $1-\delta$；企业生产合格产品概率为 η，不合格产品的概率为 $1-\eta$；消费者投诉概率为 μ，消费者不投诉的概率为 $1-\mu$。主要的参数定义如表 11-1 所示。

表 11-1　主要参数定义

符　号	定　义	符　号	定　义
V_g	政府部门监管企业的收益	V_m	消费者购买合格产品获得收益
T_g	政府部门监管企业的成本	C_m	消费者投诉不合格产品的成本
S_1	政府因产品不合格的损失	S_m	消费者因不合格产品的损失
M_e	企业销售产品的价格	f_m	企业赔偿消费者的费用
C_1	企业生产合格产品的成本	C_2	企业生产不合格产品的成本
S_2	政府因消费者不满的声誉损失	δ	政府部门监管企业概率
f_e	政府对企业违规行为的惩罚	η	企业生产合格产品概率
μ	消费者投诉概率		

二、模型构建

政府、企业和消费者分别有两种策略，组合后总共有八种情况，根据以上假设和参数设置，可得政府、企业与消费者参与的策略组合及支付矩阵，如表 11-2 所示。

表 11-2 政府、企业与消费者的三者博弈模型收益矩阵

		政 府	
		监管 δ	不监管 $1-\delta$
企 业 生产合格产品 η	消费者投诉 μ	$(M_e - C_1, V_m - C_m, V_g - T_g)$	$(M_e - C_1, V_m - C_m, V_g)$
	消费者不投诉 $1-\mu$	$(M_e - C_1, V_m, V_g - T_g)$	$(M_e - C_1, V_m, V_g)$
企 业 生产不合格产品 $1-\eta$	消费者投诉 μ	$(M_e - C_2 - (f_e + f_m),$ $f_m - S_m - C_m, f_e - T_g)$	$(M_e - C_2, -S_m - C_m,$ $-(S_1 + S_2))$
	消费者不投诉 $1-\mu$	$(M_e - C_2 - f_e, -S_m, f_e - T_g)$	$(M_e - C_2, -S_m, -S_1)$

三、模型求解

利用 Matlab 7.0 对模型进行优化求解:

（一）消费者投诉的均衡解

在给定政府监管概率 δ 和企业生产合格产品概率 η 时，消费者选择投诉的期望收益:

$$\pi_{m1} = \mu\eta\left[\delta(V_m - C_m) + (1-\delta)(V_m - C_m)\right] + \mu(1-\eta)\left[\delta(f_m - S_m - C_m) + (1-\delta)(-S_m - C_m)\right]$$

（11.1）

消费者选择不投诉的收益为:

$$\pi_{m2} = (1-\mu)\eta\left[\delta V_m + (1-\delta)V_m\right] + (1-\mu)(1-\eta)\left[\delta(-S_m) + (1-\delta)(-S_m)\right]$$

（11.2）

消费者的总收益 $\pi_m = \pi_{m1} + \pi_{m2}$

$$\pi_m = \mu\eta\left[\delta(V_m - C_m) + (1-\delta)(V_m - C_m)\right] + \mu(1-\eta)\left[\delta(f_m - S_m - C_m) + (1-\delta)(-S_m - C_m)\right]$$
$$+ (1-\mu)\eta\left[\delta V_m + (1-\delta)V_m\right] + (1-\mu)(1-\eta)\left[\delta(-S_m) + (1-\delta)(-S_m)\right]$$

（11.3）

通过公式（11.3）对消费者投诉的概率求偏导可得:

$$\frac{\partial \pi_m}{\partial \mu} = \eta(V_m - C_m) + (1-\eta)\left[\delta f_m + (-S_m - C_m)\right] - \eta V_m - (1-\eta)(-S_m) = 0$$

（11.4）

整理即为 $\delta f_m - \eta \delta f_m - C_m = 0$ 。   （11.5）

（二）企业生产合格产品的均衡解

在给定政府监管概率 δ 和消费者投诉概率 μ 的情况下，企业生产合格产品的期望收益为：

$$\pi_{e1} = \eta\mu\big[\delta(M_e - C_1) + (1-\delta)(M_e - C_1)\big] + \eta(1-\mu)\big[\delta(M_e - C_1) + (1-\delta)(M_e - C_1)\big]$$
（11.6）

企业生产不合格产品的期望收益为：

$$\pi_{e2} = (1-\eta)\mu\{\delta[M_e - C_2 - (f_e + f_m)] + (1-\delta)(M_e - C_2)\} + (1-\eta)(1-\mu)[\delta(M_e - C_2 - f_e)$$
$$+ (1-\delta)(M_e - C_2)]$$
（11.7）

当企业的总收益函数为 $\pi_e = \pi_{e1} + \pi_{e2}$ ，整理可得公式（11.8）：

$$E = \eta\mu\big[\delta(M_e - C_1) + (1-\delta)(M_e - C_1)\big] + \eta(1-\mu)\big[\delta(M_e - C_1) + (1-\delta)(M_e - C_1)\big] + (1-\eta)\mu$$
$$\{\delta[M_e - C_2 - (f_e + f_m)] + (1-\delta)(M_e - C_2)\} + (1-\eta)(1-\mu)[\delta(M_e - C_2 - f_e) + (1-\delta)(M_e - C_2)]$$
（11.8）

通过公式（11.8）对企业生产合格产品的概率求偏导可得：

$$\frac{\partial \pi_e}{\partial \eta} = (M_e - C_1) - \mu[(M_e - C_2) - \delta(f_e + f_m)] - (1-\mu)[(M_e - C_2) - \delta f_e] = 0$$
（11.9）

整理后 $\delta\mu f_m + \delta f_e + C_2 - C_1 = 0$ 。

（三）政府监管的均衡解

根据构建的混合策略博弈矩阵，在给定企业生产合格产品概率 η 和消费者投诉概率 μ 的情况下，政府监管的期望收益函数为：

$$\pi_{g1} = \delta\eta[\mu(V_g - T_g) + (1-\mu)(V_g - T_g)] + \delta(1-\eta)[\mu(f_e - T_g) + (1-\mu)(f_e - T_g)]$$
（11.10）

政府不监管的期望收益函数是：

$$\pi_{g2} = (1-\delta)\eta[\mu V_g + (1-\mu)V_g] + (1-\delta)(1-\eta)[\mu(-S_1 - S_2) + (1-\mu)(-S_1)]$$
（11.11）

当政府的总收益函数为 $\pi_g = \pi_{g1} + \pi_{g2}$ ，整理可得：

$$\pi_g = \delta\eta[\mu(V_g - T_g) + (1-\mu)(V_g - T_g)] + \delta(1-\eta)[\mu(f_e - T_g) + (1-\mu)(f_e - T_g)]$$
$$+ (1-\delta)\eta[\mu V_g + (1-\mu)V_g] + (1-\delta)(1-\eta)[\mu(-S_1 - S_2) + (1-\mu)(-S_1)]$$

（11.12）

通过公式（11.12）对政府监管概率 δ 求偏导：

$$\frac{\partial \pi_g}{\partial \delta} = \eta(V_g - T_g) + (1-y)(f_e - T_g) + (-\eta V_g) + (1-\eta)(\mu S_2 + S_1) = 0$$

（11.13）

整理可得 $(1-\eta)(\mu S_2 + S_1 + f_e) - T_g = 0$ ，根据以上求导公式联立：

$$\begin{cases} \delta f_m - \eta\delta f_m - C_m = 0 \\ \delta\mu f_m + \delta f_e + C_2 - C_1 = 0 \qquad \text{令 } C = C_2 - C_1 \text{。} \\ (1-\eta)(\mu S_2 + S_1 + f_e) - T_g = 0 \end{cases}$$

整理求得两组解，其中第一组是：

$$\delta^* = \frac{C_m(S_1 + f_e)}{2T_g f_m} - \frac{C_m\left(S_2 f_e + \sqrt{S_2^2 f_e^2 + S_1^2 f_m^2 + f_e^2 f_m^2 + 2S_1 f_e f_m^2 - 2S_2 f_e^2 f_m - 2S_1 S_2 f_e f_m - \dfrac{4CS_2 T_g f_m^2}{C_m}}\right)}{2T_g f_m^2}$$

$$\eta^* = -\frac{\dfrac{C_m f_e}{2} - CS_2 + \dfrac{C_m S_1}{2}}{CS_2} - \frac{C_m\sqrt{S_2^2 f_e^2 + S_1^2 f_m^2 + f_e^2 f_m^2 + 2S_1 f_e f_m^2 - 2S_2 f_e^2 f_m - 2S_1 S_2 f_e f_m - \dfrac{4CS_2 T_g f_m^2}{C_m}}}{2} - \dfrac{C_m S_2 f_e}{2}}{CS_2 f_m}$$

$$\mu^* = -\frac{\dfrac{S_1}{2} + \dfrac{f_e}{2}}{S_2} - \frac{\dfrac{S_2 f_e}{2} + \sqrt{S_2^2 f_e^2 + S_1^2 f_m^2 + f_e^2 f_m^2 + 2S_1 f_e f_m^2 - 2S_2 f_e^2 f_m - 2S_1 S_2 f_e f_m - \dfrac{4CS_2 T_g f_m^2}{C_m}}}{2}}{2S_2 f_m}$$

第二组是：

$$\delta^* = \frac{C_m(S_1 + f_e)}{2T_g f_m} - \frac{C_m\left(S_2 f_e - \sqrt{S_2^2 f_e^2 + S_1^2 f_m^2 + f_e^2 f_m^2 + 2S_1 f_e f_m^2 - 2S_2 f_e^2 f_m - 2S_1 S_2 f_e f_m - \dfrac{4CS_2 T_g f_m^2}{C_m}}\right)}{2T_g f_m^2}$$

$$\eta^* = -\frac{\dfrac{C_m f_e}{2} - CS_2 + \dfrac{C_m S_1}{2}}{CS_2} + \frac{C_m\sqrt{S_2^2 f_e^2 + S_1^2 f_m^2 + f_e^2 f_m^2 + 2S_1 f_e f_m^2 - 2S_2 f_e^2 f_m - 2S_1 S_2 f_e f_m - \dfrac{4CS_2 T_g f_m^2}{C_m}}}{2} + \dfrac{C_m S_2 f_e}{2}}{CS_2 f_m}$$

$$\mu^* = -\frac{\dfrac{S_1}{2} + \dfrac{f_e}{2}}{S_2} - \frac{\dfrac{S_2 f_e}{2} - \sqrt{S_2^2 f_e^2 + S_1^2 f_m^2 + f_e^2 f_m^2 + 2S_1 f_e f_m^2 - 2S_2 f_e^2 f_m - 2S_1 S_2 f_e f_m - \dfrac{4CS_2 T_g f_m^2}{C_m}}}{2S_2 f_m}$$

由 $0 \leqslant \delta \leqslant 1, 0 \leqslant \eta \leqslant 1, 0 \leqslant \mu \leqslant 1$ 条件约束可知，第一组解 $\mu^* < 0$ 所以舍去。符合条件的解只有一组，即得到最终求得结果：

政府监管均衡概率为：

$$\delta^* = \frac{C_m(S_1 + f_e)}{2T_g f_m} - \frac{C_m\left(S_2 f_e - \sqrt{S_2^2 f_e^2 + S_1^2 f_m^2 + f_e^2 f_m^2 + 2S_1 f_e f_m^2 - 2S_2 f_e^2 f_m - 2S_1 S_2 f_e f_m - \dfrac{4CS_2 T_g f_m^2}{C_m}}\right)}{2T_g f_m^2}$$

企业生产合格产品的均衡概率为：

$$\eta^* = -\frac{\dfrac{C_m f_e}{2} - CS_2 + \dfrac{C_m S_1}{2}}{CS_2} + \frac{C_m\sqrt{S_2^2 f_e^2 + S_1^2 f_m^2 + f_e^2 f_m^2 + 2S_1 f_e f_m^2 - 2S_2 f_e^2 f_m - 2S_1 S_2 f_e f_m - \dfrac{4CS_2 T_g f_m^2}{C_m}}}{2} + \dfrac{C_m S_2 f_e}{2}}{CS_2 f_m}$$

消费者投诉的均衡概率为：

$$\mu^* = -\frac{\dfrac{S_1}{2} + \dfrac{f_e}{2}}{S_2} - \frac{\dfrac{S_2 f_e}{2} - \dfrac{\sqrt{S_2^2 f_e^2 + S_1^2 f_m^2 + f_e^2 f_m^2 + 2S_1 f_e f_m^2 - 2S_2 f_e^2 f_m - 2S_1 S_2 f_e f_m - \dfrac{4CS_2 T_g f_m^2}{C_m}}}{2}}{2S_2 f_m}$$

第二节　博弈均衡解算例分析及研究结论

一、博弈均衡解算例分析

运用 Matlab 7.0 对所构建博弈模型进行算例分析，根据博弈模型参数假设，为了保证所取数据的可获得性和准确性，以我国各部门公布的统计数据的平均值为模拟数据。

（一）企业生产合格产品概率与消费者维权概率关系的算例分析

通过 2013 年至 2015 年国家质检总局预算报告和质检总局年度部门支出决算表，得知政府监管成本的平均值 $T_g = 170.95$ 亿元；由《中国工商行政管理年鉴》和全国工商行政管理市场监管执法基本情况，将市场准入监管、消费者权益保护、食品安全监管和市场监管等案件的总值作为政府对违规企业的惩罚 $f_e = 251.3$ 亿元；我国制造业每年因质量问题造成的直接损失达 1700 多亿元，因产品质量问题造成对下游产业影响、市场份额损失、污染治理等带来的间接损失超过 1 万亿元。^① 所以设定产品质量问题直接损失 $S_1 = 1700$ 亿元和间接经济损失 $S_2 = 10000$ 亿元。以上各参数符合 $\mu S_2 + S_1 + f_e > T_g$ ，现将以上实际数据代入模型，得出企业生产合格产品概率与消费者维权关系，如图 11-2 所示。

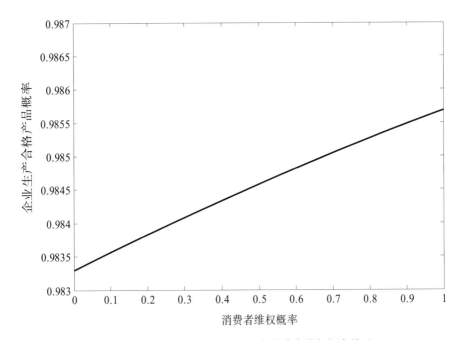

图 11-2　企业生产合格产品概率与消费者维权概率关系

（二）政府监管概率与消费者维权概率关系的算例分析

由于只有 2010 年至 2013 年《中国工商行政管理年鉴》统计了消费者维权的数据，因此，根据 2010 年至 2013 年查处消费者权益案件统计表，将商品消费案件和服务消费案件总值作为消费者维权中企业赔偿消费者费用，计算出平均值为 $f_m = 6.58$ 亿元。我国目前数据指标中尚未能对所有产品的生产成本进行统计，在企业生产过程中，由于每个产品的成本构成不尽相同，成千上万种产品的生产成本也难以逐一列出，假定

①　《要中国制造，更要"中国质造"》，《经济日报》2015 年 11 月 24 日。

企业生产合格产品的总成本 C_1 为 3000 亿元，企业生产不合格产品的总成本 C_2 为 2800 亿元，$C_1 - C_2 = 200$ 亿元，在满足 $C_1 - C_2 < \mu f_m + f_e$ 条件下，画出消费者维权概率与政府监管概率关系，如图 11-3 所示。

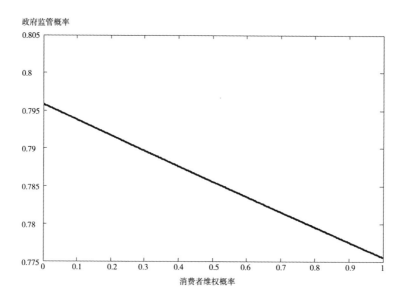

图 11-3　政府监管概率与消费者投诉概率关系

消费者维权概率与政府监管概率关系图表明，消费者维权概率越大，政府监管企业的概率越小，充分表明消费者产品质量监督可有效缓解政府监管的重任。

（三）企业生产合格产品概率和政府监管概率的算例分析

自 2010 年至 2013 年《中国工商行政管理年鉴》统计年鉴数据可知，企业赔偿消费者费用平均值 $f_m = 6.58$ 亿元，因现有统计中没有针对消费者维权成本的数据，假设消费者监管成本 $C_m = 0.064$ 亿元，在满足 $\delta f_m > C_m$ 的条件下，画出二者关系如图 11-4 所示。

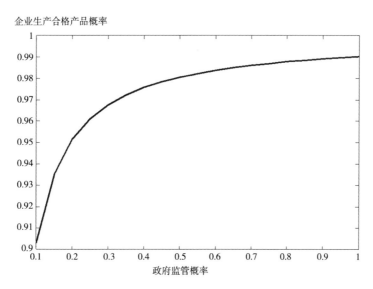

图 11-4　政府监管概率与企业生产合格产品概率关系

由图 11-4 可知，政府监管概率越大，企业生产合格产品的概率越大，企业违规生产不合格产品的概率就越小。

二、三者博弈研究结论

从政府监管角度来讲，从上述博弈模型的建立和所进行的推论可知，政府监管行为影响因素为监管成本 T_g、企业生产不合格产品对政府造成的直接经济损失 S_1 与间接经济损失因素 S_2。因此，一方面，政府建立企业产品质量信用等级制度。根据企业表现评定企业类型，对长期依法生产且信用等级高的企业，在年检、抽检、评奖等方面给予政策支持。当企业违反相关质量法律法规，产品质量保证能力存在严重隐患、产品质量监督抽查不合格或者发生消费者反映强烈的产品质量问题时，及时降级企业信用并调整相应的监管方式等，不仅能提高企业生产合格产品积极性，也能降低政府监管成本 T_g。另一方面，可通过采取限期召回商品、加倍罚款、取消市场准入、勒令关闭、强制转行等措施，使企业违规成本远大于实际的预期收益，从而降低企业生产不合格产品对政府造成的

直接经济损失 S_1 与间接经济损失因素 S_2。

对生产企业而言，从博弈模型的构建和分析可知，企业既要面向广大消费者以满足其利益诉求，又需接受政府监管以满足政府对社会公众承担的职责要求，如保护消费者利益、所生产产品符合环境、资源等公共需求。与此同时，企业又必须获得收益以求生产和发展，如何在三方博弈中寻得平衡，与其被动接受监管、投诉、支付赔偿，不如主动参与到由三方构成的博弈体系中。企业在博弈中主动采取相应对策，调整企业质量发展战略和管理水平，杜绝生产不合格的产品以避免遭受投诉和惩罚，在满足政府监管和消费者需求下求得良好发展，来降低企业受到政府惩罚 f_e 和赔偿消费者损失 f_m 的费用。此外，企业提高产品质量意识，在承担社会责任的前提下，以先进制造技术生产优质产品，实现获得市场认可、良好收益的目的。

对消费者而言，消费者是产品质量的利益直接相关者，产品质量直接影响消费者的消费体验与效用。消费者作为优质产品质量的受益者和劣质产品的受害者，在产品质量监管方面更具有主动性和可选择性，使企业趋于生产更优质的产品赢得市场。根据博弈模型可知，在三方博弈主体中，消费者维权的影响因素主要是消费者维权成本 C_m 及企业对消费者损失的赔偿 f_m。因此，从提高消费者赔偿方面，建立产品质量惩罚性赔偿制度，加强对消费者的保护，一旦发现产品质量问题，企业除了承担消费者损失外，还应支付一定的赔偿金。让企业承担因产品质量问题给消费者造成的损失，较好地遏制生产企业的不当行为，提高企业产品质量自律水平，进一步提高消费者维护自身权益的积极性。从消费者维权角度，降低消费者的产品质量维权成本 C_m，建立高效便捷的产品质量维权信息渠道，使消费者可通过监管信息查询、监管信息使用和监管信息交流有效降低产品维权成本。建立完善的受理机构和执法体系，接受消费者咨询和举报，及时核实、处理和答复消费者要求，满足消费者对产品质量的诉求。

第十二章 区域产品质量诚信监管问题分析

第一节 "诚信监管"纳入区域产品质量监管体系的必要性

近年来，我国政府、社会各界已普遍认识到区域产品质量监管存在的诚信问题，即政府是否诚信监管，企业是否诚信生产，民众是否诚信消费，经销商、媒体等组织是否诚信经营和推介等。诸多国内外学者就诚信监管问题的动因、现象、形成机理、制约措施等方面进行了较为深入的讨论。但就我国质量事件频发，政府监管公信力下降、消费者不满意度日趋升高等状况来讲，产品质量监管中的诚信问题正成为最基础、最关键的因素，是区域产品质量监管中的一个重要内容。

一、区域产品质量诚信监管的意义和作用

自古以来，诚信观念贯穿于中华文化形成与发展的整个过程，融化于中华民族传承和延续的千年血脉之中，是中华伦理发展中的五常之一。在"修身齐家治国平天下"的儒家思想里，就强调"欲正其心者，先诚其意""知至而后意诚，意诚而后心正"。在日常的政治、经济社会生活中，大到治国，小到做人，诚信是基本的道德准则，讲诚信是一切社会成员间理性的沟通原则、感通原则、和谐原则，讲诚信才能使国家祥和，社会稳定，民众平安。

在市场经济发展异常迅猛的今天，国民经济的平稳运行，人民生活水平的不断提高，国家治理能力的不断增强，诚信问题无不存在于每一个环

节、每一项活动中。政府要讲诚信，民众要讲诚信，尤其是企业更要讲诚信。

但在现实经济社会生活中，尤其是产品质量问题上，无论是政府、企业，还是社会媒体、消费民众，都存在不同程度的虚假、隐匿、欺骗等失信现象。实际上，近年来频频曝出的产品质量事件的主要原因就是生产企业的弄虚作假。这些产品质量事件的发生直接导致消费者对我国生产企业的信任度降低，导致政府监管部门公信力下降，尤其是食品领域的质量事件的发生直接影响到人们生命安全和健康，不仅引发了公众对政府、对企业的强烈不满，而且直接导致了群体事件，影响到社会的稳定和发展。中国社会科学院社会学研究所社会心理学研究中心发布的《社会心态蓝皮书：中国社会心态研究报告（2016 年）》显示，食品安全是目前我国居民最为担忧的问题之一。该蓝皮书采用 7 点量表方式，从 1 到 7 分别为"非常不安全""不安全""不太安全""中立""比较安全""安全""非常安全"，食品安全感知方面的调查结果如图 12-1 所示，非常不安全占到 11.8%，顺时针旋转——对应，可知在食品安全感知方面，只有 24% 的被调查者持积极态度，55% 的被调查者持消极态度，可见我国居民对食品生产企业的不信任达到相当高的程度。[①]

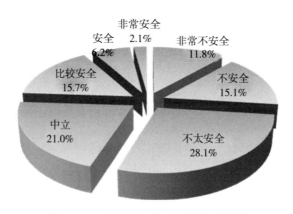

图 12-1　食品安全感知方面调查结果图

---

① 王俊秀、陈满琪：《社会心态蓝皮书：中国社会心态研究报告（2016 年）》，社会科学文献出版社 2016 年版。

如上所述，分析近年来所发生的产品质量事件，可知生产企业失信行为多是因为政府监管的不作为、不诚信所致。比如"三鹿奶粉事件"中三鹿集团在发现奶粉遭到污染后刻意隐瞒的做法是导致有毒奶粉销售到市场中的直接原因，但石家庄政府及相关监管部门，在获知真相后未能及时遏制，正是这种不作为使得三鹿集团更加有恃无恐，不但不采取措施消除危害和影响，反而仍恣意妄为，刻意向社会隐瞒奶粉的受污染情况，继续生产销售劣质奶粉直至事件曝光。最终此次事件造成政府公信力的急剧下降，给消费者带来了恶劣后果，给企业自身也带来了灭顶之灾。

对生产企业而言，有的是因为生产企业本身的逐利性，比如"有毒胶囊事件"中企业为了牟取暴利，不顾公众的生命安全与健康，使用皮革下脚料制造药用胶囊，用工业明胶制药用胶囊危害大，其中致癌物质铬最高超过国际标准90倍，使得本应救命的药成了致命药。企业违规使用国家明令禁止用于食品药品原料的工业明胶生产药物胶囊，波及到的企业不乏有修正药业、通化药业、海外制药等知名药企，甚至演变成为一种行业潜规则，完全不顾及消费者的生命安全和健康；也有的则是舆论媒体、经销商的极端不负责任。如莆田系在百度上的违规医疗推广事件，既暴露了企业的虚假推广，又暴露了媒体唯利是图的极端不负责任。

即使是消费者，也是从获得自身利益的角度出发，如充斥农村市场的许多冒牌产品，由于其与正牌产品价格上的悬殊差距，消费者甘愿上当，囿于淡薄的消费意识而不举报、不制止导致柠檬市场现象的肆虐。我国的产品质量一直徘徊在"粗老笨重"的低质量水平上，2015年、2016年的中央经济工作会议，习近平总书记都提到了"往回背马桶盖"现象。国内消费者对高质量产品的需求，因为供应不足就出现了消费外溢的现象，从奶粉到尿不湿再到智能马桶盖等，每年有上万亿人民币的消费外溢。[①]

① 2017年6月24日，十二届全国人大常委会第二十八次会议举行联组会议上，全国人大财经委副主任委员黄奇帆提出质量问题。

在产品质量监管方面多方位、多层次的调整变革和加强，虽取得一定的成效，但与频发的质量事件相比，与造成的恶劣影响相比，仍处于捉襟见肘、拾遗补缺的被动局面。溯其根源，其大多质量事件的发生并非生产技术问题，并非原材料问题，而是非不能为，实不为也。从监管的角度来看，也即表现在有些政府部门监管的不严格、不尽职、不负责，变相纵容了生产企业的不端行为，比如上述提出的"三鹿奶粉事件"。而生产企业利用监管纰漏和市场信息不对称等投机机会，故意生产不良产品攫取非法利益，比如"有毒胶囊事件"。

二、从区域产品质量监管主体——政府诚信监管角度

诚信危机日渐侵蚀着消费者对政府的信任，危及经济活动的正常进展，危及社会生活的安全稳定。为此，2012 年 11 月，党的十八大报告针对诚信建设提出了具体要求，要加强政务诚信、商务诚信、社会诚信和司法公信建设的具体要求；2013 年 11 月，党的十八届三中全会提出建立健全社会征信体系，褒扬诚信，惩戒失信；2014 年 1 月，李克强总理在国务院常务会议明确表明政务诚信是"诚信政府、诚信企业、诚信公民"体系建设的核心，政府言而有信，才能为企业经营作出良好示范，更有利于推进社会诚信提高；2014 年 6 月，国务院颁布了《社会信用体系建设规划纲要（2014—2020 年）》，指出政务诚信是社会信用体系建设的关键，各类政务行为主体的诚信水平，对其他社会主体诚信建设发挥着重要的表率和导向作用；2015 年 10 月，党的十八届五中全会报告强调加强思想道德建设和社会诚信建设；2017 年 3 月，政府报告修订时专门补充上坚决治理政务失信的表述。

以上这些措施足见国家对政府诚信的重视程度，要求政府不断提高诚信，从而形成全社会的诚信氛围。具体到产品质量监管方面，政府不断采取各种措施，完善大质量工作机制，督促企业落实主体责任，加强政府监管责任，引导消费者理性消费，推动行业诚信建设，发挥媒体舆

论监督作用，营造质量发展良好气氛等。早在 2002 年的全国质量月活动主题即为"讲诚信，保质量"，自 2004 年至今的全国质量月活动中，以"优秀典型企业质量诚信倡议"主题活动已成为近年来全国"质量月"活动中具有广泛关注和重要影响的主体活动之一。

但近年来，各种产品事件揭示出政府在产品监管过程中一定程度上存在地方保护主义、监管过程不透明、监管信息公开滞后等不诚信问题。这些问题挫伤了消费者对政府的信任，使政府的公信力也受到影响。

三、从区域产品质量被监管对象——企业诚信角度分析

诚信危机日渐侵蚀着我国企业的正常运营，对产品质量应承担主体责任的企业，往往不以产品质量为己任，以追求利益最大化为最终目标，非法经营、投机经营随之应运而生。产品质量问题在各国都有发生，但我国的产品质量问题与欧盟的产品质量问题对比有着明显的区别。

例如，在 21 世纪初欧盟曾发生过多起产品质量事件，如疯牛病事件、二恶英污染饲料事件等，但这些事件中产品质量问题的起因在于产品原料的使用、动物自身防疫安全以及生产过程安全等问题，属于生产技术、管理规范等层面的因素居多，并非是企业明知故犯、刻意为之。而从我国近几年发生的产品质量事件来看，产品质量事件主要是由于产品生产企业对于经济利益的过分追求，而不是守法经营、诚信经营造成。即使事情败露也不是主动应对、积极补救，而是采取掩盖事实、欺瞒公众等行为。2016 年《中国诚信建设状况研究报告》数据显示，企业每年因不诚信导致的经济损失高达 6000 多亿元，诚信缺失已成为经济社会发展中的突出问题。

生产企业诚信缺失对整个供应链以及消费者都带来了恶劣的连锁反应，上下游企业间的不诚信行为将造成交易成本的上升、供应链流通效率的降低，甚至是供应链的断裂。对于消费者而言，企业的不诚信行为，如任意使用添加剂、生产假冒伪劣产品等，直接影响到消费者的安全、

健康。由于监管不到位、信息的不对称，消费者无法对企业的诚信状况进行辨识，质量事件发生又屡屡被隐瞒后使得消费者对整个供应链或是对整个行业的信心缺乏，甚至会影响到整个社会层面的诚信缺失。

产品质量监管是政府监管部门为了保障消费者使用产品时安全，满足消费者需求等方面所进行的规范与制约。自改革开放以来，随着市场机制的不断健全与完善，我国的产品质量监管职能也日趋合理和规范。在计划经济年代粗放式管理基础上，基于法制意识的加强，先是提出"依法监管"的指导思想。随着改革开放社会进步，管理观念、手段、方法的推行，"科学监管"也纳入产品质量监管的范畴。多年来，我国产品质量监管所形成的共识即是"依法监管、科学监管"。

第二节　"诚信监管"纳入区域产品质量监管体系的现实依据

一、依法监管理念下区域产品质量监管法律法规的不断完善

党的十八大以来，党中央、国务院进一步改革我国产品质量监管体制，着力建立最严格的产品监管制度，积极推进产品质量社会共治的格局，要求以法律形式为最严的产品质量监管提供体制和制度保障。[①] 在依法治国理念指导下，我国关于产品质量监管方面的法律法规也在不断完善，为维护经济活动正常运转，保障消费者合法利益，提高我国企业核心竞争力起到了非常积极的作用。

众所周知，良法的形成是一个经过反复琢磨，接受实践的验证，不断完善、提高的过程，而不是一蹴而就的。在新形势下面对复杂的产品质量问题，产品质量的监管工作需要违法者承担更重的法律责任，"重典

---

① 王东海：《史上最严，打响"舌尖安全"保卫战——新修订《食品安全法》深度解读》，《中国食品药品监管》2015 年第 10 期。

治乱"的震慑作用应得到更为充分的发挥。然而这些法律法规囿于当时的政治、经济环境，不可避免地存在若干不足之处。为适应经济发展和企业经营情况的变化，正在不断的修正和完善。

为了紧跟时代发展，根据经济发展与企业经营状况，政府不断修改相关法律条文，增强对违规企业的惩戒力度，以起到对企业违规生产经营更为严厉的震慑作用。例如，与2009年的《食品安全法》对比，2015年修订实施的《食品安全法》新法中，对原法70%的条文进行了实质性的修订，篇幅和内容也有了大幅度的丰富和完善，条款从104条增加至154条，字数从1.5万字增加至将近3万字。新法引入了新的立法理念，对婴幼儿配方乳粉、农药使用等进行了比较全面的监管，对大部分企业违法行为的处罚起点由2000元提升到5万元，较严重的违法行为处罚起点为10万元。并且规定一年内累计三次因违反新《食品安全法》而受到处罚的企业，责令其停产停业，甚至吊销许可证。该法被称为"史上最严"食品安全法规。出于以法律形式规定监管体制改革成果，完善监管制度机制的需要，解决当前食品安全领域存在的突出问题，以及建立最严厉的惩罚制度，发挥"重典治乱"的震慑作用的需要，新法对食品安全领域的违法行为规定了严厉的惩治措施，建立了覆盖全过程的食品安全管理制度，针对食品安全领域的突出问题做了有针对性的规定，回应了广大人民群众的关注焦点。

一系列产品质量监管法规的颁布，无不体现了国家对产品质量高度重视的精神和态度，代表了国家"四个最严"即最严谨的标准、最严格的监管、最严厉的处罚、最严肃的问责的指导思想的具体落实。在实际经济生活中，明显感觉到了"严"字的实施和落实，产品质量的治理也起到了一定的成效。如2016年重点抓的10类重点消费品合格率提升了5.2个百分点，其中智能马桶合格率从2015年的60%提升到2016年的82.4%。[①] 遗憾

---

① 国家质检总局：《国产智能马桶盖呈现"四升一降"》，《中国质量报》2017年6月26日。

的是，这些法律法规主要是站在监管主体角度面向被监管对象所制定，是一种单向监管模式，这种法律体系的构建强调了被监管对象应承担的责任、义务和法律条款，并未对监管主体本身做相应的法律层面的约束，更未对其进行道德层面，也即诚信方面的制约，致使近几年政府监管部门不作为、不讲诚信的质量事件屡屡发生。

社会主义核心价值观中的"诚信"不仅是指公民间讲信用，更包含着政府部门的政务诚信，而"政务诚信"又是"诚信政府、诚信企业、诚信公民"体系建设的核心。从产品质量监管的角度讲，政府产品质量监管部门首先要做到诚信监管，方能依法监管，方能取信于民，方能做到产品质量安全、质量过硬。所以说，除了当前政府、社会围绕诚信问题构建各种评价模型和体系外，从法律层面在诚信监管方面予以立法，规范政务执法的诚信范畴，对弥补原有法律体系的不足，达到与我国传统文化底蕴的契合有着重要的现实意义。

二、科学监管理念下区域产品质量监管手段、监管方法的改进

2013 年 9 月，国务院办公厅印发《关于政府向社会力量购买服务的指导意见》，提出改革开放以来，我国公共服务体系和制度建设不断推进，公共服务提供主体和提供方式逐步多样化，初步形成了政府主导、社会参与、公办民办并举的公共服务供给模式。推行政府向社会力量购买服务是创新公共服务提供方式、加快服务业发展、引导有效需求的重要途径，对于深化社会领域改革，推动政府职能转变，整合利用社会资源，增强公众参与意识，激发经济社会活力，增加公共服务供给，提高公共服务水平和效率都具有重要意义。

产品质量监管是政府公共服务重要的一部分，政府购买第三方检测机构的服务正在初步推进。第三方检测机构具有专业性、独立性等优势，在产品质量监管中能够客观公正地评价、监督与管理。近年来，我国的第三方检测机构的设立也在快速发展，这些民营检测机构也逐步进行整

合，以增强品牌影响力，为政府购买服务、为满足社会需求，提高服务范围和能力。如 2016 年 4 月，中谱检测、青岛捷安信、杭州谱可三家检测机构联合成立了中谱检测集团，首次实现了行业内产业与资本的强强联合；2016 年 6 月，中国科学技术大学理化科学实验中心通过了由国家认监委派出的国家资质认定高校评审组的评审，获得了第三方检测资质。而原来官方检测机构、高等院校、实验中心等也在转变身份，转变服务方向。

建立产品追溯系统，以更有效地促进生产者的质量意识，在制度设计上促使生产者诚信经营，从法律上有效制约不良产品生产者。这种追责、问责机制的设立为产品质量监管，尤其是为加强诚信监管提供了更加有效的手段。近些年来，国家分别颁布了《国务院办公厅关于加快推进重要产品追溯体系建设的意见》（国办发〔2015〕95 号）和《中共中央、国务院关于落实发展新理念加快农业现代化，实现全面小康目标的若干意见》（中发〔2016〕1 号）等。农业部于 2017 年 3 月印发《"十三五"全国农产品质量安全提升规划》（以下简称《规划》）。[1] 在《规划》中提出，我国将构建国家农产品质量安全追溯平台，优先将国家级与省级龙头企业以及农业部支持建立的示范基地纳入追溯体系中，并选择苹果、生猪、茶叶等农产品作为追溯试点产品类别，争取在"十三五"末，农业产业化国家重点龙头企业、有条件的"菜篮子"产品及"三品一标"规模生产主体率先实现可追溯。[2] 这些法规文件的颁发说明了我国高度重视建立追溯体系，对提高产品质量监管能力，落实经营主体责任，改善消费者购买信心具有重要作用和影响。

---

[1]　农业部农产品质量安全监管局：《"十三五"全国农产品质量安全提升规划》，2017 年 3 月 13 日，见 http://jiuban.moa.gov.cn/zwllm/tzgg/tz/201703/t20170313_5519727.htm。

[2]　中国新闻网：《官方将试点苹果等农产品的质量追溯，未来打假举报有奖》，2017 年 3 月 14 日，见 http://news.cnr.cn/native/gd/20170314/t20170314_523655325.shtml。

三、社会公众组织对区域产品质量诚信监管关注度的提升

产品质量既是一个国家生产力发展水平的重要指标，是一个国家经济实力的具体体现，也是关系到国民消费水平、生活质量的一个重要指标，因而是备受民众关注的焦点话题。多年来，各种社会组织以不同方式、不同措施、不同形式对产品质量问题高度关注，进行了多种形式的打假、抵制购买、曝光等活动，比较有代表性的有"质量万里行活动""3·15"晚会。

"质量万里行活动"由首都新闻界主要新闻单位发起，始于1992年2月，一经启动就得到了中央和国务院有关部门和社会消费者大力支持和高度评价，以至于该组委会最后演化成为由政府部门、中央新闻机构、经济学家及名优企业等单位构成的全国性社团组织，具有独立的法人资格并在业务上由国家质量监督检验检疫总局主管。通过"质量万里行活动"的展开，质量意识深入到各行业、各区域、各个企业，在维护消费者合法权益，打击假冒伪劣企业违法行为，强化民众质量意识，促进社会舆论监督等方面具有重要推进作用，也为加强我国产品质量监管工作带来多方面的积极影响。

"3·15"晚会是由中央电视台联合国家政府部门，为维护消费者合法权益，在每年的3月15日晚共同主办并现场直播的一台大型公益晚会，是有若干政府部门参与的产品质量监管领域最具有影响力的社会活动。这台晚会关注经济发展领域中的质量问题，关注社会生活中权益维护，关注经营者的诚实守信，关注监管者的有法可依、执法必严的问题。

每届晚会上与诚信监管、诚信经营、诚信宣传相关的关键词均是主题内容，如消费生活中的"潜规则"，侵害消费者权益的重要"黑幕""打假"斗士，促销、虚假广告等。例如，2013年的"3·15"晚会，曝光了安卓手机软件"盗用"用户信息，苹果手机在国内外市场实施的不同售后服务和政策歧视，大众汽车明知故犯的质量缺陷，网易等公司收集用户隐私以及黄金经销商添加"铱"元素，电视购物利益链条上的虚假宣

传等。晚会主题由初始的维护消费者权益升华为关注经济社会中的诚信建设，也揭示了发生的众多产品质量问题。晚会无论是表现形式还是内在成因，与利益链上各方"诚信"有着不可或缺的必然联系。社会腐败主要是因经济而发生，而诚信缺失会直接使经济走向深渊，产品质量问题恰如其分地把二者综合体现出来。

四、"依法监管、科学监管、诚信监管"的区域产品质量监管体系

依法监管是从法规层面为监管部门提供了监管的法律依据，要求其在法律授权范围内行使监管职能，在监管过程中既不能为所欲为，也不能玩忽职守。而对被监管对象——生产企业来讲必须遵法守法，接受监管部门监督管理，依法生产符合质量要求的消费品。

科学监管则是指监管法律法规制定的科学化、监管手段方法的科学化、监管体制机制建立的科学化等，也即改变原来依靠行政命令，依靠粗暴执法、简单的监管理念以及落后的监管技术现状，而是应用先进监管理念、选用科学监管方法。但是在实际监管过程中，多存在监管人员并不依法、生产企业并不守法的现象；监管手段再科学、再客观，仍然会出现监管人员对监管过程或是凭主观经验、或是人为操控的现象，尤其是作为一种权力寻租的活动，监管结果全取决于人为因素等。由此可知，法律再健全，但可以不依；手段再科学，但可以不用。如此监管机构只能是形同虚设，如此监管过程只能是自欺欺人。

所以，在久已形成的产品质量监管强调要"依法监管、科学监管"的理念基础上，本书提出必须将"诚信监管"纳入我国原有的监管理念体系中，构建我国区域产品质量监管中的"依法监管、科学监管、诚信监管"体系，见图12-2。在前面几章中分别围绕依法监管、科学监管的理念、方法做了阐述，现则主要是就"诚信监管"内容予以探讨。

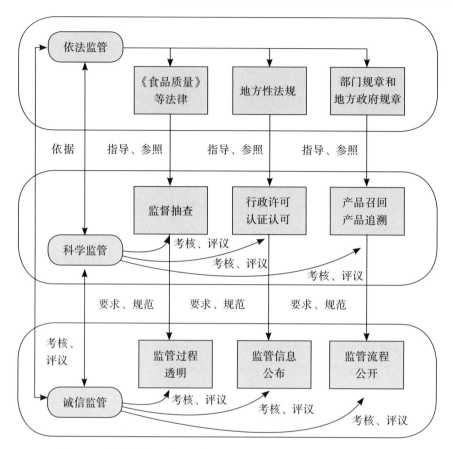

图 12-2　依法监管、科学监管、诚信监管的区域产品质量监管体系图

第三节　区域产品质量诚信监管的理论依据

由于经济体制的多种模式，经济结构的多种形式，经济成分的多元化等市场因素的作用，不同经济组织为了自身利益而采取多种方式和手段来达到其生存和发展的目的。也对政府提出了诚信监管问题、对企业提出了诚信经营问题以及对经销、推介各个环节提出诚信行为问题，甚至是提出对消费者的消费理念、消费意识中的诚信消费问题。

就目前我国产品质量状况而言，不可否认的是许多区域和行业均存在假冒伪劣产品充斥市场，企业违法经营等不良现象，而监管不到位、执法不力、手段不科学等是导致市场秩序混乱及产品质量监管失灵的主要原因之一。关于探究政府产品质量监管失灵的原因方面，国内外研究学者都给予了高度关注，诸多学者是从依法监管和科学监管角度进行剖析，在监管法律、监管制度、监管方式等方面提出了政府加强产品质量监管的对策。比如，辛普森（Simpson B.P.，2011）指出政府对违规企业处罚力度不够是企业失信问题频发的主要原因。[①] 于涛、刘长玉等（2014）、陈伟（2010）提出产品法律法规建设滞后导致监管诚信缺失。[②] 王殿华等（2013）、公维友等（2014）分析得出政府单一治理模式存在不足，监管方式滞后是产品事故频发的主要原因。[③] 萨宾等（Sabine S. et al.，2012）分析了政府监管失灵的主要原因是监管企业数目多、监管任务重，从而致使产品质量监管效率不高。[④] 但这些研究对产品质量监管失灵的原因分析时，对政府诚信问题方面的关注较少，从诚信角度提出政府改进监管的针对性措施则更少。

近年来，社会各界也已认识到诚信问题在经济活动各个环节中的作用、意义和重要性。比如，李保霞（2011）将我国不断发生的产品质量事件原因归结为企业的道德缺失，强调自律的企业文化建设不完善，并提出通过加强对企业主要负责人的教育、激励以及对企业员工的诚信意

---

① Simpson B.P., "The Effect of Environmental Regulations and Other Government Controls on Oil and Gasoline Production", *Energy & Environment*, 2011(3).

② 于涛、刘长玉:《政府与生产企业间产品质量问题博弈分析》,《山东大学学报（哲学社会科学版）》2014 年第 2 期。陈伟:《以立法推进监管体制改革》,《中国行政管理》2010 年第 3 期。

③ 王殿华、苏毅清:《食品安全市场监管效果的检验及分析》,《软科学》2013 年第 3 期。公维友、刘云:《当代中国政府主导下的社会治理共同体建构理路探析》,《山东大学学报（哲学社会科学版）》2014 年第 3 期。

④ Sabine S., Gunther M., "The Third-party Model: Enhancing Volunteering through Governments, can Green Building Councils Serve as Third Party Governance Institutions? An Economic and Institutional Analysis", *Energy Policy*, 2012(49).

识的培养促使企业主动进行诚信经营。[1]普雁翔等（2012）、柴艳萍（2014）从政府加强对企业监管的角度提出了政府监管部门通过提高监管力度、加强处罚力度以及建立诚信信用档案等措施促使生产企业采取诚信经营行为。[2]

有些学者在产品质量诚信监管方面做了一些研究，但研究内容主要集中在探究政府诚信监管内涵以及加强诚信监管措施等方面。比如胡克斯特拉等（Hoekstra A. et al., 2012）分别从微观、中观和宏观三个层面，指出微观层面的政府诚信是政府工作人员诚信，中观层面的政府诚信是政府内部组织诚信，宏观层面是指国家甚至国际层面的诚信制度体系。[3]邵景均（2016）指出以政府诚信带动社会诚信建设，提出政府诚信的重要性，政府及其工作人员切实做到讲诚信发挥示范作用。[4]王向文（2012）基于政府利益相关者价值网络，从公信力广度、强度、满意度三个方面分析对政府公信力的重要作用。[5]斯帕克斯等（Sparks P. et al., 2011）运用定量研究的方法，分析政府公职人员诚信的道德标准和内涵。[6]

在加强诚信监管措施方面，关蓉晖（2008）研究表明增加诚信信息披露和传播，减少失信行为发生的条件，加强制度和法制建设，强化惩戒机制，改变失信的收益和代价比率等经济手段，是加快社会诚信建设

---

[1] 李保霞：《关于加强政府与第三方监管提升企业诚信的建议》，《企业导报》2011 年第 2 期。

[2] 普雁翔、宋丽华、向明生：《诚信的价值及其制度建设对食品安全的意义》，《全国商情·理论研究》2012 年第 19 期。柴艳萍：《企业主观诚信的不确定性及其外部监管措施》，《齐鲁学刊》2014 年第 2 期。

[3] Hoekstra A., Kaptein M., "The Institutionalization of Integrity in Local Government", *Public Integrity*, 2012 (1).

[4] 邵景均：《以政府诚信带动社会诚信建设》，《中国行政管理》2016 年第 8 期。

[5] 王向文：《政府公信力概念的三个维度：以利益相关者价值网络为视角》，《中央财经大学学报》2012 年第 3 期。

[6] Sparks P., Farside T., "Social Dimensions of Judgments of Integrity in Public Figures", *British Journal of Social Psychology*, 2011(1).

的可行途径。① 吴元元（2012）提出各地监管部门应建立面向所辖区域的公共信用信息系统，形成全国食品信用档案管理系统。② 鲍曼等（Bowman J. S. et al.，2013）指出政府通过加强披露公共支出能够提高政府诚信水平，增强政府监管部门监管力度。③

但通过以上分析，虽然有学者意识到政府诚信问题的重要性，但主要研究还是对政府诚信问题的一般性讨论。无论政府也好、学界也好、消费者及舆论媒体等均是对质量事件中诚信问题孤立地论述、分析、研究，就事论事，仅局限于企业的道德、品行、文化等，政府部门的问责惩戒等，并未就诚信问题从产品质量的监管成因、监管机制、监管体系等方面，从系统的角度进行更深入的分析研究。

相对而言，用现代管理理论、科学方法进行产品质量诚信监管的研究还较为浅显，所以说从经济社会发展的需要和人民生活水平的提高角度来讲，诚信监管理应受到政府和社会的高度关注，诚信监管理念与依法监管、科学监管理念有机结合，构建完整的符合我国区域产品质量监管现状的产品质量监管体系，是我国经济社会发展的迫切需求，是提升我国产品质量的必经之路。再者，分析目前诚信监管的研究现状可知，对影响政府诚信行为因素的分析较少，综合研究政府诚信监管和企业诚信生产之间博弈关系的则更少。政府诚信监管在区域产品质量监管中的作用仍较为模糊，对政府与企业围绕产品质量监管博弈行为的产生过程尚显不足。所以，缺乏解决区域产品质量诚信监管的针对性措施。

---

① 关蓉晖：《论诚信的经济观》，《中国行政管理》2008 年第 1 期。

② 吴元元：《信息基础、声誉机制与执法优化——食品安全治理的新视野》，《中国社会科学》2012 年第 6 期。

③ Bowman J. S., Stevens K. A., "Public Pay Disclosure in State Government: An Ethical Analysis", *American Review of Public Administration*, 2013(4).

第十三章　区域产品质量诚信监管博弈分析——以食品行业为例

　　如同本书第二章中对区域概念的界定一样，不同行业的产品质量具有不同的区域特征，相应所发生的产品质量问题以及监管问题也具有明显的区域特征。尤其是食品行业，由于其完全信任品的属性和食品安全方面的信息严重不对称，诚信监管的重要性尤为突出。本章以食品行业为例，着重探讨在政府、企业、消费者等多方相互作用影响下，基于博弈视角的诚信监管策略选择及其相互影响机理。

　　食品行业关系到千万民众的身体健康、生命安全，关系到人们生活水平的高低和社会稳定。改革开放以来，随着食品企业的转轨并制，多种模式、不同体制的食品企业共存于整个行业中。食品的原材料、生产加工、运输销售等各个环节均存在一定程度的质量风险，而供应链上以追求利润为目的的企业与行使监管职能的政府部门，以及与希望获得良好食品质量的消费者之间必然存在一种利益博弈和矛盾协调关系，企业模式的多种类型，食品产品的多样化，消费群体和消费地域的差异，更由于信息不对称、地方保护主义、监管人员不作为等种种因素叠加在一起，致使当前食品质量问题层出不穷、愈演愈烈，食品危机现象频频发生。人们对食品安全的忧虑、对监管不力的指责甚至是对政府公信力质疑也是愈加严重。因此，如何在构成监管主体的政府部门、生产企业、消费者之间寻求利益平衡、建立信任机制、采取科学监管对策，是食品行业走出信任危机的当务之急。

本章将博弈理论和激励相容机制理论结合在一起，从三个方面探讨食品诚信监管的策略选择及应采取的激励相容措施，即构建食品企业与消费者间的诚信监管博弈模型、食品企业与政府监管部门间的诚信监管博弈模型以及政府监管部门、食品企业与消费者间诚信监管三方博弈模型，并依据所建模型分析其博弈机理，探索各方应采取的激励相容措施。

第一节　诚信监管中食品企业与消费者之间的博弈分析

实际上，从狭义的观点来看监管，就是政府监管部门对生产企业实行单向的行政职能。而从系统的角度来看，监管就是一套完整的体系，这个体系是由监管部门、生产企业、第三方、消费者及新闻媒体等多个相关环节构成，各个环节相互影响、相互制约。如果没有生产企业的配合、互动（不管是主动还是被动），对其监管会是异常艰难和被动的。如 2017 年 11 月，日本化纤行业巨头东丽公司公开承认一家子公司在 2008—2016 年间产品质量数据造假，2017 年 10 月，日本第三大钢铁企业神户制钢公开承认旗下四家子公司存在篡改材料数据等作假行为，随之监管部门方才得以进入监管程序。[①] 同样，我国的大量食品质量问题并非监管部门查处，而是由新闻媒体揭发或是由消费者举报才予以暴露。这些事件的发生往往是极度关系到人们生命安全和身体健康才爆发。企业作假是肇事之源头，现代企业理当从承担社会责任的角度，满足社会需求、服务社会发展，理当主动接受监管和监督，赢得社会公众的尊重与信任。消费者作为质量问题的直接受害者无论是从自身利益还是公共道义来讲，都有责任和义务对产品质量问题进行监督、举报。

---

① 胡立彪:《日企造假警钟敲给全球听》,《中国质量报》2017 年 10 月 17 日。

事实上，由于食品安全的复杂性，食品监管的多样性，传统观点中单纯依靠政府监管部门对所有食品企业进行监管，除了需要付出巨大监管成本且又难以有所作为外，还容易使不法企业认为有机可乘，找政策空子，钻监管漏洞，虚假舞弊牟取暴利。使消费者深受其害，失去对企业的信任，失去对政府的信赖。所以，在仅仅依靠政府力量难以实现对食品安全的有效监管情况下，充分发挥构成现代监管体系的多个主体的作用，在食品安全领域进行有效监管，是保证食品质量，保护消费者利益，维护社会稳定发展的有效途径。

在消费者参与监管的体系中，消费者行为是通过接受消费与举报投诉等活动的选择发挥间接监管作用，其动机可归结为以下两点：其一，消费者是产品质量的重要利益相关者。消费者间接参与食品安全监管主动性较强，也是食品安全最直接利益相关者，食品安全将直接影响到消费者的健康，所以消费者对食品安全的关注度极高，对通过一定行为选择间接监管食品安全有很大的积极性。其二，消费者监督产品质量具有可行性。消费者位于食品供应链的终端，是食品直接的体验者，能够获得食品安全的原始数据，依据原始数据对食品质量客观判定。食品企业经济利益的实现最终是由消费者购买实现的，消费者购买行为的选择能够对食品企业生存与发展产生直接影响，从而迫使企业在诚信经营与失信经营中作出正确选择。消费者对食品安全方面的监管可分为对食品企业的间接监管和对政府部门的间接监管，监管效果是政府公信力高低的重要评估指标。本节主要从诚信经营角度讨论消费者通过消费与投诉等行为选择对食品企业的间接监管情况。

由于产品质量问题以及产品质量监管问题存在明显的区域特征，行业划分也是区域特征表现的主要形式之一。不同行业的产品质量有不同的特点，其中，食品行业由于其信任品的属性和食品安全方面存在的严重信息不对称现象，诚信监管重要性尤为突出。本章按照行业区域划分方式，以诚信监管问题较为突出的食品行业为例，探讨在政府、企业、消费者等各方相互作用影响下，基于博弈的视角其诚信策略选择的影响机理及诚信策略所能采取的措施。

改革开放以来，随着食品企业的转轨并制，多种模式、不同机制的食品企业共存于整个食品行业中。由于食品行业关系到民众身体健康、生命安全的重要特征，关系到消费群体的广泛性、普遍性，关系到食品生产、销售的地域性。信息不对称等使得构成监管主体的政府部门、生产企业、消费者各自追求自身利益的博弈过程，又需考虑其他方利益的平衡，以求达到整体利益的最大化。所以，以博弈理论和激励相容机制理论研究食品行业的监管问题，无论是行业本身的内在机理还是企业运营环境的外部适应性方面均具有实际应用价值。

下面将从三个部分探讨食品诚信监管的策略选择及应采取的激励相容措施，即构建食品企业与消费者间、食品企业与政府监管部门间食品安全诚信监管两方的博弈模型以及政府监管部门、食品企业与消费者间食品安全诚信监管三方博弈模型，并依据所建模型分析其博弈机理，探索各方应采取的激励相容措施。

一、模型假设与参数设置

根据食品企业与消费者之间在食品安全诚信监管方面的实际情况，提出如下假设：

假设 13.1：博弈模型各参与方都是理性的，都以自身利益最大化为策略目标。食品企业的行动集合为（诚信经营，失信经营），消费者的行动集合为（购买，不购买）以及（投诉，不投诉）。

假设 13.2：地方监管部门监管能够有效发现食品企业经营的诚信状况。食品企业诚信经营侧重于对所生产和销售的食品质量安全的保证、信息披露的真实性，失信经营则指的是生产或销售不合格食品，向政府监管部门与消费者传递虚假食品信息。因此假定食品企业失信经营时所生产的食品均为不安全食品，诚信经营的成本高于失信经营的成本。

假设 13.3：消费者投诉后均能得到政府部门的妥善处理。消费者是否选择继续购买取决于上一次所购买的食品是否是合格产品，消费者将根据所购买的食品合格与否不断修正对食品企业所生产食品的购买决策。

假设 13.4：食品企业与消费者之间的博弈是重复博弈，并且博弈有先后顺序，涉及的参数如表 13-1 所示。

表 13-1　博弈模型参数表

参数	参数含义	参数	参数含义
R	食品企业的销售收益	U_H	消费者购买安全食品获得的净效用
C_H	食品企业诚信经营付出的成本	$-U_L$	消费者购买不安全食品获得的净效用
C_L	食品企业失信经营付出的成本	C_T	消费者的投诉成本
F_1	食品企业失信经营被投诉后的经济损失	Q_M	消费者选择购买的概率
F_2	食品企业失信经营被投诉后的声誉损失	Q_T	消费者选择投诉的概率
P	食品企业选择诚信经营的概率		

二、模型构建与模型分析

根据上述假设，构建有政府监管时食品企业与消费者间食品安全诚信监管动态博弈模型如图 13-1 所示：

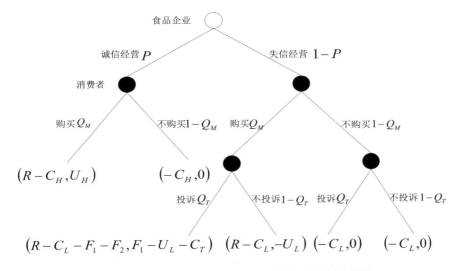

图 13-1 政府监管时食品企业与消费者间动态博弈模型

图 13-1 所示的动态博弈模型将重复进行，为简化分析，假设博弈只有两个阶段：$T-1$ 期和 T 期，在第 T 期，因为是最后一次博弈，食品企业和消费者都知道是最后一次博弈，食品企业为维持良好声誉而选择诚信经营没有意义，博弈情形与静态博弈一样，食品企业为使利益最大化肯定会选择失信经营。通过结合这两个阶段的博弈情形得出促使食品企业在 $T-1$ 期选择诚信经营的激励相容机制。

根据上述分析可知，食品企业在这两个阶段的策略选择可分为两种情形，其一，当食品企业在两个阶段都选择失信经营；其二，当食品企业在 $T-1$ 期选择诚信经营，在 T 期选择失信经营。

当两个阶段都选择失信经营时，食品企业的收益状况为：

在 T-1 期，食品企业选择失信经营时，其收益为：

$$E_{T-1}(p=0) = Q_M\left[Q_T(R-C_L-F_1-F_2)+(1-Q_T)(R-C_L)\right]+(1-Q_M)(-C_L)$$

（13.1）

由于在 T-1 期食品企业选择失信经营，消费者购买到了不安全食品，所以在 T 期消费者不再购买其生产的食品，此时食品企业的收益为：

$$E_T(P=0)=-C_L \tag{13.2}$$

假设贴现因子为 δ，则食品企业在 T-1 及 T 期的收益总和为：

$$E_1 = Q_M R - Q_M Q_T (F_1 + F_2) - C_L - \delta C_L \tag{13.3}$$

当食品企业在 T-1 期选择诚信经营、在 T 期选择失信经营，此时食品企业的收益状况为：

在 T-1 期，食品企业选择诚信经营时，其收益为：

$$E_{T-1}(p=1)=Q_M(R-C_H)+(1-Q_M)(-C_H) \tag{13.4}$$

由于在 T-1 期食品企业选择诚信经营，消费者在 T 期消费者依然会在概率 Q_M 下购买其生产的食品，此时食品企业的收益为：

$$E_{T-1}(p=0)=Q_M\left[Q_T(R-C_L-F_1-F_2)+(1-Q_T)(R-C_L)\right]+(1-Q_M)(-C_L) \tag{13.5}$$

同样假设贴现因子为 δ，则食品企业在 T-1 及 T 期的收益总和为：

$$\begin{aligned} E_2 &= E_{T-1}(P=1)+E_T(P=0) \\ &= Q_M R - C_H + \delta\left[Q_M R - Q_M Q_T(F_1+F_2)-C_L\right] \end{aligned} \tag{13.6}$$

当 $E_1 < E_2$ 时，食品企业在 T-1 期将选择诚信经营，将各期的收益代入，化简可得：

$$C_H - C_L < (1-\delta)Q_M Q_T(F_1+F_2)+\delta Q_M R \tag{13.7}$$

式（13.7）即是促使食品企业诚信经营需满足的条件公式，在式（13.7）中，$C_H - C_L$ 为食品企业失信经营比诚信经营多获得的收益，该项收益的多少关系食品企业失信经营动机大小。上式说明当失信收益比失信经营造成的罚款及声誉等损失小时，食品企业选择失信经营是不经济的行为，在利益最大化驱使下其将在 T-1 期选择诚信经营。

由于 C_H、C_L、Q_M、δ、R 为固定值，所以影响上述诚信经营条件公式成立的变量为 Q_T、F_1、F_2 当消费者的投诉概率 Q_T 越大，政府部门对失信经营的食品企业的惩罚力度 F_1 越大，食品企业失信经营被投诉后的声誉损失 F_2 越大时，上式越容易成立，即食品企业越倾向于在 T-1 期选择诚信经营。

在食品企业与消费者的重复博弈过程中，由于双方都不知道最后一次博弈在什么时候，所以上述博弈分析中保证食品企业在 $T-1$ 期选择诚信经营的措施也就是促使食品企业一直选择诚信经营策略的措施。

推论 13.1：消费者的投诉概率越大，食品企业在失信经营被消费者投诉后受到的政府部门处罚的经济损失越高，食品企业失信经营被消费者发现后的声誉损失越大，食品企业越倾向于诚信经营。

例如 2014 年福喜过期肉事件发生后，福喜集团遭到广大消费者的强烈抵制，声誉一落千丈，损失极大。连同从上海福喜进货的肯德基、麦当劳、必胜客等快餐企业都不同程度上受到了消费者的质疑。福喜公司以生产、销售伪劣产品罪被罚处 120 万人民币，相关涉事人员就生产、销售伪劣产品罪被判处有期徒刑一年七个月到三年不等，并被罚处三万到十万不等的罚金。由外部性理论可知，福喜过期肉事件给快餐肉制品行业带来了较大的负外部性。为此，福喜过期肉事件后，全国洋快餐企业迅速划清与上海福喜公司的界限，将从上海福喜购买的产品下架，并宣布终止与上海福喜，甚至是中国福喜的合作。同时，我国政府监管部门对回收食品再加工、篡改保质期等部分食品企业的"行业潜规则"行为给予了更加严厉的监管。如推论 13.1 所述，企业不讲诚信，必然会导致声誉损失、导致惩罚力度加大，导致企业一蹶不振甚至万劫不复。这个事例足以说明企业不讲诚信经营所带来的后果。

第二节　诚信监管中食品企业与地方监管部门之间的博弈分析

在食品行业诚信监管体系中，地方政府监管部门是实施监管的主导力量，而企业作为监管对象则是产品质量的承载主体。现代监管体系中，二者相互制约，各有诉求，却也同生共存，目标趋同：为企业的良好运营，为社会的平稳发展，为大众的满意消费。

一、政府食品安全诚信监管现状

改革开放以来，我国经济体制由计划经济转变为社会主义市场经济，中央逐渐将部分经济管理权利下放到地方政府，地方政府掌握了一定的资源和经济决策权，担当起发展地方经济的重任。中央与地方政府的关系随之发生改变，由单纯的行政隶属关系转变为不定期契约关系，地方政府为实现地方利益最大化有了一定的选择权。按照《食品安全法》的相关规定，食品安全应由地方政府负总责，但地方政府在履行该项职责时往往以地方利益最大化为首选目标，致使食品发生质量问题时地方保护主义成为监管职能难以实施的巨大阻力。

根据新《食品安全法》的有关规定，各级政府部门在食品质量安全监管中的职责如图 13-2 所示。具体为国务院食品药品监督管理总局全面负责食品质量安全监管工作，协调各部门分工协作，指挥并管理省级食品药品监督管理局的食品质量安全监管工作，并对省级人民政府的食品质量安全监管工作作出考核、评价；国务院卫生行政部门负责组织开展食品安全风险监测和风险评估，并对省级卫生行政部门进行指挥、管理；省级人民政府负责协调本省内的食品质量安全监管工作，确定本级食品药品监督管理局、卫生行政部门及其他有关食品质量安全监管部门的工作职责，并对其监管工作进行考核、评议；省级食品药品监督管理局负责本行政区具体的食品质量安全监管工作，对食品企业抽查、查处违规生产企业等。市、县级人民政府及相关部门的职责与部门间的相互关系以此类推，上级政府考核评议下级政府，人民政府考核评议本行政区的食品质量安全监管部门。

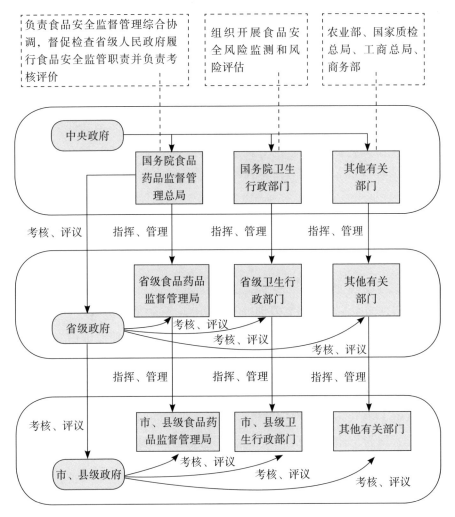

图 13-2　食品质量安全监管部门职能划分

从图 13-2 中可以看出，具体监管食品质量安全的是各级地方监管部门，地方监管部门是上级监管部门的派出机构，同时又受到地方政府分级管理。中央监管部门的最终目标是实现食品质量安全水平的稳步提高，消费者的利益得到有效维护。地方政府往往以自身利益最大化为最终目标，由于地方企业与地方政府之间的利益存在交叉，加之中央监管部门与地方政府之间信息不对称，所以有些地方政府在监管过程中为了地方经济的发展存在不监管的倾向，如2011年发生的"双汇瘦肉精事件"。在2011年之前，瘦肉精事件就有所发生，瘦肉精检测应列入日常检测项目中，然而事件却发生在我国肉类知名品牌上，可见地方政府对地方食品企业的保护倾向。地方监管部门由于受到地方政府的直接领导与考核评议，监管行为易被地方政府得知而不易被中央监管部门发现，其行动策略往往受到地方政府的影响。因地方监管部门是具体负责食品安全监管工作的机构，所以将博弈一方设定为地方监管部门。

二、博弈模型构建

（一）模型假设与参数设置

根据食品安全诚信监管方面的实际情况，提出如下假设：

假设13.5：博弈模型各参与方都是理性的，地方监管部门受到中央监管部门与地方政府的双重领导，以自身利益最大化为策略目标；食品企业以利润最大化为目标。

假设13.6：为便于理论分析，对地方监管部门的行动集合设定为极端形式，即为（监管，不监管），食品企业的行动集合都为（诚信经营，失信经营）。

假设13.7：地方监管部门监管能够有效发现食品企业经营的诚信状况。

假设13.8：地方监管部门监管能够有效减少食品安全事件的发生，获得消费者的认可，即带来声誉收益；地方监管部门不监管，食品市场上出现食品安全事件将给消费者带来地方监管部门没有尽责的印象，给地方监管部门带来声誉损失。以上所涉及的参数如下：

表 13-2　博弈模型参数表

参数	参数含义	参数	参数含义
R_{E1}	食品企业诚信经营的声誉收益	R	地方监管部门监管的声誉收益

参数	参数含义	参数	参数含义
C_E	食品企业诚信经营付出的额外成本	C	地方监管部门监管的成本
R_{E2}	食品企业失信经营的额外收益	$-R$	地方监管部门不监管的声誉损失
F_E	食品企业失信经营被地方监管部门发现受到的罚款	R_H	食品企业失信经营给地方监管部门的寻租额
$-R_{E1}$	食品企业失信经营的声誉损失	P	地方监管部门监管的概率
P_E	食品企业选择诚信经营的概率		

（二）模型构建与模型分析

根据上述假设，食品企业与地方监管部门之间的混合策略博弈模型构建，如图 13-3 所示。

		地方监管部门	
		监管 P	不监管 $1-P$
食品企业	诚信经营 P_E	$R_{E1}-C_E$ ，$R-C$	$-C_E$ ，R
	失信经营 $1-P_E$	$R_{E2}-(F_E+R_{E1})$，$R-C+F_E$	$R_{E2}-R_H$，R_H-R

图 13-3　食品企业与地方监管部门之间博弈模型

假定 $R_{E2}-F_E-R_{E1}<R_{E1}-C_E$ ，否则地方监管部门的监管没有任何意义。

根据图 13-3 中的博弈模型，可以得出食品企业诚信经营与失信经营的期望收益分别是：

$$\pi(1,P)=P(R_{E1}-C_E)+(1-P)(-C_E) \tag{13.8}$$

$$\pi(0,P)=P[R_{E2}-(F_E+R_{E1})]+(1-P)(R_{E2}-R_H) \tag{13.9}$$

根据支付等值法，由 $\pi(1,p)=\pi(0,p)$ 计算可得 $P^* = \dfrac{R_{E2}-R_H+C_E}{F_E+2R_{E1}-R_H}$。

同样，对于地方监管部门来说，监管与不监管的期望收益分别是：

$$\pi\left(P_E,1\right)=P_E[R-C]+(1-P_E)[R-C+F_E] \tag{13.10}$$

$$\pi\left(P_E,0\right)=P_E R+(1-P_E)(R_H-R) \tag{13.11}$$

由 $\pi\left(P_E,1\right)=\pi\left(P_E,0\right)$ 计算可得 $P_E^* = 1-\dfrac{C}{2R-R_H+F_E}$。

因此，该混合策略博弈模型的纳什均衡解为 $\left(P_E^*,\ P^*\right)=\Bigg(1-$

$\dfrac{C}{2R-R_H+F_E},\ \dfrac{R_{E2}-R_H+C_E}{F_E+2R_{E1}-R_H}\Bigg)$，即食品企业以 $P_E=1-\dfrac{C}{2R-R_H+F_E}$

的概率选择诚信经营，地方监管部门以 $P=\dfrac{R_{E2}-R_H+C_E}{F_E+2R_{E1}-R_H}$ 的概率选择监管。

分别用 P^* 对 R_{E2}、R_H、C_E、R_{E1}、F_E 求导，可得各变量对地方监管部门监管的影响机理：

$$\frac{\partial P^*}{\partial R_{E2}}=\frac{\partial P^*}{C_E}=\frac{1}{F_E+2R_{E1}-R_H}>0\ ;$$

$$\frac{\partial P^*}{\partial R_H}=\frac{(R_{E2}-F_E-R_{E1})-(R_{E1}-C_E)}{\left(F_E+2R_{E1}-R_H\right)^2}<0\ ;\quad \frac{\partial P^*}{\partial R_{E1}}=\frac{-2(R_{E2}-R_H+C_E)}{\left(F_E+2R_{E1}-R_H\right)^2}<0\ ;$$

$$\frac{\partial P^*}{\partial F_E}=\frac{-(R_{E2}-R_H+C_E)}{\left(F_E+2R_{E1}-R_H\right)^2}<0\ 。$$

推论 13.2：食品企业失信经营能获得的额外收益 R_{E2} 越多，失信经营的吸引力越大，地方监管部门监管的概率越大；食品企业诚信经营所付出的额外成本 C_E 越高，越倾向于失信经营，地方监管部门监管的必要性越大，即监管的概率也越大；食品企业诚信经营获得的声誉

收益 R_{E1} 越大，其诚信经营的动机越大，地方监管部门监管的概率越小；食品企业失信经营被地方监管部门发现后的罚金 F_E 越高，对食品企业的威慑力越大，越不敢失信经营，地方监管部门监管的必要性就越低；食品企业失信经营时给地方监管部门的寻租额 R_H 越多，地方监管部门为了自身的经济利益最大化，选择不监管的概率越大，即监管的概率越小。

分别用 P_E^* 对 C、R、R_H、F_E 求导，以得出各影响因素对食品企业诚信经营的影响机理：

$$\frac{\partial P_E^*}{\partial C} = \frac{1}{\left(2R - R_H + F_E\right)^2} < 0 \quad \frac{\partial P_E^*}{\partial R} = \frac{2C}{\left(2R - R_H + F_E\right)^2} > 0$$

$$\frac{\partial P_E^*}{\partial R_H} = -\frac{C}{\left(2R - R_H + F_E\right)^2} < 0 \quad \frac{\partial P_E^*}{\partial F_E} = \frac{C}{\left(2R - R_H + F_E\right)^2} > 0$$

推论 13.3：地方政府从食品企业中获得的利益越多，地方监管部门监管的成本 C 越高，地方监管部门监管的动力不足，食品企业采取诚信经营的概率越小；地方监管部门对失信经营的食品企业的罚金 F_E 越高，食品企业在罚金的威慑下选择诚信经营的概率越高；地方监管部门监管声誉收益 R 越高，监管的积极性越高，在此威慑下，食品企业诚信监管的概率越高；食品企业失信经营时给地方监管部门的寻租额 R_H 越高，地方监管部门越倾向于保护企业不对其进行监管处罚，食品企业诚信经营的概率越小。

实践中，对于规模较小、分布较为分散、经营场所机动灵活的食品企业，诚信经营通常不会带来很大的声誉收益 R_{E1}，而失信经营生产不合格食品的生产成本低，即诚信经营所付出的额外成本 C_E 高，且失信经营的额外利润 R_{E2} 高，即使被地方监管部门查处也很容易重新进行生产经营。食品企业的这些特征导致地方监管部门监管的成本 C 非常高，对

其失信经营的处罚 F_E 通常较低，且即使监管也并不会给地方监管部门带来很大的声誉收益 R。综上所述，具备这些特征的食品企业通常会选择失信经营，而地方监管部门在高成本、低声誉收益的情况下通常会选择不监管。对于规模较大、经营场所固定的食品企业，失信经营可以大幅降低大规模食品企业生产成本从而获得较多的额外收益 R_{E2}。

再者，有些地方政府为保护地方经济平稳发展，对此类食品企业的监管措施不严，甚至有保护倾向，即使发现问题所给予的惩罚 F_E 也很低。在此情况下，此类食品企业失信经营的诱惑力很大。地方监管部门方面，此类食品企业能够带动当地的经济发展和 GDP 的增长，由此为当地政府带来了职位的升迁等利益，此时有些地方政府为了地方经济利益给地方监管部门监管此类食品企业设置了很大的阻力，导致地方监管部门的监管成本 C 非常大，进而导致地方监管部门监管动力不足。即此类食品企业在失信经营的巨额利润的诱惑以及地方监管部门监管不足的情况下选择失信经营，损害了消费者的利益。

以三鹿奶粉事件对推论 13.2、推论 13.3 做简要验证。2000 年，我国经济快速发展，对乳制品的需求量迅速提升，包括婴幼儿奶粉。为满足数量巨大的低端消费群体对婴幼儿奶粉的需求，三鹿推出价格不及进口奶粉一半的婴幼儿配方奶粉，迅速占领市场。由于需求量巨大，且获得了免检产品标识，三鹿集团放松了对生产流程及质量的管控，即诚信经营实际付出的额外成本 C_E 较低；三鹿集团在自检中发现奶粉遭到污染后依然未采取积极措施控制事件对消费者的损害，是因为失信经营的额外收益 R_{E2} 较高；三鹿集团发现问题后向地方政府汇报情况后，地方政府未对其采取任何的惩罚措施，反而助其隐瞒，说明监管处罚金 F_E 很低。在此情况下，三鹿奶粉失信经营的诱惑力很大。

虽然三鹿集团在发现奶粉遭到污染后刻意隐瞒的做法是导致有毒奶

粉销售到市场中的直接原因，但石家庄政府及相关监管部门在知道事件后的不作为行为导致该事件没有得到及时遏制，其纵容态度使得三鹿集团更加有恃无恐，采取规避态度隐瞒奶粉的受污染情况，使事件造成的影响更加严重。

按照规定，石家庄政府与相关监管部门在得知食品事件后应在 2 小时内及时将相关情况上报给上级政府与上级监管部门，逐级上传并由中央相关部门制定相应措施应对事件。石家庄政府之所以不上报且帮助三鹿企业隐瞒事实，是因为三鹿集团作为当地支柱企业带动了当地的经济发展和 GDP 的增长，由此为当地政府带来了职位的升迁等利益，此时地方政府为了地方经济利益给地方监管部门监管三鹿奶粉设置了很大的阻力，导致地方监管部门的监管成本非常大，最终导致地方监管部门监管动力不足。

三鹿集团在失信经营的巨额利润的诱惑以及地方监管部门监管不足的情况下选择失信经营，故意隐瞒事件真相，导致更多的消费者受到问题奶粉的伤害的同时，也给企业自身带来了灭顶之灾。

第三节　食品安全诚信监管中政府、企业、消费者三方博弈分析

食品安全诚信监管过程中涉及多方利益主体，在实际诚信监管过程中，各方主体的最终收益除了受到自身策略选择的影响，还受到其他利益相关方策略选择的影响。本节通过构建政府监管部门、食品企业与消费者三方间关于食品安全诚信监管的博弈模型，分析各方在相互作用影响下的策略选择以及各方策略选择对食品安全的影响，从而对影响食品安全诚信状况的原因作出更加全面的分析，为促使食品企业更好地采用激励相容机制、自觉诚信经营提供科学、有效的对应策略。

　　由于实际监管过程涉及的利益相关方比较复杂，本章主要选择政府、消费者与食品企业三方之间的诚信监管情况进行分析，研究政府监管过程中职权滥用及权力寻租等问题。利用博弈论的研究方法，通过构建政府监管部门、食品企业与消费者三方间关于食品安全诚信监管的博弈模型，可以分析出各方在相互作用影响下的策略选择情况，以及各方的策略选择对食品安全的影响，从而对影响食品安全诚信状况的原因作出更加全面的分析，为提出促使食品企业自觉诚信经营的激励相容机制奠定理论基础。

一、模型假设与参数设置

　　根据政府监管部门、食品企业与消费者之间在食品安全诚信监管方面的实际情况，提出如下假设：

　　假设13.9：博弈模型各参与方都是理性经济人，都以自身利益最大化为策略目标。政府监管部门的行动集合为（监管，不监管）、（滥用职权，不滥用职权），食品企业的行动集合为（诚信经营，失信经营）、（寻租、不寻租），消费者的行动集合为（投诉，不投诉）。

　　假设13.10：政府监管部门监管能够有效发现食品企业经营的诚信状况，此时食品企业才会有声誉收益或收益损失；不监管时则不会发现。

　　假设13.11：食品企业诚信经营，需要付出额外成本 C_E ，获得声誉收益 R_{E1} ，市场上食品安全水平稳步提升；食品企业失信经营，能够获得额外收益 R_{E2} ，政府监管部门对其进行有效监管处理时，食品企业将获得罚金 F_E 和声誉损失 $-R_{E1}$ 。在上述两种情况下，政府监管部门获得声誉收益 R ，此时监管成本为 C 。当政府监管部门不监管或监管时滥用职权，导致市场上出现不合格食品，甚至造成严重的食品安全事件，此时将给政府监管部门带来声誉损失 $-R$ 。

　　假设13.12：政府监管部门滥用职权指的是：食品企业失信经营向其寻租时收受寻租额 $\alpha C_E (0 < \alpha < 1)$ ，或食品企业失信经营不向其寻租时多

收取惩罚金 βF_E $(\beta > 1)$，并将贿赂金和惩罚金据为己有。政府监管部门不滥用职权会把贿赂金和惩罚金全部上缴国库，政府为激励监管部门将给予奖励金 $\gamma(\alpha C_E + F_E)$ $(0 < \gamma < 1)$。

假设 13.13：食品企业失信经营时所生产的食品均为不安全食品。食品企业诚信经营时所生产的食品均为安全食品，不会受到消费者的投诉，也不会向政府监管部门寻租。

假设 13.14：消费者投诉后，若政府监管部门不滥用职权，对消费者的投诉进行合理解决，消费者将得到政府监管部门从罚款中给予的补偿 R_X。涉及的主要参数如下：

表 13-3　博弈模型参数表

参数	参数含义	参数	参数含义
R	政府监管部门声誉收益	R_{E1}	食品企业声誉收益
$-R$	政府监管部门声誉损失	$-R_{E1}$	食品企业声誉损失
C	政府监管部门监管成本	C_E	食品企业诚信经营的额外成本
P_1	政府监管部门监管概率	R_{E2}	食品企业失信经营的额外收益
P_2	政府监管部门滥用职权概率	F_E	食品企业失信经营受到的罚款
C_X	消费者投诉成本	P_{E1}	食品企业诚信经营的概率
R_X	消费者投诉成功后得到的补偿	αC_E	食品企业寻租额
P_X	消费者投诉概率	P_{E2}	食品企业寻租概率

二、博弈模型构建

根据上述模型假设及参数设置，结合实际情况，构建政府监管部门、食品企业和消费者三方间关于食品安全诚信监管的动态博弈模型如图 13-4 所示。

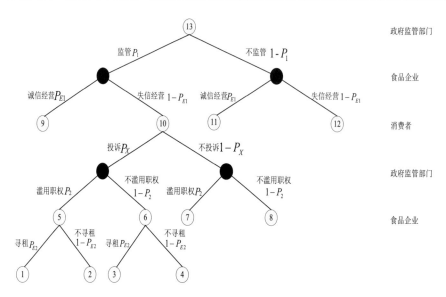

图 13-4 政府监管部门、食品企业和消费者三方动态博弈模型

根据假设及博弈情形，博弈树中各结点的收益值为（E_{ij} 为结点 i 处 j 的收益值，其中 $i = 5,6$ ，$j = 1,2,3$ ，1 代表政府监管部门，2 代表食品企业，3 代表消费者；括号内的收益值从左到右依次为政府监管部门、食品企业和消费者的收益值；为求动态博弈纳什均衡解，将上述动态博弈分为两个阶段，分别是结点 ⑩ 和 ⑪，每个阶段各方的期望收益为 π_{mj}，其中 $m = 1,2$ ）：

① $\left(-R - C + \alpha C_E, R_{E2} - \alpha C_E, -C_X\right)$

② $\left(-R - C + \beta F_E, R_{E2} - \beta F_E, -C_X\right)$

③ $\left(R - C + \gamma\left(\alpha C_E + F_E - R_X\right), R_{E2} - R_{E1} - \alpha C_E - F_E, -C_X + R_X\right)$

④ $\left(R - C + \gamma\left(F_E - R_X\right), R_{E2} - R_{E1} - F_E, -C_X + R_X\right)$

⑤ $\left(E_{51}, E_{52}, E_{53}\right)$

⑥ $\left(E_{61}, E_{62}, E_{63}\right)$

⑦ $\left(-C + \beta F_E, R_{E2} - \beta F_E, 0\right)$

⑧ $\left(R - C + \gamma F_E, R_{E2} - R_{E1} - F_E, 0\right)$

⑨ $\left(R-C,R_{E1}-C_E,0\right)$

⑩ $\left(\pi_{11}^*,\pi_{12}^*,\pi_{13}^*\right)$

⑪ $\left(R,-C_E,0\right)$

⑫ $\left(-R,R_{E2},0\right)$

⑬ $\left(\pi_{21}^*,\pi_{22}^*,\pi_{23}^*\right)$

三、博弈模型求解与分析

（一）博弈模型求解

纳什定理指出，有限个博弈方的有限次博弈中至少有一个混合策略纳什均衡。据此，利用逆向归纳法分两个阶段（结点 ⑩ 和结点 ⑬）求解上述动态博弈模型的纳什均衡解。

首先，计算 E_{ij} 的值：

$$E_{51} = P_{E2}\left(-R-C+\alpha C_E\right)+\left(1-P_{E2}\right)\left(-R-C+\beta F_E\right)$$
$$= -R-C+\beta F_E+P_{E2}\left(\alpha C_E-\beta F_E\right)$$

$$E_{52} = P_{E2}\left(R_{E2}-\alpha C_E\right)+\left(1-P_{E2}\right)\left(R_{E2}-\beta F_E\right)$$
$$= R_{E2}-\beta F_E+P_{E2}\left(\beta F_E-\alpha C_E\right)$$

$$E_{53} = P_{E2}\left(-C_X\right)+\left(1-P_{E2}\right)\left(-C_X\right)$$
$$= -C_X$$

$$E_{61} = P_{E2}\left[R-C+\gamma\left(\alpha C_E+F_E-R_X\right)\right]+\left(1-P_{E2}\right)\left[R-C+\gamma\left(F_E-R_X\right)\right]$$
$$= R-C+\gamma\left(F_E-R_X\right)+P_{E2}\gamma\alpha C_E$$

$$E_{62} = P_{E2}\left(R_{E2}-R_{E1}-\alpha C_E-F_E\right)+\left(1-P_{E2}\right)\left(R_{E2}-R_{E1}-F_E\right)$$
$$= R_{E2}-R_{E1}-F_E-P_{E2}\alpha C_E$$

$$E_{63} = P_{E2}\left(-C_X+R_X\right)+\left(1-P_{E2}\right)\left(-C_X+R_X\right)$$
$$= -C_X+R_X$$

在第一阶段结点 ⑩ 中，政府监管部门的期望收益由结点 ⑤、⑥、⑦、⑧ 的收益值共同决定，即：

$$\pi_{11} = P_X P_2 E_{51}+P_X\left(1-P_2\right)E_{61}+\left(1-P_X\right)P_2 E_{71}+\left(1-P_X\right)\left(1-P_2\right)E_{81}$$

$$\text{（13.12）}$$

根据支付最大化法可知，当 $\dfrac{\partial \pi_{11}}{\partial P_X} = 0$ 时政府监管部门的收益达到最

大值，此时，将 E_{i1} 的值代入 $\dfrac{\partial \pi_{11}}{\partial P_X} = 0$ 中可得：

$$P_2^* = \frac{\gamma\left(-R_X + P_{E2}\alpha C_E\right)}{\gamma\left(-R_X + P_{E2}\alpha C_E\right) + R - P_{E2}\left(\alpha C_E - \beta F_E\right)}$$

在此阶段，食品企业的期望收益同样由结点⑤、⑥、⑦、⑧的收益值共同决定，即：

$$\pi_{12} = P_X P_2 E_{52} + P_X\left(1 - P_2\right)E_{62} + \left(1 - P_X\right)P_2 E_{72} + \left(1 - P_X\right)\left(1 - P_2\right)E_{82}$$

（13.13）

根据支付最大化法可知，当 $\dfrac{\partial \pi_{12}}{\partial P_2} = 0$ 时食品企业的收益达到最大值，

此时，将 E_{i2} 的值代入 $\dfrac{\partial \pi_{12}}{\partial P_2} = 0$ 中可得：$P_X^* = \dfrac{(\beta - 1)F_E - R_{E1}}{P_{E2}\beta F_E}$。

此阶段中，消费者的收益同样由结点⑤、⑥、⑦、⑧的收益值共同决定，即：

$$\pi_{13} = P_X P_2\left(-C_X\right) + P_X\left(1 - P_2\right)\left(-C_X + R_X\right)$$
$$= -C_X + R_X - P_2 R_X$$

（13.14）

消费者选择投诉与否是为了维护自身权益，只需满足 $\pi_{13} > 0$ 即

可。由此计算可得：$P_2^* < 1 - \dfrac{C_X}{R_X}$，即政府监管部门不滥用职权的概率

$1 - P_2^* > \dfrac{C_X}{R_X}$。

在第二阶段结点 13 中，政府监管部门的期望收益由结点⑨、⑩、
⑪、⑫ 的收益值共同决定，即：

$$\pi_{21} = P_1 P_{E1}\left(R - C\right) + P_1\left(1 - P_{E1}\right)\pi_{11}^* + \left(1 - P_1\right)P_{E1} R + \left(1 - P_1\right)\left(1 - P_{E1}\right)\left(-R\right)$$

（13.15）

根据支付最大化法可知，当 $\dfrac{\partial \pi_{21}}{\partial P_1} = 0$ 时政府监管部门的收益达到最

大值，即：

$$\pi_{11}^* + R - P_{E1}\left(R + C + \pi_{11}^*\right) = 0 \text{，解得：} P_{E1}^* = \frac{\pi_{11}^* + R}{R + C + \pi_{11}^*} = 1 - \frac{C}{R + C + \pi_{11}^*} \text{。}$$

在此阶段，食品企业的期望收益同样由结点⑨、⑩、⑪、⑫的收益值共同决定，即：

$$\pi_{22} = P_1 P_{E1}(R_{E1} - C_E) + P_1(1 - P_{E1})\pi_{12}^* + (1 - P_1)P_{E1}(-C_E) + (1 - P_1)(1 - P_{E1})R_{E2} \quad (13.16)$$

根据支付最大化法可知，当 $\frac{\partial \pi_{22}}{\partial P_{E1}} = 0$ 时食品企业的收益达到最大值，

即：$P_1\left(R_{E1} + R_{E2} - \pi_{12}^*\right) - (C_E + R_{E2}) = 0 \quad \frac{\partial \pi_{22}}{\partial P_{E1}} = 0$

解得：$P_1^* = \frac{C_E + R_{E2}}{R_{E1} + R_{E2} - \pi_{12}^*}$。

综上所述，此动态博弈的混合策略纳什均衡解为：

$$\left(P_1^* = \frac{C_E + R_{E2}}{R_{E1} + R_{E2} - \pi_{12}^*}, \quad P_2^* = \frac{\gamma\left(-R_X + P_{E2}\alpha C_E\right)}{\gamma\left(-R_X + P_{E2}\alpha C_E\right) + R - P_{E2}(\alpha C_E - \beta F_E)}, \right.$$

$$P_2^* < 1 - \frac{C_X}{R_X}, \quad P_{E1}^* = \frac{\pi_{11}^* + R}{R + C + \pi_{11}^*} = 1 - \frac{C}{R + C + \pi_{11}^*}, \quad \left. P_X^* = \frac{(\beta - 1)F_E - R_{E1}}{P_{E2}\beta F_E} \right)\text{。}$$

（二）博弈模型结果分析

1. 基于政府角度的博弈结果分析

由 $P_1^* = \frac{C_E + R_{E2}}{R_{E1} + R_{E2} - \pi_{12}^*}$ 可知政府监管部门监管的概率与食品企业诚信监管的声誉收益 R_{E1}、付出的额外成本 C_E 以及在政府监管部门监管情况下食品企业失信经营的期望收益值 π_{12}^* 有关。分别用 P_1^* 对 R_{E1}、C_E、π_{12}^* 求导可得各变量对政府监管部门监管的影响机理：$\frac{\partial P_1^*}{\partial R_{E1}} < 0, \frac{\partial P_1^*}{\partial C_E} > 0, \frac{\partial P_1^*}{\partial \pi_{12}^*} > 0$。

推论 13.4：食品企业诚信经营所获的声誉收益 R_{E1} 越高，其诚信经营的动力越大，政府监管部门的监管的概率 P_1^* 越小；食品企业诚信经营

所付出的额外成本 C_E 越高，其越不愿意诚信经营，政府监管部门监管的概率就越大；食品企业在政府监管的前提下失信经营的期望收益 π_{12}^* 越高，越倾向于选择失信经营的策略，政府监管部门监管的概率越大。

由于 $P_2^* = \dfrac{\gamma(-R_X + P_{E2}\alpha C_E)}{\gamma(-R_X + P_{E2}\alpha C_E) + R - P_{E2}(\alpha C_E - \beta F_E)}$，可知政府监管部门滥用职权的概率受到政府监管部门自身、食品企业以及消费者策略选择的共同影响。分别用对 P_2^*、R、αC_E、β、F_E、R_X、P_{E2} 求导可得各变量对政府监管部门滥用职权的影响机理：

$$\frac{\partial P_2^*}{\partial R} < 0, \frac{\partial P_2^*}{\partial(\alpha C_E)} > 0, \frac{\partial P_2^*}{\partial \beta} < 0, \frac{\partial P_2^*}{\partial F_E} < 0, \frac{\partial P_2^*}{\partial R_X} < 0, \frac{\partial P_2^*}{\partial P_{E2}} > 0 \text{。}$$

推论 13.5：政府监管部门尽职尽责处理消费者投诉所获的声誉收益 R 越高，倾向于不滥用职权，即滥用职权的概率 P_2^* 越小；政府监管部门滥用职权所收取的食品企业寻租额 αC_E 越高，滥用职权的诱惑力越大，滥用职权的概率 P_2^* 越大；滥用职权对食品企业的处罚系数 β 以及处罚金额 F_E 越高，对食品企业的威慑力越大，食品企业越倾向于诚信经营，从而滥用职权的概率 P_2^* 越小；消费者通过投诉维权所获得的补偿金额 R_X 越高，采取投诉维权行为就越积极，政府监管部门考虑到整个社会积极的维权环境，采取滥用职权的概率将降低；食品企业寻租的概率 P_{E2} 越高，政府监管部门越倾向于和食品企业合谋，从而滥用职权的概率 P_2^* 越大。

2. 基于食品企业角度的博弈结果分析

由 $P_{E1}^* = 1 - \dfrac{C}{R + C + \pi_{11}^*}$ 可知食品企业诚信经营的概率主要受到政府监管部门策略选择的影响，与政府监管部门的声誉收益 R、监管成本 C 以及其监管且食品企业选择失信经营时的期望收益 π_{11}^* 有关。分别用 P_{E1}^* 对 R、C、π_{11}^* 求导可得各变量对食品企业诚信经营的影响机理：

$$\frac{\partial P_{E1}^*}{\partial R} > 0, \frac{\partial P_{E1}^*}{\partial C} < 0, \frac{\partial P_{E1}^*}{\partial \pi_{11}^*} > 0 \text{。}$$

推论 13.6：政府监管部门监管并尽职尽责处理消费者投诉时所获的声誉收益 R 越高动力越大，此时食品企业诚信经营的概率 P_{E1}^* 越大；政府监管部门监管付出的成本 C 越高，越倾向于不监管，在此情况下，食品企业诚信经营的概率 P_{E1}^* 越小；政府监管部门在监管、食品企业失信经营情况下的期望收益 π_{11}^* 越高，监管积极性越高，食品企业在此威胁下诚信经营的概率 P_{E1}^* 越大。

3. 基于消费者角度的博弈结果分析

由于 $P_X^* = \dfrac{(\beta-1)F_E - R_{E1}}{P_{E2}\beta F_E}$，可知消费者选择投诉的概率主要受到政府监管部门及食品企业策略选择的影响，与政府监管部门对食品企业的处罚金 F_E、惩罚金系数 β、食品企业诚信经营的声誉收益 R_{E1}、食品企业寻租的概率 P_{E2} 有关。分别用 P_X^* 对 F_E、β、R_{E1}、P_{E2} 求导可得各变量对消费者投诉概率的影响机理：

$$\frac{\partial P_X^*}{\partial F_E} > 0,\ \frac{\partial P_X^*}{\partial \beta} > 0,\ \frac{\partial P_X^*}{\partial R_{E1}} < 0,\ \frac{\partial P_X^*}{\partial P_{E2}} < 0。$$

推论 13.7：食品企业失信经营受到的政府监管部门的处罚金 F_E 及惩罚金系数 β 越大，说明政府监管部门越重视食品安全诚信监管，此时消费者投诉的积极性越高，投诉概率 P_X^* 越大；食品企业诚信监管的声誉收益 R_{E1} 越大，其诚信监管的积极性越高，从而消费者投诉的概率 P_X^* 越小；食品企业寻租的概率 P_{E2} 越大，政府监管部门与食品企业形成政企合谋的概率越大，从而政府处理消费者投诉的有效性降低，消费者投诉的概率 P_X^* 越小。

由于 $P_2^* < 1 - \dfrac{C_X}{R_X}$，即政府监管部门不滥用职权的概率满足 $1 - P_2^* > \dfrac{C_X}{R_X}$，当消费者投诉成本 C_X 越高时，政府监管部门不滥用职权的概率 $(1 - P_2^*)$ 越高。消费者可以通过增加投诉数量或投诉成本促使政府监管部门重视消费者的投诉,从而降低选择滥用职权的概率 P_2^*。另一方面,当消费者投诉所获得补偿 R_X 越高时,并不会使政府监管部门滥用职权的概率 P_2^* 降低,说明增加对消费者的投诉补偿并没有增加消费者的投诉维权动机。

实践经济生活中,有些食品企业选择失信经营后多采取向政府监管部门寻租的策略,即寻租概率 P_{E2} 较大、寻租额 αC_E 较高,加之政府监管部门对食品企业进行有效监管的成本 C 较高,有些政府监管部门为了地方经济发展多采取包庇食品企业策略,惩罚金 F_E 较低或者直接隐瞒食品企业失信经营的信息,并且食品企业的诚信收益 R_{E1} 往往不高。在上述背景下,有些食品企业多采取失信经营的策略,有些政府监管部门为实现部门利益最大化会选择滥用职权与失信经营的食品企业形成合谋,在这种情况下,消费者的维权积极性较低,即食品安全诚信监管领域出现了严重的激励不相容现象。

2011 年的"柳立国案"地沟油事件在一定程度上反映了政府监管部门、食品企业与消费者三方博弈情形。基于博弈分析的结果对地沟油事件发生的原因进行分析,可归结为以下几点:

第一,地沟油制造成本低廉,即博弈模型中食品企业诚信经营所付出的额外成本较高,此时生产地沟油对食品企业的吸引力较大,即食品企业失信经营的概率较大。

第二,地沟油制造利润高,即博弈模型中食品企业失信经营所获得的额外收益较高,极大地增加了食品企业生产地沟油的动机,此时食品企业失信经营的概率较大。据报道,在"柳立国"案件中,每人平均每 3 天就能打捞并粗加工生产 1 桶地沟油,从中获利 550—600 元。对于集生产与销售于一体的格林生物能源有限公司来说,其通过收购粗加工的地沟油,经精加工销售后能够每吨获纯利润 1000 元左右,如此高的利润吸引着整个地沟油生产销售链条不断运行。[①]

---

① 申琳、王伟健:《江苏特大制售"地沟油"案主犯被判无期》,《人民日报》2013 年 10 月 10 日。

第三，惩罚力度较低，即博弈模型中食品企业失信经营的惩罚金较低。《食品安全法》规定，对生产不安全食品的处罚主要以经济处罚为主，基本上是没收违法所得并按照违法所得的倍数处以相应的罚款。但实际上，对违法所得的具体数额难以界定，最终导致对失信经营的食品企业的惩罚力度较低，难以起到威慑作用。

第四，监督成本较高，监管力度相对较低，即博弈模型中的政府监管部门的检查概率较低。对于使用食品油的餐饮企业来说，它们数量庞大，分布广泛，而政府监管部门的工作人员有限，加之目前还没有对食品油进行快速检测的手段，要想对所有餐饮企业进行有效的监督检查，将付出高额的监督检查成本，因此政府监管部门监督检查的积极性并不高。

第五，政企权力寻租，消费者维权积极性低。政府监督检查力度低，对食品企业的失信经营惩罚力度也较低，加之大规模食品企业在失信经营后进行寻租的现象严重，此时给消费者传递出政府监管部门不重视食品安全的印象，从而打击了消费者的维权积极性，导致食品企业失信经营情况更加严重。

第六，食品企业诚信经营声誉收益较低。由于食品安全信息在消费者与食品企业之间存在严重的信息不对称现象，地沟油经过精加工处理，按一定比例添加到合格食品油之中后，消费者即使使用后也很难分辨出来。所以在食品油市场上，失信经营与诚信经营无法区分，从而导致诚信经营的食品油生产企业的诚信收益较低，严重打击了其诚信经营的积极性，也提高了失信经营企业的违规生产获取高利润的积极性。

正是由于上述原因，政府监管部门没有采取有力措施防止地沟油食品企业的生产行为，地沟油生产企业才如此有恃无恐地进行地沟油的生产、销售，消费者在整个事件中受到伤害却很难提高维权积极性。即在地沟油事件中，政府监管部门、食品企业与消费者在食品安全诚信监管方面是激励不相容的。

第四节　基于激励相容机制的食品安全
诚信监管对策分析

一、依据激励相容机制政府应采取的对策措施

政府监管部门积极主动地对食品企业采取监管行动，并自觉不接受外部环境的各种干扰，及时发现产品质量问题并对所发现的食品企业失信经营状况，依法依规进行严厉处罚，对诚信守法企业予以嘉奖和支持，具体措施应从以下三个方面开展：

第一，改变地方政府既得利益格局，改变"唯 GDP 主义"观念，改变地方监管部门仅由地方政府考核评价等对产品质量诚信监管形成干扰的现象。

在政府部门绩效考核中，尽管中央多次强调，不以 GDP 作为政府业绩的重要考核指标，但是许多政府仍把 GDP 作为其考核的关键性指标，在该考核原则的引导下，在企业发生食品安全事件时，依据上述章节所讨论的博弈模型可知，地区生产力发展不监管所带来的收益大于监管所带来的收益，地方政府为追求利益最大化往往会选择不监管以保护地方企业。由于地方政府负责对地方监管部门的考核，根据博弈模型分析可知地方监管部门在采取监管措施时在很大程度上受到地方政府的阻碍，往往不能够正常履行本部门监管职能，致使产品质量难以保障，侵犯了消费者权益，如 2011 年的"双汇瘦肉精事件"。在"双汇瘦肉精事件"发生之前，瘦肉精事件就已发生过，瘦肉精检测应列入地方监管部门的日常检测项目中，然而却发生在当时我国肉类知名品牌的产品上，酿成了这种由于这种地方政府的不作为，影响全国的恶劣质量事件。

在构成诚信监管主体的各方博弈中，零和博弈显然不是各方的最终诉求，即无论是政府监管部门、生产企业还是消费者都不会只顾其他方利益而只求一方获胜。各方共赢才是最理想结果，就是说企业生产高质

量的产品，政府部门以最小的监管成本完成最理想的监管职能，消费者则获得极致的物质享受或良好的工作服务。

第二，事后追责与事前激励相结合。

首先，要完善行政问责制度。2011 年全国首例查处全环节"地沟油"案件以来，公安部与食品安全办公室在全国范围内开展了广泛的"四黑四害"行动，取得了显著的效果，查处地沟油相关案件数百起，但在这些案件中没有一位政府官员被问责。根据"食品企业与地方监管部门间的博弈模型"分析可知，此时地方监管部门的监管行为的约束是不足的，倾向于采取不监管的策略。政府拥有监管食品企业诚信经营的权利，相对应地，要对其应负的监管责任予以明确并具体到人，一旦发生食品安全事件可以找到具体的责任人对其进行行政问责。

其次，要变事后追责为事前激励。行政问责制度是在发生食品安全事件之后的补救措施，是反向激励，完善行政问责制度虽然能够对地方政府监管食品安全时起到震慑作用，但机会主义的地方政府为了地方经济利益依然有忽视食品安全的可能。如在"三鹿奶粉事件"中，地方政府帮助三鹿企业隐瞒事实，是因为三鹿集团作为当地支柱企业带动了当地的经济发展和 GDP 的增长，由此为当地政府带来了职位的升迁等利益。因此，要在完善行政追责制度的同时增加对地方政府的正向激励。中央政府可根据地方政府食品安全质量水平，查处的食品安全事件的数量、失信经营食品企业的数量等给予地方政府以奖励，使地方政府领导地方监管部门积极投身于严格监管食品安全诚信经营水平方面。

第三，构建食品安全监管工作政务公开制度，增大声誉效应。

结合"食品企业与地方监管部门间的博弈模型"分析结果可知，可以通过构建与完善关于食品安全监管工作的政务公开制度，对政府监管部门的滥用职权行为进行曝光，从而扩大政府监管部门的声誉损失。同时，对于尽职尽责进行食品安全诚信监管的政府部门也将获得更大的声誉收益，从而有更大的积极性对食品企业尽职尽责地监督管理。

二、依据激励相容机制食品企业应采取的对策措施

促使食品企业自觉主动地进行诚信经营的激励相容对策主要有：

第一，完善信息沟通机制，降低食品企业与消费者之间、食品企业与政府之间信息不对称程度，以扩大食品企业的声誉效应。

食品属于信任品，其质量状况很难被消费者识别。政府要完善食品安全信息沟通机制，构建食品安全信息沟通平台，及时处理消费者投诉信息，将食品安全信息及时公布供消费者查询，使消费者的利益得到有效保障；研发食品质量快速检测设备并投放社会供消费者使用，方便消费者获得食品安全信息。从"政府监管部门、食品企业与消费者三方博弈模型"可以看出，消费者拥有较为完善的食品安全信息，能够对相关食品企业作出合理评价，扩大食品企业不诚信经营的声誉损失，对食品企业起到间接监管督促作用，以迫使其选择诚信经营措施。同时，诚信经营的食品企业得以与失信经营食品企业相区分，能够获得较高的声誉收益，激励其继续自觉采取诚信经营措施。

第二，重视社会独立第三方监管力量的运用。

结合"食品企业与地方监管部门间博弈模型"分析结果以及我国食品企业数量较多，且呈现规模较小、分布零散的现状可以得出，单纯依靠政府监管不现实，也并不足以对全部食品企业构成约束作用，因此需要社会独立第三方监管机构参与到食品安全监管工作中。2015年颁布实施的新《食品安全法》中明确规定了食品行业协会、消费者协会等第三方组织的职能。除此之外，还要充分发挥社会独立第三方检测机构在食品安全监管中的作用，承担日常食品企业委托的食品检测任务，政府有关部门通过认证与抽查的方式监管第三方检测机构的行为。

第三，加大对失信经营的惩罚力度，使失信经营无利可图。

当前对食品企业失信经营的处罚力度还是较轻，不足以撼动失信经

营食品企业的根基。根据前文中所构建的所有博弈模型分析结果可知，政府相关部门应该进一步完善相关法律法规，增强对食品企业失信经营的惩罚力度，增加对食品企业失信经营的威慑力，使食品企业在追求自身利益最大化时自觉选择诚信经营。

三、依据激励相容机制消费者的对策措施

促使消费者主动参与到食品安全诚信监管的行列中的激励相容对策分析：

降低投诉成本，增强消费者维权意识。"消费者与食品企业博弈模型"分析结果显示，可以通过完善相关法律法规，切实保障消费者的合法权益，让消费者的合法利益遭到侵害时能够依据法律规定以较低的成本顺利进行维权活动的方式，激励消费者积极采取消费、投诉等间接监管措施对食品企业的诚信经营策略选择产生积极影响。

建立产品质量惩罚性赔偿制度，积极培育消费者维权意识，一旦发现产品质量问题，企业对消费者除了赔偿损失外，还应支付一定的赔偿金。让企业承担因产品质量问题给消费者造成的损失，较好地遏制生产企业的不当行为，提高企业产品质量自律水平，进一步提高消费者维护自身权益的积极性，加强对消费者的保护。

此外，还需要政府引导社会各方加强对消费者维权的宣传教育，增强消费者的维权意识，即增大"消费者与食品企业博弈模型"中消费者的投诉概率，促使消费者积极主动地参与到食品安全诚信监管队伍中。建立高效便捷的产品质量维权信息渠道，使消费者可通过监管信息查询、监管信息使用和监管信息交流有效降低产品维权成本。建立完善的受理机构和执法体系，接受消费者咨询和举报，及时核实、处理和答复消费者要求，满足消费者对产品质量的诉求。

第十四章　提升区域产品质量的建议及监管对策

　　提高产品质量水平，追求卓越产品质量是一个企业、一个国家建立长期、有效竞争机制的重要战略。近年来，建设"质量强国"相继被写入《质量发展纲要（2011—2020年）》、"十三五"发展规划、《中国制造2025》和《国家创新驱动发展战略纲要》等国家出台的重要文件中。2016年3月，在第十二届全国人大四次会议上政府工作报告中，明确提出"要加快建设质量强国、制造强国战略"；2017年党的十九大报告中又明确指出"质量第一""质量强国"发展战略；同年中央经济工作会议再次指出"我国特色社会主义和经济发展进入新时代，基本特征就是我国经济高速增长阶段转向高质量发展阶段"。这一系列会议的召开和文件的颁发，足见我国政府对质量的重视程度已经上升到前所未有的高度。

　　2017年9月，中共中央、国务院专门印发《关于开展质量提升行动的指导意见》，其中主要目标就是实现"区域质量水平整体跃升，区域主体功能定位和产业布局更加合理，区域特色资源、环境容量和产业基础等资源优势充分利用，产业梯度转移和质量升级同步推进，区域经济呈现互联互通和差异化发展格局，涌现出一批特色小镇和区域质量品牌"。区域产品质量既是科技创新、资源配置、劳动者素质等因素的集成，也是法治环境、文化教育、诚信建设等方面的综合反映。为此，政府提出运用最严谨的标准、最严格的监管、最严厉的处罚、最严肃的问责提升区域产品质量水平。

　　在国际和国内市场竞争激烈的环境下，在建设质量强国战略的背景下，重视质量、创造质量已成为我国社会新风尚，增强我国经济整体实力，需要全社会的共同努力，需要政府、企业、社会各尽其职，形成合力，积极推进以质取胜战略，大力增强全社会的质量意识，实现质量强国。

　　综合以上各章所研究内容，本章将从两个方面提出解决区域产品质量问题的建议和提升区域产品质量的监管对策。

第一节　我国产品质量总体水平评述

一、我国产品质量总体水平评述

　　随着经济形势稳步发展，我国产品质量水平始终保持稳定向好发展的势头，较过去有了明显的提升，国内产品质量问题得到很大改善。以制造业为例，随着我国制造业的升级转型，产业链进一步完善，质量监督监管的日趋严格，产品质量稳步提高，2000年之后产品质量抽查合格率都稳定在80%以上，持续三年保持在90%以上，与此同时年全国制造业质量竞争力指数不断提升，由1999年的75.95提高到2015年的83.51，质量竞争力指数不论是行业层面还是地区层面都有很大提升，比如，计算机、通信和其他电子设备等制造业都处在卓越竞争力水平，上海、北京等十多个省份的质量竞争力指数高于84分，质量竞争能力较强，经济发展潜力较大。

　　除制造业之外，基于实地考察的肉制品、乳制品等企业，企业不论是建立产品质量控制体系还是应用产品质量方法，较过去都表现出质的跨越。企业不断培育产品质量文化、重视产品质量竞争力，逐步形成适应我国国情的产品质量管理模式。我国消费者对产品质量水平的提升也给予了普遍认可，2006—2015年的顾客满意度指数都在70分以上，所以说我国产品质量的提高是有目共睹的。

　　作为一个发展中国家，经过三十多年的快速发展，经济总量位居世界第二，产业链的升级和完善，产品质量水平的进一步提高，有力推动了经济社会的迅速发展，保障了人民的生活水平。

　　但是我国正处于经济转型、社会转轨时期，接连不断的产品质量事件造成了恶劣影响，产品质量的提升面临较多的问题和困境，国内与国外的质量仍然存在不小差距，主要体现在以下几个方面：

　　第一，在产品质量技术方面，近几年我国制造业产值虽然一直保持7%左右的增速，但还是以劳动密集型低端制造为主，高、精、尖技术方面还比较薄弱，尤其是新兴技术方面与发达国家相比落后较多。比如，在航空领域，正如中国工程院院士甘晓华所指出："全世界能做飞机的企业有20至30家，能做发动机的却只有3至5家，从事军用航空发动机设计，国内军用航空发动机跟国外最先进水平相比落后一代（20—25年）甚至更多。"在新材料领域，我国虽有上百种基础材料产量已达到世界第一，但大而不强，产品质量不高，在关键战略材料中有1/3依赖进口，前沿新材料创新不足，转化率低等。[①]

　　第二，在产品质量管理理念和管理方法方面，发达国家质量管理起步早，企业经过多年质量管理理念的贯彻，已经建立了适合自身需求的质量管理方案，并形成一套系统化质量管理体系。上至企业管理团队下到基层工作人员，都充分认识到产品质量的重要性，在产品质量监督、过程控制等方面都经过严格培训，利用精益生产、全面质量管理、六西格玛等方法，在保障产品质量中起到了关键的作用。相对而言，国内企业产品质量起步较晚，通过第五章对企业产品质量控制现状的分析，企业虽然已逐步推广质量方法，建立产品质量体系，但依然存在质量意识薄弱、质量人才匮乏、质量管理理念陈旧等问题。

　　第三，在产品质量监管方面，国内外的不同主要体现在监管机构设

---

　　① 冀志宏：《新材料产业创新发展三大难题待解》，《中国工业评论》2016年第7期。

置、监管法律和监管机制等方面。通过第四章主要发达国家产品质量现状、监管体系及问题分析可知，美国、欧盟、日本在产品质量监管过程中，运用多元化的监管手段，在产品质量监管方面积累了丰富的经验，并在此过程中不断修订、调整产品质量的法律法规，重视区域方法监管产品质量，利用严格的产品市场准入制度、科学的产品质量标准体系、重视保护消费者权益和提升其质量意识水平等措施，为产品质量的提升提供有力保障。同时，对违规企业采取严厉的惩罚措施，对问题产品及时追本溯源，并在此过程中发挥第三方的协同作用，这些也都为产品的高质量打下牢固基础。相比而言，我国产品质量监管仍然存在着产品质量监管法律体系修订不及时、产品标准落后、产品质量监管机构职能交叉、监管资源有限和产品质量监管诚信缺失等问题，以上这些问题的存在已成为制约产品质量水平提高的重要原因。

二、区域产品质量主要影响因素

通过对区域产品质量影响因素的分析可知，影响区域产品质量的主要因素有区域经济发展需求、政府产品质量监管、企业产品质量管理和社会舆论监督等。对由 4 个二级指标、81 个三级指标所构成的区域产品质量影响因素指标体系研究可知，区域产品质量最重要的影响因素依次为企业产品质量管理、政府产品质量监管、区域经济发展需要和社会舆论监督。这四个因素对提升区域产品质量起到至关重要的作用。

在企业产品质量管理因素方面，通过对企业产品质量管理测量因素的权重分析，可知对区域产品质量产生重要影响的因素主要有企业重视产品质量管理工作、加强产品质量基础能力建设、加大质量技术创新、企业抽查检验投入、保障良好的经济与社会效益等。

在政府产品质量监管因素方面，在 22 个政府产品质量监管测量指标中，根据计算权重值，影响监管的最重要的因素是法律法规数量，权重达到 0.86，直接关系到监管工作执行过程中的依据；其次是监管人员数量，权重为 0.84，在产品质量监管过程中的人员保障；第三是监管信息共享，权重为 0.82，在区域监管中，可见共享监管信息对提升政府产品质量监管具有重要作用；第四是对违规企业的惩罚，权重是 0.81；第五是监管企业数量，权重为 0.80。可见如何提高监管针对性，对于提升政府产品质量监管能力具有推动作用。

在区域经济发展需求因素方面，由其 12 个观测变量权重可知，主要的影响因素有：地区生产总值排在第一，权重是 0.89，这也是 GDP 衡量区域经济发展水平的关键指标；第二是居民消费水平，权重为 0.87，第三为农民人均纯收入水平，权重为 0.85。在区域居民生活中，一定程度上反映了消费者在选择产品时的考虑因素，尤其是价格因素。社会消费品零售总额和公共财政支出分别排在第四和第五位。

在社会舆论监督因素方面，根据其 19 个测量指标的权重及排序，消费者再次购买数量权重最大，为 0.88；其次是消费者对产品的期望，权重为 0.83；消费者产品投诉数量权重为 0.76，以上因素是影响社会舆论监管的关键因素。

对区域产品质量的关键影响因素及各因素测量指标的分析，为区域产品质量改进和提升提供科学依据，并为加强依法监管、科学监管和诚信监管提供理论支撑。

第二节　区域产品质量提升措施

一、搭建产品质量信息共享平台

根据第八章中所讨论的政府产品质量监管影响因素内容，监管信息共享指标权重为 0.82，是提升区域产品质量重要的因素之一。虽然国家监督抽查制度，产品抽查情况定期公布，但是关于统一的产品质量信息，尚无权威、科学的调查发布体系。建立统一的区域产品质量信息平台，实行产品质量监管信息统一公布制度，及时公布产品质量监管总体情况、产品质量监管警示信息、重大产品质量事故及其调查处理情况等相关信息，保证诚信监管数据开放共享，及时公布企业的失信行为，使消费者可查询产品质量监管情况，消费者通过监管信息查询、监管信息使用和监管信息交流，降低产品选择成本，实现政府与消费者之间的信息沟通和信息披露势在必行。

运用"互联网＋质量信息"模式，建立区域产品质量信息共享平台，推进质量技术资源、信息资源、人才资源、设备设施向社会共享开放，加强产品质量信息的互通、互联、互访，如图14-1所示。该系统产品质量信息平台的数据来源于企业基本信息和产品质量监管信息。例如，企业基本信息包括注册登记的基本内容、企业生产条件、质量管理体系的建立和企业的运行状况等。产品质量监管信息包括遵守法律法规、执行标准和技术规范、监督抽查、生产许可、召回管理、风险监测、自愿性产品认证、强制性产品认证和违法、被处罚、被投诉举报等。

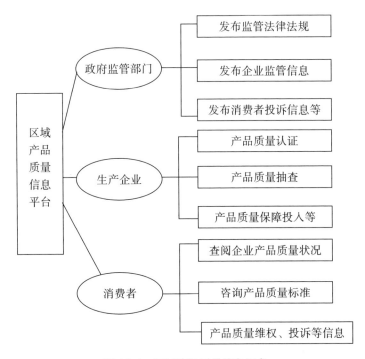

图 14-1　区域产品质量信息平台

（一）通过搭建区域产品质量信息平台，完善区域产品质量管理信息系统（the Information System of Regional Quality Mangement，ISRQM）

通过 ISRQM 系统一方面政府准确向相关企业和消费者提供法律法规、政策、标准等信息服务，公布真实、合法、完整的监管信息，通报各种检测、缺陷商品召回等信息，提供产品质量监管信息，确保相关信息动态变化的一致性、真实性和准确性；另一方面通过 ISRQM 平台及时更新监管系统数据，并依照授权对企业提交的信息数据进行维护，从而达到监管过程追溯、监管结果明确的目的。建立全国统一的产品质量追溯平台，加强企业备案工作，督促企业严格自律。监管机构在不断拓宽收集信息渠道来源的基础上，通过披露与企业生产经营相关的综合性公共信息，增强企业监管信息的公开性和透明度，从而培育一批质量诚信企业。对有违规违法行为的企业加入黑名单，对信用等级差的企业加大监督检查，也可采用信用警示、取消市场准入、限期召回商品及其他行政处罚方式对其惩戒，若信用等级长期未提高，可对其实施市场退出措施。因此，应搭建政府、第三方和消费者互动平台，充分发挥第三方检测作用、消费者监督的作用，拓宽质量监管信息传递渠道，有效降低政府监管成本。

（二）建立区域产品质量征信体系建设，强化信誉缺失与惩戒措施的关联程度

以法约尔、韦伯为代表的行为科学理论提出了社会人假设，强调以人为中心的管理，用沟通代替指挥监督，注重参与式管理和自我管理。在我国《唐律疏议》提出"物勒工名，以考其诚，功有不当，必行其罪"，是指当时的兵器制造，施行"督造者""主造者""造者"三级监管制度，并把各级负责人的名字刻写在兵器上，以便日后稽查，在这种森严的监管制度下，从事者便会兢兢业业，丝毫不敢马虎。

结合第十二章和第十三章探究政府与企业间的诚信分析及博弈模型，从国内三聚氰胺事件、苏丹红事件、毒胶囊等这些事件，可看出政府、

企业存在严重的诚信缺失现象。这也是为何不断加强监管力度和惩罚措施，产品质量事故仍然屡禁不止，制售假冒伪劣产品层出不穷的重要原因之一。因此，在依法监管、科学监管的基础上，提出区域产品质量诚信监管约束机制，才能最终实现企业由不敢生产不合格产品向不愿生产不合格产品的转变。

信用是维持市场经济正常秩序的保证，也是激励监管机制发挥作用的基础。2013 年 1 月，为促进征信业健康发展，推进社会信用体系建设制定，国务院发布《征信业管理条例》。产品的供需双方以及监管方之间容易存在质量信息不对称问题，因此，在加强法治建设、依法严厉打击产品质量违法行为的同时，需要进一步加强诚信建设。对于区域产品质量监管，在监管过程中建立数据体系，完善统一的市场主体质量信用分级分类标准，实现区域质量信用守信激励和失信惩戒，完善"一处失信、处处受限"的失信惩戒机制。

通过建立征信系统将企业非法生产经营假冒伪劣产品纳入其中，将执法不严、不作为的寻租行为监管人员纳入系统，此外将进行虚假宣传、虚假广告、明星产品虚假代言等也纳入征信系统中。

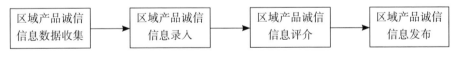

图 14-2　区域产品质量诚信信息流程图

诚信信息的高效利用是提高诚信监管效果的重要前提，通过图 14-2区域产品质量诚信信息流程图，加快整合区域产品质量的信用信息，实施信息信用共享交换，推动诚信信息"一站式"查询。搜集和汇总监管机构、企业及消费者等相关信用信息，形成具有实时反映功能的信息档案数据库，实现信息的采集、公开、查询、监督与管理。在此过程中保障检验检测设备投入、专业技术人员储备与培训、引进和研制先进检测设备等系统支撑基础。

政府诚信是社会诚信的标杆，更是国家治理的重要资源，政府科学制定、有效执行公共政策，离不开公众的信任。政府首先要确保实现区域产品诚信信息的公开制度、披露制度、评价制度和奖惩制度。一方面，质量监督机构、卫生行政局、农业行政部门等准确、及时公布产品质量监管日常监督管理信息，相互通报获知的产品质量信息，并进行必要的解释说明，避免社会舆论误导消费者，为政府监管产品质量工作提供宏观指导；另一方面，公布监管部门的网址、邮箱或电话，接受消费者的咨询、投诉、举报。在接到咨询、投诉、举报后，应在法定期限内及时答复、核实、处理；对不属于本部门职责的，应当移交有权处理的部门并书面通知咨询、投诉、举报人。多角度、多方面、多手段的公开信息使得企业不诚信行为广为传播，以此引导企业诚信守法，促进产品质量稳步提高。确保实现诚信监管信息的公开制度、披露制度、评价制度和奖惩制度的有效运作。通过诚信监管信息的公开、透明，搭建政府、企业和消费者交流平台，提高诚信监管工作的透明度，保证诚信监管信息真实性和时效性，确保整个诚信监管系统有序运转，使得政府监管收益大于投入成本。

针对政府监管职能部门易发多发问题环节，加大监管公开力度，提升监管效能。监管部门对于内部机构失信、违规等行为"零容忍"，强化监管检查和责任追究，建立健全有奖举报制度，鼓励群众举报政府违规行为，对举报问题及时查处，对违法者要依法依规加大惩戒力度。健全质量信用评价体系，将质量监管违法违规记录作为政府评级的重要内容。

坚持行政监管、行业管理、社会监督相结合，向社会公开政府产品质量监管信息记录，构建多层面、全过程、广覆盖的产品质量监管控制系统。邀请行业协会、商家、消费者组织协会提出意见建议，建构消费者、大众媒体普遍参与的路径与反馈机制，开展建设性舆论监督，营造守信光荣、失信可耻的舆论氛围，形成良好的社会评价机制。

（三）建立区域产品质量责任制度和考评机制

政府监管部门应制定严格的奖惩制度，没有问责，监管就形同虚设。根据第九章、第十章政府与生产企业博弈模型得出，对政府监管部门监管不力行为处罚力度加大，政府监管积极性提高，对政府问责也是激励政府履行监管职责的关键因素。政府制订并实施产品质量监管计划，按照各自职责分工，依法行使职权，承担责任，并定期评议、考核产品质量监督管理工作进行。"十三五"规划纲要中明确提出实施质量强国战略，各地将质量工作纳入本地区经济社会发展规划。国家发改委等 18 个部门建立了全国质量工作部际联席会议制度，构建质量工作协调机制。质检总局牵头开展省级政府质量工作考核，上海、广东在已经开展的两次考核中连续被评为 A 级。

建立健全产品质量全面监督管理工作机制，落实产品质量监督管理责任制，将产品质量监管工作纳入政府考核计划中，将产品质量监管工作经费列入政府财政预算，加强产品质量监督管理能力建设，为监管工作提供经济保障。下级监管部门对上级部门隐瞒本地区产品质量监督抽查情况、敷衍了事，处理滞后缺乏时效性的行为须从严处置。

日本拥有严苛的产品质量监管问责制度，以 2008 年日本"毒大米"事件处理结果为例，日本农水省事务次官和日本农林水产大臣均引咎辞职，"毒大米"中间商社长不堪巨大压力而自杀。这种严格的问责制度，使政府在监管过程中履行职责，也使得生产企业在违法违规行为面前望而止步。因此，实行产品安全监督管理责任制，制定监管考核制度对提高政府产品质量具有重要推动作用。

二、加快推行产品质量管理认证体系

在企业产品质量管理测量因素中，管理系统方法和质量管理体系权重分别为 0.71、0.67，然而 2013 年全国装备制造业企业质量管理现状调查数据显示，目前我国企业推行质量管理方法的比例仅为 58.5%。[①] 在产品制造过程中实施管理系统方法的比例则更少，因此，企业实施产品质量管理系统方法的应用亟须加强。

（一）企业实施管理系统方法实现质量管理转型升级

进入 21 世纪以来，全球科技创新迅速发展，新一轮科技革命和产业变革开启。这场革命在网络实体系统及物联网基础上，使信息技术与制造业深度融合，加之新能源、新材料等方面的突破，将给世界范围内的制造业带来深刻影响。

2011 年，德国政府在《德国 2020 高技术战略》中首次提出"德国工业 4.0"战略，标志着全球加快全面进入以智能制造为核心的智能经济时代。"德国工业 4.0"的核心是将信息物理融合系统广泛深入地应用于制造业，构建智能工厂、实现智能制造，发展"互联网 + 制造业"模式。在"互联网 + 制造业"模式下，个性化工业定制体系逐步取代传统工业模式。一方面，智能互联工厂开始以用户为中心而不是以企业为中心，导致需求发现和满足的方式发生改变；另一方面，智能工厂、智能生产、智能物流的发展提升了工业自动化水平，逐渐取代人的工作，颠覆了传统工厂管理。在企业转型升级进程中需要建立创新的复杂模型管理系统，大数据智能分析技术的应用，成为平台化企业保证质量的关键。

智能经济时代与中国加快转变经济发展方式形成历史性交汇，国际产业分工格局正在重塑。面对这一重大历史机遇，2015 年，国务院总理李克强主持国务院常务会议，正式批准《中国制造 2025》，提出要"实施制造强国战略，加强统筹规划和前瞻部署，力争通过三个十年的努力，到新中国成立一百年时，把中国建设成为引领世界制造业发展的制造强国"。《中国制造 2025》战略也明确工业智能化是未来产业发展的重点方向，对实施管理系统方法的发展有着重大的启示，运用现代产品制造技术，扩大企业

---

① 数据来源于 2013 年中国质量协会全国制造业调查协会报告。

实施管理系统方法应用，对提高国家产品质量竞争具有重要作用。

（二）加快产品质量管理体系认证的推行进程

在企业产品质量管理测量因素中，质量管理体系权重为 0.67。认证制度升级是我国质量体系认证的未来发展方向，各省市质监局开始针对各地认证市场出现的问题，对质量管理体系获证单位和认证机构进行梳理和分析评估，创新监管方式，开展认证市场净化行动，保障认证认可传递信任、服务发展的有效性价值，势在必行。2018 年质检总局主要工作重点之一，即是贯彻产品质量管理认证体系，督促认证机构完成 ISO9001 质量管理体系换版，拓展质量认证覆盖面。

ISO 质量管理体系是对现代社会组织管理经验的归纳、总结与提炼，是一种现代质量管理的理论，ISO9000 系列标准理论在我国企业中广泛应用，成为我国企业规范自身管理的有效工具。ISO 是由国际标准化组织质量管理和质量保证技术委员会（TC176）制定的高质量的自愿性国际标准，国际标准化有助于促进减少贸易信息壁垒，增强组织或个人在全球供应链上交付商品和服务的信心，促进经济可持续增长。ISO9001 已成为世界范围内被最广泛采用的质量管理体系标准。

在国际标准化组织 ISO 的鼓励下，世界各国企业纷纷申请认证。国家质检局统计数据显示，截至 2016 年年底我国已颁发有效体系认证证书总数为共计 75.1 万张，占全球同类认证证书总量的三分之一以上，助力我国企业应对国际市场竞争。2015 年 9 月发布新版质量管理体系 ISO9001：2015，我国已于 2017 年 7 月正式实施最新版质量管理体系列标准（GB/T19001：2016/ISO9001：2015）。同时，企业大力培养具有内审知识的专业管理人才，ISO9001 内审员证书资格持有者人数随之增加，为企业提升质量管理水平打下人才基础。

当今时代，顾客对产品质量的要求越来越高，影响产品质量的因素越来越复杂，企业在进行质量管理活动的实践过程中，必须根据不同的情况，在满足 GB/T 19001/ISO 9001 标准的基础上，灵活运用 TQM、卓越绩效模式理论、六西格玛管理、精益生产管理、QC 小组、SPC 方法、PDCA 循环等多种质量管理方法来解决质量问题。

三大现代质量管理理论之间的相互关系为：第一，ISO9000 系列标准是在质量管理学理论发展的基础上，与 TQM 实践相结合的产物，两者都强调持续改进，具有全员参与，使企业的产品（服务）质量达到顾客满意的相同目标。第二，ISO9000 建立以产品或服务为中心的质量管理体系，执行标准是国际工人质量管理标准；TQM 是企业根据实际情况，灵活多变地使用各种管理方法，发动全员参与质量提高。第三，卓越绩效模式是一种综合的组织绩效管理方式，是 TQM 的一套系统化、标准化、具有操作性的实施方案或细则。卓越绩效模式标准为组织提供追求卓越绩效的经营管理模式，强调质量对组织绩效的增值和贡献，同时强调战略、绩效结果和社会责任，是一套 TQM 价值观的载体。

各行各业都在积极探索更有行业适用性及企业针对性的质量管理方法，培养高水平质量管理人才，完善质量管理体系。为实现认证认可的有效性，我国认证市场针对特定行业的质量管理关键过程和市场需求，在通用质量管理体系认证（GB/T 19001/ISO 9001）基础上，开始创新突出行业质量特征的认证标准及技术，研发建立突出行业特色的质量管理体系分级认证，持续提升质量管理水平，紧跟智能经济时代的发展。

三、建立企业产品质量诚信档案

把企业诚信纳入政府对其指导、管理的指标体系中来，加强对企业的引导和规范。2009 年 12 月，国家食品药品监督总局与工业和信息化部等 10 部委共同制定了《食品行业企业诚信体系建设工作指导意见》，明确指出通过政府指导和推动，行业协会加强自律，企业履行主体责任，社会各界参与并监督，逐步建立起以企业责任为基础、社会监督为约束、诚信效果可评价的制度。

在产品质量监管的过程中，结合企业产品质量日常监督检查工作的开展，将产品不符合法定条件和要求，产生违法行为记录的生产者、经营者，列入质量失信企业名录，并向社会公布。由于企业声誉直接关联企业产品的市场接受度，企业将尽一切可能维护并提升自身诚信评价，进行企业质量诚信评价将有效促进企业自律的积极性，进而使质量监管工作从被动走向主动，推动产品质量监管制度的高效运行。

建立生产企业产品质量监管诚信档案，例如，通过采用信息化手段采集、留存生产经营信息，一方面，生产企业建立进货信息，包括产品原料、添加剂相关查验记录制度，如实记录产品原料和添加剂的名称、规格、数量、进货日期以及供货者等内容。另一方面，生产企业建立产品出厂检验记录制度，查验出厂产品的合格证和安全状况，如实记录产品的名称、规格、数量、保质期、检验合格证号、销售日期以及购货者等内容。再者收集记录生产许可、强制性认证、产品质量监督检查结果、违法违规记录等情况。通过建立企业诚信大数据，评价企业诚信体系，对有不良诚信记录的生产企业增加监督检查频次，对违法行为情节严重的生产企业，可以通报投资主管部门、证券监督管理机构和有关的金融机构，逐步形成企业诚信信息共享、企业产品质量监管联动机制。

四、完善企业社会责任体系

随着经济发展进入关键阶段与社会环境变化日趋复杂，现代企业不能仅是单纯以盈利作为唯一发展目标，必须兼顾债权人、消费者、职工、政府等多方面利益相关者的需求。企业社会责任已成为生存和可持续发不可或缺的重要组成部分。2005 年 10 月修订实施《公司法》，该法第五条中规定："公司从事经营活动，必须承担社会责任。"《公司法》也成了从法律上强制规定公司应承担社会责任的第一部法律。[①] 这种外部环境的"逼迫"与企业内在的"社会责任"意识的有机结合，是提高产品质

---

① 田祖海、叶凯：《企业社会责任研究述评》，《中南财经政法大学学报》2017 年第 1 期。

量的主要素，保障产品质量的源动力。

根据《中国企业社会责任调研报告》，2016 年上榜的国企和外企约有 70% 的企业设立了企业责任管理团队，而 2017 年上榜国企和外企设立社会责任管理团队的比例已超过 95%；在 2017 年上榜民企也有 87% 的企业设立社会责任管理团队。相应的这些企业的产品质量控制更加体系化和规范化，重视与消费者关系的程度高，在被调查企业中无论是国有企业、外资企业还是民营企业，出现重大消费者投诉比例均低于 5%。这足以说明，建立社会责任管理体系，从源头上促进企业自觉重视产品质量，是解决产品质量问题的一条有效途径。但是该项调查仅是从国有上市企业、民营企业和世界 500 强在华企业中各选取 100 家为上榜名单。在 2016 年调研我国 37 万多家规模以上企业时，其中仍有相当比例的企业并未建立社会责任管理体系，即使成立了社会责任管理团队的企业，也缺少明确的目标和考核机制，所以说，建立系统长效的社会责任履行机制是政府、企业、社会共同争取才能完成的长远而艰巨的任务。

企业社会责任能够促使企业追求高质量产品，提升质量管理水平，获得可持续性发展。我国质量强国目标的实现离不开企业社会责任的培育与加强。各级政府部门与各行业协会携手推进企业社会责任体系建设，通过定期发布企业社会责任报告等活动，使企业履行社会责任成为全社会的主流。各级地方政府也可相继出台或委托第三方机构设立评估企业社会责任履行情况的量化标准，促使更多企业将社会责任建设落到实处。

五、培育健康的消费文化

波士顿咨询公司与阿里巴巴联手推出的中国消费趋势报告（2016 年）显示，中国经济已由投资主导转变为消费主导，随着城镇居民人均消费性支出的增长与中产阶级群体规模扩大，非必需品消费将成为今后十年的消费引擎之一。虽从整体看，现有的消费能力与消费趋势正向高质量需求阶段迈进，但消费市场面临的转型机遇并未对产品质量水平起到足够的带动作用。中国消费者长期传递给市场以温和、谦逊、友好和忍耐的形象，在"以和为贵"与"中庸之道"等传统文化的影响下，只要不产生过分恶性事件，产品质量瑕疵并不会引发过多的维权行为；此外，维权收益过低、维权成本过高等问题，也进一步促使消费者对维权行为望而却步，消费者对质量水平的提升的推动作用仍然有限。

使应有的消费能力真正带动质量提升，关键在于健康消费文化的构建。一是培育成熟的消费行为文化，从注重"价廉"走向注重"物美"。如统一产品宣传与销售等环节的市场营销行为，从注重价格宣传转变为注重品质宣传，以增强消费者对产品知识的了解为前提，引导消费者自愿为产品品质支付溢价。二是打破消费者维权的心理与客观障碍。通过宣传、普法等方式引导消费者树立维权意识，明确维权行为是自利与他利的结合；同时，进一步畅通消费者维权渠道，细化消费者维权应诉机制建设，充分发挥消费者权益保护协会等专业第三方组织的协调作用，进一步规范消费者维权的处置流程，强化时限管理、合理明确处置标准。

除此之外，将质量纳入国民基础教育中。强化对质量知识的宣传与普及，创办国民质量教育项目，在基础课程设置中增加质量课程、设置质量管理专业，从源头紧抓质量意识，培育质量管理人才。

六、实施产品质量标准化战略

产品质量标准指的是产品生产、检验和评定质量，其不仅能保障产品性能、降低成本和提高效率，还是国与国产品竞争力的体现。质量标准作为质量基础设施体系建设的重要组成部分，在政府产品质量监管影响因素中，质量标准体系建设指标的权重为 0.43。国家质检总局 2018 年的工作重点之一即是贯彻产品质量标准化。加快国家标准体系建设，建立健全技术、专利、标准协同机制，在提升产品质量上发挥着关键作用。国际层面标准化组织，主要有国际标准化组织（ISO）、国际电工委员会（IEC）、国际电信联盟（ITU），以及区域层面的欧洲标准化委员会（CEN）、欧洲电工标准化委员会（CENELEC）、欧洲电信标准学会（ETSI）等组织机构，连同书中之前分析的美国、日本和德国的标准化组织现状，为我国标准化的建设改进提供了良好的借鉴。具体而言，我国在质量标准领域的工作重点主要集中在以下几个方面。

（一）开展国内标准与国际标准的对接工作，使国内标准接轨到国际标准

目前我国质量标准总体水平不高，尤其是国际标准的参与度太低，同时对其他国家的标准制定研究不够，在国标准制定方面还没有话语权，这将是制约我国产品质量水平的重要障碍。

在国际标准制定方面，大量标准制修订工作是由美国、英国、德国、法国和日本 5 个国家所主导。我国参与国际标准化工作所占的比例很小，在国际标准制定领域中远远落后上述几个国家，表 14-1 表明我国产品质量标准在国际标准中所占比重较其他国家存在巨大差距。

表 14-1　我国参与国际标准制定情况

年份	国际标准总量	我国参与	所占比例
2010	22068	103	0.42%
2011	23437	105	0.44%
2012	24807	109	0.40%
2013	25571	179	0.70%

发达国家正将国际标准化战略作为国家生产力发展的重中之重，竭力将本国的利益和要求通过国际标准的形式表现出来，不惜投入大量资金参与国际标准的编制工作，以此支撑本国新材料、新技术的创新性发展。德国一直把实现技术标准化放在最为优先的地位，抢先制定行业标准，占领全球制造业的制高点，为长远确立本国制造优势创造条件。"德国工业 4.0"的六项措施之一就是实现技术标准化和开放标准的参考体系。

当前，世界科技创新速度比拼激烈，技术专利化、专利标准化成为促进制造业迅速占领市场的有效途径。

我国作为世界第二大经济体，在经济全球化下的国际标准制定大舞台上本应占领一席之地。大力实施标准化战略，深化标准化工作改革，开展重点行业国内外标准比对，加快转化先进适用的国际标准，提升国内外标准一致性程度，推动我国优势、特色技术标准成为国际标准，逐步消除国内外市场产品质量差距，是我国经济发展由大国变为强国的必经之路。

（二）促进政府主导制定的标准与市场自主制定的标准协同发展

从标准的编制机构方面，通过之前第五章和第六章的分析，国家的标准化体制大致可分为两类，美国、英国、德国是以民间标准化为主，日本和我国是以政府为主导，相应的公益性科研机构承担。美国的标准制定机构是非营利性的民间组织，政府与标准制定机构之间制定政策，签署合作协议，更好地保持这些组织的中立、公允的立场。与之对比，我国目前对民间性的产品质量标准化的制定和认证机构的发展与推广还存在很大差距。

因此，一方面建立政府主导制定的标准与市场自主制定的标准协同发展，推动独立有资质的产品质量标准化制定和认证机构的发展，制定协调配套的新型标准体系；另一方面，鼓励、引领企业主动制定和实施先进标准，全面实施企业标准自我声明公开和监督制度，实施企业标准领跑者制度，吸纳科研机构、检验检测机构、认证认可机构、行业协会等参与标准化工作中，广泛听取各方面对标准的综合意见，保障所制定标准的适应性、先进性和可操作性；再者，发展团体标准，2015 年 2 月国务院通过的《深化标准化工作改革方案》，2017 年 9 月，国务院印发的《开展质量提升行动的指导意见提升产品质量计划》中都提出要培育发展团体标准。因而应鼓励具备能力的学会、协会、商会、联合会等社会组织和产业联盟制定团体标准，增加标准的有效供给。

（三）建立质量标准修订制度，加快标准更新速度适应市场变化

我国《标准法》于 1989 年 4 月颁布，虽然修订该标准的呼声很高，但至今仍未进行修改。将所有农业化学品残留纳入管理体系的日本肯定列表制度，所规定的限量标准包括暂定标准、不得检出物质、豁免物质、一律标准，需每 5 年修订一次。对比可见，我国的标准的更新过于缓慢，标准的批复流程时间耗费过长。虽然在标准的制定程序中对每个阶段的用时进行了规定，但在实际实施中却存在不按规定进行的情况，造成一项标准从上计划到批复用时过长。在第六章探讨过产品质量监管法律及标准问题，可知我国产品质量监管主要法律修订次数较少，亟须完善我国标准修改机制。

一是简化国家标准制定修订程序，加强标准化技术委员会管理。编制《国家标准管理与修订办法》，制定标准动态管理制度，要求每 3 至 5 年由标准起草单位或标准归口单位，向科研单位、企业、行业协会、消费者等公开征求意见，明确提出标准是否需要修订或废止的意见和建议，避免标准老化、不能及时更新的现象发生。

二是免费向社会公开强制性国家标准文本，推动免费向社会公开推荐性标准文本。国务院标准化行政部门应当向社会公布备案的产品质量国家标准，提供国家标准编号，供公众查阅、下载。同时建立标准实施信息反馈和评估机制，及时开展标准复审和维护更新。跟踪评价产品质量标准执行情况，根据监管评价结果及时修订标准，增强标准的市场适用性。

七、营造企业质量文化

树立质量主体观念，企业质量文化建设是关键。在企业产品质量管理影响因素指标中高层领导的作用权重为 0.78，排在第二位。因此，在推行质量文化建设过程中，更应加强领导者的质量意识，发挥领导在推进产品质量、重视产品质量的关键作用。此外，质量文化建设也应是全

体员工共同的意识，在企业产品质量管理影响因素指标中团队改进参与权重为 0.77，排在第三位。所以，员工自觉地参加质量管理的各项活动，并对自己和相关部门的质量活动进行监督，这是全员质量管理的灵魂所在。例如，海尔、华为、格力等企业产品的质量之所以过硬，除了必要的制度建设，管控流程的打造之外，也是员工齐心协力的结果，让员工和企业形成一个有机的命运共同体。因此，优秀企业对产品质量的敏感度存在于从董事长到普通员工每个人的心中，全体员工都如同爱护眼睛一样，维护企业的产品质量形象，通过树立质量观，来统领企业生产经营活动。

2017 年 9 月，中共中央、国务院印发了《关于开展质量提升行动的指导意见》，这是党中央、国务院首次出台关于质量工作的纲领性文件，在我国的质量发展历史进程中有着重要的里程碑式的意义，明确指出"坚持以质量第一为价值导向、坚持以企业为质量提升主体的基本原则"。国务院发布的《质量发展纲要（2011—2020 年）》中也明确提出"要强化企业的主体质量作用，严格企业质量主体责任、发挥优势企业引领作用、推动企业履行社会责任"。

现代企业的经营理念非常注重以提高产品质量为核心。海尔集团、华为公司、格力集团等企业成功的因素各有不同，但高质量产品是所有成功企业的共同的法宝。海尔集团的质量理念是"不合格的产品就是废品"；华为公司明确提出"优越的性能和可靠的质量是产品竞争力的关键"；格力集团则一直强调"以科技为先、质量为重的领军形象赢得消费者信赖，产品畅销全球经久不衰"。

通过企业产品质量自主意识的提升，发挥企业自身的产品质量主体作用，不仅能缓解政府在产品质量监管工作中的压力，更预示着我国区域产品质量监管制度趋于严格化发展的可能。综上所述，政府部门可出台相关政策，或设立专项资金，委托高校、质量专业机构，或通过各级产品质量培训中心等机构，对企业进行系统的质量管理知识培训，开展产品质量法律法规以及产品标准和知识的普及工作。保证企业质量管理策略的有效实施，落实生产企业责任，更新企业的质量理念，营造企业质量文化氛围，激励每位员工在实践中改善产品质量，实现企业由事中监督、事后监督向事前监督的转变。

第三节　区域产品质量监管对策

一、合理设置监管机构

在监管机构的顶层设计方面，当前我国负责产品质量监管的国家行政管理机构可分为三大块：一是主要负责工农业加工产品的国家质量监督检验检疫总局，二是负责食品药品的国家食品药品监督管理总局；三是负责市场流通领域的国家工商行政管理总局。

以上这些机构在产品质量方面的监督管理职能基本上是伴随着改革开放以来，实行社会主义市场经济发展需要而设置成立的。1988年，国务院机构将当时的国家经委质量局、国家标准局、国家计量局合并，组建成国家技术监督局，在我国第一次出现"技术监督"一词；1998年国务院机构改革将国家技术监督更名为国家质量技术监督局，从而出现"质量技术监督"一词；2002年国务院机构改革将原国家质量技术监督局与进出口检验检疫局合并，成立国家质量监督检验检疫总局；2013年成立了国家食品药品监督管理总局，加强对食品药品产品质量的监督管理。从不断更改的质量管理部门名称到国家有关部门职能的调整和强化，可知在国家治理层面产品质量监管愈来愈受到重视，在人民生活中越来越显示其重要性。

基层产品质量行政监管部门是直接实行产品质量监管的落实者与操作者，除了依照国家行政管理部门的调整，加强产品质量监管职能之外，为适应经济社会发展和人们生活的实际需要机构仍在不断调整中。目前，多地实行的模式是将质量检验部门、食药监督部门及工商行政管理部门合并为一，成立市场监督管理局实行对产品质量的统一协调监管。实际上，从管理的角度看这种变化是由原来的块块管理到条条管理，再到部门集中起来的块块管理模式。

这种合并模式的优点在于产品质量监管方面便于统一指挥、协调行动，避免了原来各部门的相互扯皮、留有缝隙的弊端，而不足之处在于多职能混合在一个部门会出现业务庞杂、头绪繁多的问题，产品质量监管的战线长、监管环节多、监管范围广，对监管业务能力、监管人员素质则提出了更高的要求。德国著名社会学家和管理思想家马克斯·韦伯在《社会组织与经济组织理论》一书中，提出的科层制理论认为技术专业化成为主要管理技术，各岗位人员以专业知识、技术能力来胜任职务，这种模式符合分工明确、各司其职、纪律严明，从而使这个组织具有严密性、合理性和稳定性的特征。虽然韦伯的科层理论"从纯技术的角度认为，科层制具有最高的效率、最好的管理手段，它在精确性、稳定性、纪律严格性及可操作性上优于任何其他形式。"①但科层制的逆向机能日渐凸显其弊端，如组织内部交流受到抑制，对手权力争斗与上下层关系交织导致的工作效率低下，按照"理性人"假设理论构成的层级关系不利于发挥人的主观能动性等。所以依据韦伯的科层理论当前实行的质量监管部门合并模式其弊端主要有：

首先，对基层部门而言，上层受到多个部门和地方政府的领导，即区县合并后而市级不合并或市级合并而省级不合并，一个部门对应上级多个部门，这不符合管理高效率的韦伯科层制"唯一上级"的理论，即多头管理带来的效率低下。

其次，对合并后的部门内部来讲，分工明确、专业知识和技术能力是管理的重要基础，但正是由于这种专业性强，各部门原来的职能相对独立，部门间缺少沟通、各自为政的弊端依然存在。在调研就了解到目

———————
① 马克斯·韦伯：《马克斯·韦伯社会学文集》，人民出版社2010年版。

前合并后的基层监管部门运行弊端并未得到有效解决，比如说"豆芽"质量问题既不是工业品也不是食品，合并前各监管部门均不认为是所属管辖范围，合并后也并不能厘清应属部门内哪方面监管。

再次，合并为一个监管部门后，其总职能是原来三个部门职能的总和，管理范围之宽、管理幅度之大、管理业务之广，自然会增加主要管理者的管理难度，对上级而言往往是一头对多头，对下级又变成一头对若干头，其管理能力的局限性往往会导致顾此失彼、疲于应对的现象出现。

所以，监管机构的设置必须从国家层面做好顶层设计，首先要做到产品质量监管部门上下一致，对被监管对象从产品质量属性上、类型上明确分工，而不是以产品质量形成的不同时期，不同环节来划分监督职能。从地方保护主义依然存在，唯 GDP 现象难以有效遏制的角度分析，产品质量监管实行异地监管，不受到本级地方政府制约的条条监管模式更有利于避免发生区域性、系统性产品质量事件。

二、完善产品监管相关法律法规

法律法规体系是提高区域产品质量的重要保证，是执行行政任务的重要依据。在研究政府产品质量监管因素时发现，产品法律法规数量影响因素权重最大为 0.86，可见法律法规在产品质量监管中的重要性。根据主要发达国家区域产品质量监管制度，对比分析我国区域产品质量监管现状，发现区域产品质量相关政府、质量协会访谈内容，均明确指出严格、细致的法律是国外行政监管的重要执法依据。

经过多年努力，我国产品质量实现了从无法可依到有法可依的转变，在依法治国的背景下，加强法律法规的制定是提高产品质量的重要保证。2017 年 9 月，中共中央、国务院《关于开展质量提升行动的指导意见》提出，在坚持促发展和保底线并重同时，加强质量促进的立法研究，研究修订产品质量法。所以，提升和完善产品质量监管的相关法律法规，对提高产品质量水平尤为重要。

　　但是目前不论从法律的数量方面，还是具体产品的法律方面，我国与美国、日本和德国都存在不小的差距。美国仅仅关于食品方面的法律就多达 400 多部，日本的质量监管法律体系包含 260 多部法律法规，德国的产品质量监管法律虽然只有 20 多部，但德国在欧盟的体系下还要遵守欧盟法律的约束。欧盟发布 325 个新、旧方法指令构成了欧盟技术法用以保障产品质量安全。所以，应加大《产品质量法》贯彻实施力度，在法律实施中解决存在的突出矛盾和问题，督促法律的实施落地。

　　我国产品质量监管主要还是依据 1993 年 10 月颁布的《产品质量法》，仅仅依据一部《产品质量法》监管和制约所有产品显得捉襟见肘。产品质量法颁布实施已经二十多年，分别在 2000 年和 2009 年修订过，但一些规定已经不适应经济社会发展实际，法律规定中关于质量促进、产品追溯、缺陷产品召回、惩罚性赔偿等方面的内容不够，对涉及产品质量的其他法律法规，如与产品质量密切相关的产品责任法、招标投标法等也需相应修改完善。

　　美国的产品质量相关立法起步最早，并且成效显著，最为突出的是其产品责任法律体系。1979 年公布的产品责任法主要指产品的制造商、分销商、供应商、零售商以及相关供应链中参与者都对产品导致的问题负有责任。在美国与产品责任相关的案件通常是由于产品具有某种瑕疵或者缺陷给消费者或第三人造成损害而引起的赔偿关系的法律规范总称。产品责任法每个州都不一样，意味着每个州产品责任案件都需要有不同的材料。美国之外的其他国家，对于缺陷产品的立法开始于严格产品责任。在欧洲，欧盟委员会于 1977 年发布的《关于人身伤害和死亡的产品责任欧洲公约》标志着对于严格责任立法开始。[①] 欧盟之外其他国家基于欧盟模式也开始纷纷颁布产品责任法，具体颁布时间见表 14-2 所示。

---

　　① Council of Europe, "European Convention on Products Liability in Regard to Personal Injury and Death", *International Legal Materials*, 1977(1).

表 14-2　不同国家产品责任法颁布时间

国家	年份
以色列	1980
秘鲁	1991
澳大利亚	1992
俄罗斯	1992
瑞士	1992
阿根廷	1993
日本	1994
马来西亚	1999
韩国	2000

我国对产品责任的立法始于《产品质量法》，由于是第一部该领域的法律，存在很多不足，因此于 2009 年 12 月颁布了一部更为完善的《侵权责任法》，作为补充，于 2011 年 4 月又颁布了《涉外民事关系法律适用法》用于处理涉外产生的诉讼。

我国对产品质量立法相对较晚，国内外主要差距体现在以下几个方面：

（一）产品范围界定具有局限性

美国《统一产品责任示范法》指出："产品是具有真正价值的、为进入市场而生产的，能够作为组装整件或者作为部件、零售交付的物品，但人体组织、器官、血液组成成分除外"。该定义用概括的方式，界定了产品的内涵。出于保护产品使用者的基本公共政策的考虑，政府倾向于采用更广泛、更灵活的产品定义。[①] 例如，在兰赛姆诉威斯康星电力公司案中，法院确认电属于产品。1978 年哈雷斯诉西北天然气公司案，将天然气纳入产品范围。同年，科罗拉多州法院在一案中裁定，血液应视为产品。关于计算机软件是否属于产品，普通软件批量销售，广泛运用于

---

① 史蒂芬·J. 里柯克、邹海林：《美国产品责任法概述》，《环球法律评论》1990 年第 4 期。

工业生产、服务领域和日常生活，与消费者利益息息相关，生产者处于控制危险较有利的地位，故有必要将普通软件列为产品。

我国《产品质量法》规定："产品是指经过加工、制作，用于销售的产品。建设工程不适用本法规定"。采用的是概括式的规定。按照其规定，产品指的是有工厂制造生产出来用于销售的产品，这个定义不涵盖第一产业生产的原材料，也不涵盖第三产业输出的服务产品。

可见，我国产品责任法规定的产品范围相对较窄，仅仅限于第二产业生产出的有形产品而已，而美国的产品责任法规定的产品范围要宽得多，包括了第一产业、第二产业甚至第三产业所有的产品总和。

（二）关于瑕疵与缺陷

我国将产品质量问题分为一般质量问题和严重质量问题，反映在法律上产生了瑕疵和缺陷两个基本概念。一般来说，产品缺陷是在产品的设计或者加工工艺上，属于严重质量问题，对应的瑕疵则指的是产品质量不重要的小问题，往往是产品设计中存在的小问题，或者加工过程中一些小概率的不完美产品，常见于产品外观的剐蹭或者使用上的影响小部分消费者体验的问题。

我国的产品责任法将产品的瑕疵和缺陷均归于产品质量问题。而国外的《产品责任法》只涉及缺陷，不涉及瑕疵问题，可见我国对产品责任的定性在某些方面过于含糊，出现产品质量问题时，对于是一般质量或严重质量问题划分情况极易产生分歧，不利于消费者在产品质量问题上明确维权力度。

（三）损害赔偿的范围

美国《统一产品责任示范法》规定损害包括财产损害、人身肉体伤害、疾病和死亡以及由此引起的精神痛苦或情感伤害。在法规实施中，一般来说人身损害赔偿数额较大，其中精神损害赔偿占大部分。此外，美国产品责任法最具特色处在于规定了惩罚性赔偿。这种赔偿规定大大地增加了企业违规成本，有效地减少了企业在生产销售中的恶意谋求经济效益的行为。

而我国法律对于人身和财产造成损失的主要规定了赔偿医疗费、误工费以及残废者生活补助费用；造成死亡的，规定了丧葬费、抚恤费、被抚养的人的生活费等费用；造成财产损失的，规定了赔偿标准；而对于其他重大损失的，侵害人也应赔偿。但法律未对"其他重大损失"作出解释。"其他重大损失"是指其他经济方面的损失，包括可得到利益的损失。对于精神损害的赔偿问题，虽然在现实中出现了这类案例但法律未作规定。

由此可见，我国产品责任法缺少了惩罚性赔偿的规定，导致企业违法成本低，有时为了追求高额利润，存在恶意违法现象。同时，对于精神损失未作详细规定，也并未因出现了类似的案例，而去更新相关法律，导致法规内容的缺失。

（四）赔偿数额

美国《统一产品责任示范法》对产品责任的损害赔偿数额未设限制。实践中，该类案件的赔偿额逐年上升，法院判处高额赔偿金的现象相当普遍，许多赔偿金数目巨大直接导致企业破产。

鉴于美国产品责任诉讼中高额赔偿金带来的问题，各国制定了损害赔偿的最高限额和最低限额。比如欧盟允许其成员国在立法中规定，生产者对同类产品的同样缺陷造成的人身伤害或死亡的总赔偿额不得多于7000万欧洲货币单位。

但是我国的《产品质量法》未对赔偿限额作出规定。在实际生活中，产品责任案件的赔偿数额比较少，因而导致企业犯罪成本相对国外较低。虽然有利于企业和社会经济发展但是一定程度上牺牲了对消费者的保护。

（五）抗辩事由

美国《统一产品责任示范法》中规定消费者甘冒风险以及产品的误用都可以作为抗辩事由，即消费者发现了产品缺陷而愿意承受的，或者由于消费者错误使用产品造成的损失，生产者均不承担责任。至于产品投入流通时的科学技术水平尚不能发现之缺陷是否为抗辩理由，多数州将其作为免责条件。

我国产品责任法规中规定尚未进入流通领域中的产品、投入流通时缺陷不存在的产品，以及投入流通时科技未能发现缺陷的产品，生产者均可对产品缺陷免责。

对于很多处于试验阶段的产品特别是特效药物，很多生产商在生产过程中为了测试实验药物效果，往往需要和患者协商进行实验临床治疗，为了取得患者的配合，生产商往往隐瞒药物的副作用，这种行为根据美国法律属于恶意违法，但是在我国生产企业却可以免责。由此可以看出美国的立法更加人性化，更加强调消费者利益，而我国的立法专注于程序而轻视了其中对消费者的保护。

三、强化产品质量的区域监管

（一）我国区域产品质量分布情况

根据产品质量监管的多年经验和教训，政府也已意识到区域监管的重要性，并在 2013 年《政府质量工作考核》中，明确指出若发生区域性、系统性产品质量安全事件，考核结果一律不合格，被定为 D 级。2014 年《质检总局关于加强产品质量安全风险监控工作的指导意见》中再次指出："对于区域性产品质量安全风险，及时通报地方政府，推动开展区域质量整治，提升区域质量安全水平。"随即北京市、河北省、山东省等不同省市也都对区域产品质量高度关注，将区域产品质量的提升放到重要工作地位。根据国家质检总局统计数据，自 2012 年以来集中整治重点区域三百多个，可见区域产品质量的提升对提高整体产品质量水平起到关键性的推动作用。

在社会主义现代化建设的各个历史时期，国家都高度重视区域发展问题，区域发展战略是经济社会发展战略的重要组成部分。特别是 1978 年改革开放以来，制定了区域协调发展的重大决策和部署，继鼓励东部地区率先发展、实施西部大开发战略之后，又相继作出了振兴东北地区等老工业基地、促进中部地区崛起等重大决策，我国逐步形成了西部开发、东北振兴、中部崛起、东部率先的区域发展总体战略；2012 年，党的十八大报告中提出建设"一带一路"倡议和京津冀协同发展、长江经济带发展战略，推动形成东西南北纵横联动发展新格局；2016 年 3 月，"十三五"规划第九篇提出推动区域协调发展，单独一篇内容具体部署区域发展总体战略，不断加快区域一体化进程和区域创新能力建设的步伐；2017 年 10 月，党的十九大报告继续提出实施区域协调发展战略，逐步转向高质量发展阶段。以上区域政策和措施的制定与实施，对加快我国经济总量的发展起到了重要的作用，也体现了不同区域的发展特点。

在区域发展水平不断提高的同时，区域经济发展不平衡问题与之俱来，图 14-3 全国四大区域 GDP 占全国比重的对比图中，东部、中部与西部经济发展速度差距大，区域发展分化现象逐渐显现。[1]

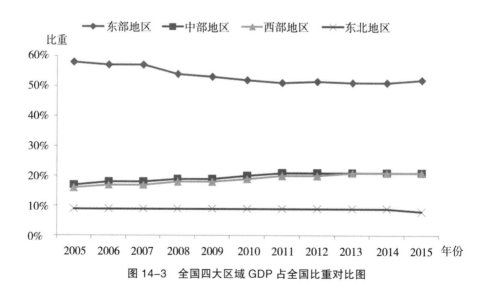

图 14-3　全国四大区域 GDP 占全国比重对比图

① 数据来源：皮书数据库（各省、自治区、直辖市统计局网站）。

此外，我国国家级新区的区域分布为：东部地区七个、中部地区两个、西部地区六个、东北地区三个。大多数新区成立后，GDP 呈快速增长趋势，如天津滨海新区 GDP 占天津的比重达 56.2%。同时，国家级新区也成为区域财政收入的主要来源，如 2015 年浦东新区实现税收收入 2658.1 亿元，占上海市税收总量（不含证交印花税）的 26.9%。[①] 图 14-4 展示了 2015 年我国各新区 GDP 分布的概况。

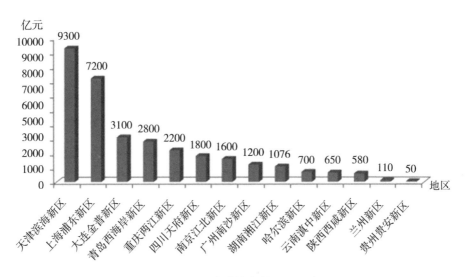

图 14-4　2015 年我国各新区 GDP 概况

我国生产同类产品的企业聚集现象，使得产品生产具有典型区域特征。产品质量也变现出典型的区域特征。不同省区、不同城市集群、不同新区的产品质量水平整体上会呈现某些规律性的特征。例如，我国浙江块状经济特征、京津冀地区交通、生态、产业结构三个重点领域率先取得突破。区域特色、区域环境和区域重点发展规划的不同，使得许多生产同类产品的企业自发集聚到一个特定区域，尤其是转轨时期的各行各业各地区，形成了具有区域性的产品集群。这种区域政策的不同、区

---

①　赵弘等：《2016—2017 年中国区域经济发展形势与展望》，社会科学文献出版社 2017 年版。

域经济发展的差异，企业规模与竞争力也存在较大差距，最终使得产品质量也表现出典型的区域特征。

以家电企业为例，在珠江三角洲地区家电企业数量占全国的60%，销售收入占全国的50%以上；长三角洲地区，以江苏省、上海市、浙江省和安徽省为主，销售收入占全国的33%以上。[①] 江苏省昆山一带聚集了全世界顶尖水平的 IT 工厂，使该地区的 GDP 和人均收入在全国名类前茅。华北、东北五省的乳制品产量占比接近全国的一半，而主要消费区域却分布在华南、东南等沿海地区，致使奶制品区域性消费的格局不平衡，2016 年各省市乳制品产量分布如图 14-5 所示。[②]

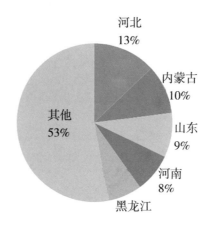

图 14-5　2016 年我国奶制品生产分布比例图

行业内企业之间竞争力都会受到区域内其他企业的影响。因此，同一区域的产品质量高低、行业内的潜规则极易相互影响，一旦产品出现问题将导致整个区域产品质量声誉受损，产品销量减少将导致区域其他企业受到牵连，出现柠檬市场现象。再者，城乡结合部批发市场、小商

---

①　数据来源于中投顾问发布的《2016—2020 年中国家电行业深度调研及投资前景预测报告》。

②　数据来源于智研咨询发布的《2016—2022 年中国乳制品行业深度调研及投资前景预测报告》。

品集散地、农村超市小卖部等是假冒伪劣问题突出的重点区域，制假售假趋向链条化、职业化、网络化，且涉及领域广泛，质量安全形势不容乐观。

　　针对汽车行业，我国汽车产业集群大致分布在东北、京津、中部（湖北、安徽）、西南（重庆）、珠三角、长三角六个地区。各地往往以产业集群作为其发展模式，具有区域性的特点。2016 年 1 月至 11 月，我国汽车整车汽车行业销售收入达 33081 亿元，其中华东地区是最大的市场，2016 年 1 月至 11 月华东地区汽车整车销售收入占 34.26%，其次是东北占 18.31%，华北占 13.27%，华南占 11.79%，华中占 9.79%，西南占 11.16%，西北占 1.42%。[①]2016 年 1 月至 11 月汽车整车制造行业销售收入区域分布，如图 14-6 所示。

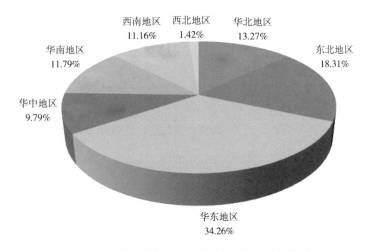

图 14-6　汽车整车制造行业销售收入区域分布图

　　河北省沧州市拥有管道装备、弯头管件、建筑扣件、石油化工、五金机电、铸造模具、电线电缆七大特色产业集群，工业产品生产企业

---

　　①　数据来源于智研咨询发布的《2017—2022 年中国汽车整车制造行业市场深度调研及投资前景分析报告》。

6265家，其中规模以上企业1805家，形成了独具特色的沧州区域性产品。再如三聚氰胺奶粉事件是一起典型食品安全事件，发生在河北石家庄三鹿企业，但是随着事件的进一步调查，包括伊利、蒙牛、光明、雅士利等多家企业的奶粉都被检出三聚氰胺。此次区域事件重创了我国奶品制造业，带来的负面影响至今难以消除，仍有大批消费者不敢购买国产奶粉。

（二）区域性产品质量问题愈加凸显

正是由于我国区域产品质量的特征愈发显著，2009年2月，国家质检总局印发了《关于深入开展区域性产品质量问题整治工作的实施意见》，围绕区域产业结构和产品特点，涉及国计民生和人身健康安全产品等重点，对同类产品生产集中、质量问题较多的县（市）乡（镇）进行集中整治，实现遏制质量违法行为、提升区域产品质量水平、服务区域经济发展的工作目标；北京、上海、山东、浙江、广东、江苏、四川等许多地方政府也出台相关文件，大力开展区域产品质量整治力度，对同类产品生产集中、质量问题较多的区域进行集中整治；2016年6月，国家发展改革委、农业部、质检总局等六部门联合制定了《京津冀农产品流通体系创新行动方案》，推动京津冀地区深化农产品产供销区域合作和流通创新；2016年7月，北京、天津、河北围绕京津冀"食品药品安全区域联动、食品领域全产业链追溯、药品生产监管、畜产品市场流通环节质量安全保障供应"等共同签署协作协议；2017年，全国人大常委会在天津、河北、上海、浙江、湖北、广东、重庆、甘肃开展区域内产品质量法执法检查，这是全国人大常委会第二次组织开展产品质量法执法检查，也是以2009年进行个别条款修改后的产品质量法为依据首次开展检查；2017年9月，中共中央、国务院《关于开展质量提升行动的指导意见》提出："区域质量水平整体跃升，区域主体功能定位和产业布局更加合理，区域特色资源、环境容量和产业基础等资源优势充分利用，产业梯度转移和质量升级同步推进，区域经济呈现互联互通和差异化发展格局，涌现出一批特色小镇和区域质量品牌"。

区域产品质量措施的实施对提升产品质量起到了积极推动作用，我国已跃居世界第二大经济体，经济发展进入新常态。但是我国产品质量仍然存在总体水平不高，大量关键设备、核心技术、高端产品还依赖进口，知名品牌少等诸多问题。近些年区域产品质量事故频繁发生，通过典型的产品质量事件可知，区域产品质量存在的问题除了具有一般产品共性问题之外，自身还存在典型的区域特征，主要有以下几个方面：

一是区域内同类产品质量问题多，影响范围波及全国各地。

2016年国家监督抽查的176种产品中有14种产品抽查不合格率高于20%，一些普通产品档次偏低、标准水平和可靠性不高，部分产品质量问题突出，烟花爆竹、背提包、电磁灶等产品抽查不合格率高于40%。例如"毒跑道""瘦身钢筋"及西安地铁"问题电缆"等事件，造成了恶劣的社会影响。

虽然生产产品集中，但产品的使用范围遍布全国各地，当某个企业产品出现问题，全国各地区购买此类产品的消费者都成为受害者，产品质量事件迅速被传播出来，会给企业造成巨大的经济损失和声誉损失。因此，区域产品质量问题声誉影响传播速度快，经济损失程度严重。

二是区域产品质量涉及各个产品领域，食品质量问题尤其是婴幼儿产品关注度高。

区域产品质量问题具有典型的广泛性，从工业产品、食品行业各产品再到医疗保健品，涉及各个产品领域，在我国各个省份都时有发生。除了企业生产技术问题外，大都是人为因素导致产品质量问题。例如食品中乳制品、调味品、酒精类、烘烤类食品均发生过质量事件，典型的为"三聚氰胺"事件、"皮革奶"事件、"瘦肉精"事件、"地沟油"事件、"毒馒头"事件等。

综上所述，针对区域产品质量的特征、区域产品质量问题的特点，抓住重点对象、确定重点区域，明确消费者关注的热点产品和主要问题，分地区、分产品对产品质量实行专项整治和执法打假等措施，对重点整治地区数量及整治情况及主要问题进行统计分析，不仅能避免区域产品质量事件的发生，对提高区域产品质量竞争力，有针对性的规范及预防区域产品质量问题也具有重要意义。

（三）区域产品质量应采取的监管措施

实施区域产品质量监管的具体措施可有：

一是区域划分为制定具体产品的监管法律提供参考依据。完善的产品质量监管法律，既要有整体产品质量监管要求，也要根据不同产品制定具体的监管措施。制定具体产品监管相应的法律，从监管范围、监管权利、监管义务等方面对不同产品予以保障，明确机构设置、执法程序、质量监管信息公布的具体操作要求，有效促进政府产品质量监管水平的提高。

依据产品质量的区域特征，构建了地区—产品的二分网络，进而运用纽曼（Newman）快速社团结构划分方法确定产品质量监管区域，可划分产品质量监管区域，确定监管重点区域。产品分区域监管有别于目前我国的分段式监管模式，这种模式有利于划清监管界限和监管职责，防止出现监管空隙导致部门之间相互推诿责任的现象。根据不同的产品划分区域监管对象，为在监管费用和义务、机构设置、执法程序和监管信息公布等方面，确定相应的产品质量监管制度提供依据。

二是在政府产品质量监管影响因素中，监管人员数量指标权重为0.84，排在第二位。监管机构人员、任务配置上，区域划分可提高监管人员的工作效率。在监管设备的分配上，根据划分的不同区域，政府有针对性地建立产品质量检测实验室，购置、引进和研制先进检测设备，加强监管人员知识储备与培训。在区域范围内，首先对那些危险系数较高或者人类健康与安全影响较大的产品，实施整个生产流通过程的严格监管；而一般性的产品只对关键控制点进行监管即可。在监管费用、监管人力等资源限制条件下，充分利用已有监管力量，依据不同产品充分高效的分配监管资源，合理布局检测设备，既能防止重复建设又能防止出现监测盲区，有效降低政府监管成本，从而提高区域产品质量监管效率。

三是将监管区域划分后，根据区域特点、产品特性实施分类监管，动态调整监管重点、难点。例如，美国政府主要根据产品对人类健康影响及消费者的危险程度，从而有选择地对产品采取不同的监管力度。因此，我国也应划分出产品监管重点，集中监管人员、监管实验室和监管设备对关键行业、重点领域加大监管力度、提升监管频率。随着科技进步和生产力水平的提升，产品不但种类繁多、数量巨大，且其特性和制造加工方式也日趋多样和复杂。因此，政府部门应依据"突出重点"的产品监管原则，抽查对象主要是针对可能危及人体健康和人身、财产安全的产品，影响国计民生的重要工业品以及消费者、有关组织反映有质量问题的产品。对工业产品、制造业产品等关键行业、重点领域的产品质量，各类企业生产、销售的重要生产资料、耐用消费品等。

在农产品领域，山东省安丘市在对农产品的质量控制方面所采取的质量安全区域化管理措施收到明显效果就是一很好例证。通过调研获知该市 2007 年开展农产品质量安全区域化建设，2012 年即被评为国家级农业综合标准化示范市，2013 年成立全国首个农业综合标准化研究所，2014 年创建全国农业综合标准化示范市并通过验收。针对农产品典型的区域特征，安丘农产品区域化管理将行政区域和行业区域的有机结合，并借助参与制定《初级农产品质量安全区域化管理体系要求》国家标准的契机，制定出一系列从农产品的种植、贮存、生产加工到流通等环节为主的标准综合体规划，修订了收获储存、包装运输、生产加工等各类标准 269 项，实现了各个环节的有据可依、有档可查。同时，针对农药、兽药、化肥、饲料、添加剂等农业化学投入品，建立了"核准备案、网上交易、连锁经营、集中监管"的有效区域监管机制，使所管辖农产品实现了各个环节有据可依、有档可查，确保农资市场、农产品质量安全可靠。

所以，应通过区域划分，根据产品特性提高相应检测技术装备水平，完善质量检测网络，整合检测资源，优化检测设备，提高监管的针对性，从而有的放矢提升产品质量监管检测技术，提高产品质量水平。

四、建立第三方参与的协同监管机制

第三方机构是近些年来随着我国监管机构调整应运而生的产物，目前与产品质量有关的各种协会、学会等非政府组织，以半官方或民间形式存在于政府和社会各界中。挂靠质检总局管理的行业学会、协会如中国出入境检验检疫协会、中国认证认可协会、中国质量检验协会、中国计量协会等；国家工商总局属下就有中国消费者协会、中国市场监督管理学会、中国广告协会等；国家食药监总局下属中国药协会、食品药品国际交流中心等直属单位。在不同领域不同的行业还有许多类似组织从事质量管理或质量监管活动，实际上在产品质量监管和企业质量管理活动中这些机构和组织发挥着举足轻重的作用。

从第四章主要发达国家产品质量现状、监管体系及问题分析，得出国外第三方机构历史悠久且技术设备完善，德国、美国和日本都高度重视发挥第三方在产品质量检测、认证中的作用，这一举措不仅可有效分担政府监管重任，而且其特有的独立性更具有说服力和认可度，可保持产品质量工作的客观、公正。

除各级政府监管部门作为产品质量主要监管机构外，建立第三方机构参与产品质量监管的有效机制，协调非正式组织积极参与产品质量监管，支持媒体舆论关注产品质量形成多方共同参与的产品质量有机监督组合，对保障产品质量也具有重要作用。

在信息不对称及有限理性条件下，将演化博弈理论运用到区域产品质量中，根据构建政府和第三方的产品质量演化博弈模型，分别分析了政府和第三方的复制动态及进化稳定策略，求出了各自的复制动态方程并运用 Matlab 仿真了不同参数变化下系统的演化均衡（第十章）。进一步建立了政府、企业和第三方共同参与的寻租博弈模型，可知政府监管成

本、监管能力系数、对寻租第三方和企业的经济惩罚是影响第三方与企业发生寻租行为的重要因素。

从政府角度提出发展第三方的措施，推动第三方检测机构发展，避免第三方与企业间的权力寻租行为的措施主要有以下几点：

一是进一步完善第三方检测机构的法律，推动国家检验检测机构资质管理制度。有了标准就需要认证认可机构对质量标准确认，需要建设完备的质量法规标准体系及质量监管体系。1993年通过的《产品质量法》规定，从事产品质量检验、认证的社会中介机构必须依法设立，不得与行政机关和其他国家机关存在隶属关系或者其他利益关系。但针对寻租活动的惩罚力度与措施却存在漏洞，所以完善第三方的相关法律规定，从法律上为监督第三方提供依据。

同时加快建立第三方管理信息系统。由于政府监管人员、监管资金有限，为实现政府对第三方监管的实时控制，利用网络信息平台，构建第三方管理信息系统，及时公示第三方检测报告样本及检测实验室的情况，从而对第三方实施有效监控，降低政府监管成本。

二是引入第三方检测机构的竞争机制。政府加强监督职能，制定第三方的认可办法和体系，通过横向对比第三方的资金投入、仪器设备、检测能力、人员配备等实力情况，提高第三方的准入门槛。符合认定条件和检验规范的第三方，按照认证认可的规定取得资质认定后，第三方在从事产品检验活动时，实行产品检验机构与检验人负责制。按照产品安全标准和检验规范对产品进行检验，保证出具的检验数据和结论客观、公正，不得出具虚假检验、认证报告。

确保具备资格的第三方获得产品质量检测业务，政府则对检测机构的管理控制进行考核，这将有助于规范第三方履行职责。实现产品进行快速检测，保障及时获取准确的检测检验结果，才能依据抽查检测结果对有关产品不符合标准的作出行政处罚。对获得批准的第三方建立完善的监督体系，加大对第三方与企业的监管力度和频度，运用抽查、定期监督、专项监督等方式，可有效地查证第三方与企业的寻租行为。

三是完善第三方检测机构的奖励与惩罚措施，模型研究表明，当对第三方的惩罚力度足够大时，即使政府不监管，第三方也会履行检测任务。因此，对认真履行职责的第三方给予一定的政策扶持，如增加产品认证的项目范围、业务量等，增加第三方的社会认可度及信任度，提升第三方的质量监管积极性，增强第三方自身的责任理念。同时对第三方机构的绩效进行评估，建立第三方内部管理绩效持续改进机制，从而不断提高第三方产品质量监管的积极性。

对违规的第三方制定明确的惩罚措施，通过减少其检测业务范围、暂停其认证资格或吊销产品质量认证工作资格证书，并缴纳相应高额度的罚款，从而提高第三方寻租成本，有效地削弱与企业的寻租动机。对提供虚假监测、评估信息的技术机构、技术人员，依法对技术机构直接负责的主管人员和技术人员给予撤职、开除处分；有执业资格的，由授予其资格的主管部门吊销执业证书。对于出具虚假检验报告、认证结论，损害消费者合法权益的行为，不仅没收所收取的认证费用并处罚款，情节严重的责令停业，直至撤销认证机构批准文件，并向社会公布。对受到开除处分的产品检验机构人员，对再次从事产品检验工作需要更加严格审核批准，曾导致发生重大产品质量事故受到开除处分的产品检验机构人员，终身不得从事产品检验工作。

五、完善产品质量奖惩制度

由政府、企业产品博弈模型（第九章）和诚信监管博弈模型（第十三章）研究结果可知，政府的监管政策越严厉，对企业的处罚力度越大，企业生产的产品质量越高，企业加大研发、提升产品质量的动力越强。因此，建立企业产品质量奖惩制度，当政府发现企业生产不合格产品，违反相关质量法律法规规定，产品质量保证能力存在严重隐患，发生经查实的消费者反映强烈或新闻媒体曝光的产品质量问题等情况，对违规企业实施加倍罚款、强制停产整顿、勒令关闭、强制转行等措施，通过严厉的惩罚增加违规企业造假成本，让企业承担产品质量欺诈行为产生的社会成本，使企业的机会成本超过实际的预期收益。从而较好地遏制生产企业的不当行为，提高企业的自律水平。

与此同时，定期表彰和奖励在质量领域追求卓越、成绩突出的企业，激励企业加强质量监督和管理，推动优质企业的发展。对长期依法经营的企业建立保护和激励机制，根据企业表现调整监管方式，如在年检、抽检、评奖等方面给予便利。通过优先采购、提供各种低息贷款或技术改进资金等奖励措施，提高企业提升产品质量的动力。

"没有品牌就像没有文化"，品牌的价值一直激励着多年从事贴牌制造的中国企业。要树立强烈的品牌和质量战略意识，通过建设品牌、提高质量水平来开拓市场。一个国家的品牌影响力反映着其经济实力的增长和各个产业的发展趋势，中国制造的名片一定是以中国品牌和中国质量为载体打造成功的。一直以来我国制造业大而不强，缺乏自主创新能力，工业竞争力指数排名不前，出口产品大多数处于国际产业链条中的中、低端，产品质量总体水平与国际领先水平相比还有一定的差距，特别是中高端的产品难以满足消费者的需求。在《中国制造2025》战略的推动下，我国坚持以质取胜战略，质量水平稳步提升，大量的产品走出国门，尤其是高铁、核电、装备以及一些工程建设，中国制造已经行销全球，必须以高品质、高质量为基础，以品牌和质量为推动力。所以，中国企业应不断推动企业品牌建设，打造优势产品质量品牌，提升企业产品质量管理水平。

六、加强消费者产品质量监督力度

在国民经济转型发展的关键时期，提升产品质量不仅是企业的要求，也是国家和社会的需求，更是满足消费者高产品质量的要求。根据第十一章建立政府、企业和消费者三者共同参与的博弈模型研究，表明消费者投诉行为受到投诉成本、投诉赔偿因素影响，投诉成本越小，投诉赔偿越高，消费者投诉概率越大，从而企业生产合格产品的概率越大，因此能够分担政府监管重任。让消费者参与到产品质量监督中的措施主要有：

首先，降低消费者投诉成本、产品检测成本。将产品质量检测设备作为公共产品免费向消费者提供，通过扫描仪器辨识经过认证的产品（如合格产品、绿色食品、有机食品等）的真假，从而降低消费者的产品质量投诉成本，提高消费者的产品质量监督意识。

其次，加大对消费者因不合格产品造成损失的赔偿，保障产品质量安全事故受害者得到合理、及时的补偿。消费者因不符合产品安全标准的产品受到损害的，可以向销售者要求赔偿损失，也可以向生产者要求赔偿损失。接到消费者赔偿要求的企业，应当按照规定赔付，不得推诿。生产不达标的产品或者经营明知是不符合标准的产品，消费者除要求赔偿损失外，还可向企业要求支付一定的赔偿金。完善的消费者赔偿机制，不仅能提高消费者维护自身合法权益的积极性，也能有效降低企业违规生产不合格产品的概率。

再次，提高消费者的维权和自我保护意识。普及产品质量安全方面的知识，对产品存在质量问题及危害进行宣传和讲解，提高市民对产品质量安全状况的知晓程度、对产品质量的认知度和自我保护意识，从而实现由下而上的监管程序，提高监管有效性。同时多渠道开展消费者质量宣传教育工作，以网络公开课、电视公益讲座等方式向消费者普及产品质量的相关知识，增强消费者产品自我保护能力，让消费者产品质量监督成为全社会的共识。任何消费者有权举报产品质量违法行为，依法向有关部门了解产品质量信息，对产品质量监督管理工作提出意见和建议。

七、发挥社会媒体的监督作用

由构建的区域产品质量监管 SEM 模型（第八章）可知，社会媒体监督对区域产品质量具有重要影响。在社会舆论监督因素指标中，媒体报道产品质量数量权重为 0.77。在技术突飞猛进的信息化时代，大众媒体已经渗透到人们生活的方方面面，信息的交流更加灵活、便捷、快速以及广泛。因此，积极发挥社会媒体、行业协会、消费者协会等作用的主要措施有：

一是营造良好的社会媒体监督氛围。新闻媒体在产品质量问题方面发挥着重要的舆论监督和宣传作用，特别是通过电视、网络等传媒手段，把假冒伪劣产品和制假售假企业向社会曝光，为消费者提供广泛、快捷的产品质量投诉信息的平台，形成强大的舆论监督，发挥巨大的威慑力。消除假冒伪劣商品的生存条件，使制假售假者在舆论面前望而却步。

二是发挥产品行业协会、消费者协会等协会的作用。产品行业协会、消费者协会可对产品监管人员在执法过程中是否存在违反法律、法规规定的行为以及不规范执法行为进行监督。如若存在以上问题，可以向本级或者上级产品监督管理部门或者监察机关投诉、举报。核实举报情况后向产品质量监管部门通报，有违法违纪的行为的，依照法律和规定进行处理。新闻媒体则应当开展产品质量法律、法规、标准的公益宣传，并对产品安全违法行为进行舆论监督。真实、公正地宣传报道产品质量事故，依法进行社会监督。

第四节　研究展望

区域产品质量涵盖的学科知识和研究领域非常广泛，尽管本书进行了选择性的研究探索，得出了一些比较有价值的结论，但受能力、时间有限等因素限制，仍有一些区域产品质量问题未能在书中得以探讨，以下内容还有待进一步的研究。

第一，提出了区域产品质量概念，并给出了运用二分网络的区域划分方法，然而在现实中地区与产品质量之间的关系，需要在实际调研基础上，通过实证研究确定区域的划分情况。加大数据收集的力度，选择国内典型区域和有代表性的行业，进行划分出我国产品质量监管的区域，构建反映现实区域划分的问题有待进一步研究。

第二，区域产品质量受多种因素的影响且各因素之间关系复杂，往往缺乏实证性的研究和坚实的理论基础，分析区域产品质量影响因素的困难是显而易见的。指标的选取应该力求理论和实践相结合，尽量减少指标个数，使得整个指标体系含义明确，计算方法简便，具有较高的使用价值，书中的指标较全面地反映出区域产品质量影响因素，但是仍旧受到主观因素的影响。由于现实情况中数据收集的难度，数据调研与收集还不够全面和精确，对我国区域产品质量影响因素的分析还不全面，所构建的影响因素 SEM 模型还有进一步改进的空间。

第三，构建了多方参与的博弈情况，但未区分利益主体的质量偏好。例如建立政府与第三方的演化博弈模型，仅是针对同类型第三方进行博弈分析。实际上，由于不同检测水平、检测范围及检验产品的差异性，第三方有着并不完全相同的诉求，不可能在一个模型中对各种情形都加以分析，探讨政府针对不同类型的第三方有效监管的问题，将是进一步研究方向。在政府、企业和消费者三方博弈中，其中消费者购买产品也存在一定的质量偏好，因此，可在模型中加入消费者产品质量偏好系数，这种情况有待继续探讨。

参考文献

1. 毕军贤、赵定涛:《抽样检验产品的质量检验博弈与诚信机制设计》,《管理科学学报》2011 年第 5 期。

2. 曹永栋、陆跃祥:《西方激励性规制理论研究综述》,《中国流通经济》2010 年第 1 期。

3. 柴艳萍:《企业主观诚信的不确定性及其外部监管措施》,《齐鲁学刊》2014 年第 2 期。

4. 陈定伟:《美国食品安全监管中的信息公开制度》,《工商行政管理》2011 年第 24 期。

5. 陈刚、张浒:《食品安全中政府监管职能及其整体性治理——基于整体政府理论视角》,《云南财经大学学报》2012 年第 5 期。

6. 陈明星、李扬、龚颖华等:《胡焕庸线两侧的人口分布与城镇化格局趋势——尝试回答李克强总理之问》,《地理学报》2016 年第 2 期。

7. 陈瑞义、石恋、刘建:《食品供应链安全质量管理与激励机制研究——基于结构、信息与关系质量》,《东南大学学报(哲学社会科学版)》2013 年第 4 期。

8. 陈伟:《以立法推进监管体制改革》,《中国行政管理》2010 年第 3 期。

9. 陈晓燕:《如何应对美国食品安全新法案带来的风险》,《中国检验检疫》2011 年第 9 期。

10. 陈彦彦:《论政府在农产品质量安全监管中的职能定位》,《中国行政管理》2008 年第 6 期。

11. 程虹:《宏观质量管理的基本理论研究——一种基于质量安全的分析视角》,《武汉大学学报 (哲学社会科学版)》2011 年第 2 期。

12. 程惠芳、唐辉亮、陈超:《开放条件下区域经济转型升级综合能力评价研究——中国31 个省市转型升级评价指标体系分析》,《管理世界》2011 年第 8 期。

13. 崔德华:《论政府规制的经济性维度》,《江汉论坛》2011 年第 4 期。

14. 丁毅、葛健、郭慧馨:《日本产品质量监控组织体系及相关制度研究》,《当代经济》2016 年第 8 期。

15. 杜岩、战东阳、赵焕梅:《企业危机公关能力构建与实践研究——以锦湖轮胎事件为例》,《技术与创新管理》2011 年第 6 期。

16. 高璐、李正风:《从"统治"到"治理"——疯牛病危机与英国生物技术政策范式的演变》,《科学学研究》2010 年第 5 期。

17. 高晓红、康键:《主要发达国家质量监管现状分析与经验启示》,《标准科学》2008 年第 10 期。

18. 公维友、刘云:《当代中国政府主导下的社会治理共同体建构理路探析》,《山东大学学报 (哲学社会科学版)》2014 年第 3 期。

19. 顾成博:《欧盟产品质量安全体系的建立与运作评析》,《中山大学学报 (社会科学版)》2015 年第 2 期。

20. 关蓉晖:《论诚信的经济观》,《中国行政管理》2008 年第 1 期。

21. 郭骞、刘晶、肖承翔等:《国内外标准化组织体系对比分析及思考》,《中国标准化》2016 年第 2 期。

22. 何伟:《中国区域经济发展质量综合评价》,《中南财经政法大学学报》2013 年第 4 期。

23. 胡焕庸:《中国人口之分布——附统计表与密度图》,《地理学报》1935 年第 2 期。

24. 黄庚保：《区域质量形势评价及预测技术研究》，重庆大学，博士学位论文，2009 年。

25. 黄敏镁：《基于演化博弈的供应链协同产品开发合作机制研究》，《中国管理科学》2010 年第 18 期。

26. 纪杰：《公共教育财政支出与地方经济发展》，《中国行政管理》2012 年第 6 期。

27. 冀志宏：《新材料产业创新发展三大难题待解》，《中国工业评论》2016 年第 7 期。

28. 贾名清、汪阔朋：《我国东部地区区域经济增长质量评价》，《经济问题》2009 年第 1 期。

29. 金浩、张贵、李媛媛：《中国区域经济发展的新格局与创新驱动的新趋势——2014 中国区域经济发展与创新研讨会综述》，《经济研究》2014 年第 12 期。

30. 拉丰、梯若尔：《政府采购与规制中的激励理论》，上海人民出版社 2005 年版。

31. 兰娴、徐小龙：《企业质量管理体系有效性形成研究》，《科学经济社会》2014 年第 2 期。

32. 李保霞：《关于加强政府与第三方监管提升企业诚信的建议》，《企业导报》2011 年第 2 期。

33. 李翠霞、姜冰：《情景与品质视角下的乳制品质量安全信任评价——基于 12 个省份消费者乳制品消费调研数据》，《农业经济问题》2015 年第 3 期。

34. 李丹丹：《政府质量监管满意度影响因素——基于质量观测数据的分析》，《宏观质量研究》2013 年第 1 期。

35. 李峰、万庄、米强等：《产品质量规制中企业与政府的行为博弈——以"三鹿奶粉"事件为例的实证研究》，《南昌大学学报（人文社会科学版）》2010 年第 1 期。

36. 李静:《我国食品安全监管的制度困境——以三鹿奶粉为例》,《中国行政管理》2009 年第 10 期。

37. 李军鹏、傅贤治:《基于市场失灵的食品安全监管博弈分析》,《中国流通经济》2007 年第 7 期。

38. 李然:《基于"逆选择"和博弈模型的食品安全分析——兼对转基因食品安全管制的思考》,《华中农业大学学报（社会科学版）》2010 年第 2 期。

39. 李思敏、樊春良:《政府使用科学应对风险的管理机制变迁——英国疯牛病事件与口蹄疫事件比较》,《科学学研究》2015 年第 12 期。

40. 李维、朱维娜:《基于结构方程模型的地区经济发展影响因素分析》,《管理世界》2014 年第 3 期。

41. 李宗泰、何忠伟:《基于博弈论的农产品质量安全监管分析》,《北京农学院学报》2011 年第 1 期。

42. 栗贵勤:《区域循环经济学》,清华大学出版社 2008 年版。

43. 梁昌勇、朱龙、冷亚军:《基于结构方程模型的政府部门公众满意度测评》,《中国管理科学》2012 年第 1 期。

44. 刘畅、赵心锐:《论我国食品安全的经济性规制》,《理论探讨》2012 年第 5 期。

45. 刘军弟、王凯、韩纪琴:《消费者对食品安全的支付意愿及其影响因素研究》,《江海学刊》2009 年第 3 期。

46. 刘宁:《我国食品安全社会规制的经济学分析》,《工业经济技术》2006 年第 3 期。

47. 刘鹏:《西方监管理论:文献综述和理论清理》,《中国行政管理》2009 年第 9 期。

48. 刘书庆、连斌、董丽娜:《产品质量危机影响因素相互作用关系实证研究》,《系统管理学报》2015 年第 2 期。

49. 卢菲菲、何坪华、闵锐:《消费者对食品质量安全信任影响因素分析》，《西北农林科技大学学报（社会科学版）》2010 年第 1 期。

50. 马克斯·韦伯：《马克斯·韦伯社会学文集》，人民出版社 2010 年版。

51. 马小平：《宏观质量管理与质量竞争力研究——以江苏为例》，南京理工大学，博士学位论文，2008 年。

52. 孟菲：《食品安全的利益相关者行为分析及其规制研究》，江南大学，博士学位论文，2009 年。

53. 欧瑞秋、杨建梅、常静：《企业—产品二分网络的社团结构分析——以中国汽车产业为例》，《管理学报》2010 年第 9 期。

54. 彭凯、沈烽：《为质量而战——全球三大质量奖纵览》，《质量与认证》2014 年第 1 期。

55. 普雁翔、宋丽华、向明生：《诚信的价值及其制度建设对食品安全的意义》，《全国商情·理论研究》2012 年第 19 期。

56. 任成山、赵晓晏：《何谓肠出血性大肠杆菌 O104∶H4 及防治》，《中华肺部疾病杂志》2011 年第 3 期。

57. 任燕、安玉发、多喜亮：《政府在食品安全监管中的职能转变与策略选择——基于北京市场的案例调研》，《公共管理学报》2011 年第 1 期。

58. 邵景均：《以政府诚信带动社会诚信建设》，《中国行政管理》2016 年第 8 期。

59. 石涛：《日本政府微观规制演变及启示》，《现代日本经济》2009 年第 5 期。

60. 史蒂芬·J. 里柯克、邹海林：《美国产品责任法概述》，《环球法律评论》1990 年第 4 期。

61. 宋华琳：《政府规制改革的成因与动力——以晚近中国药品安全规制为中心的观察》，《管理世界》2008 年第 8 期。

62. 孙中叶：《社会性规制的演进与发展——以美国和日本食品安全

的社会性规制为例》,《当代经济研究》2009 年第 3 期。

63. 田祖海、叶凯:《企业社会责任研究述评》,《中南财经政法大学学报》2017 年第 1 期。

64. 汪鸿昌、肖静华、谢康等:《食品安全治理——基于信息技术与制度安排相结合的研究》,《中国工业经济》2013 年第 3 期。

65. 王彩霞:《政府监管失灵、公众预期调整与低信任陷阱——基于乳品行业质量监管的实证分析》,《宏观经济研究》2011 年第 2 期。

66. 王常伟、顾海英:《基于委托代理理论的食品安全激励机制分析》,《软科学》2013 年第 8 期。

67. 王殿华、苏毅清:《食品安全市场监管效果的检验及分析》,《软科学》2013 年第 3 期。

68. 王东海:《史上最严,打响"舌尖安全"保卫战——新修订〈食品安全法〉深度解读》,《中国食品药品监管》2015 年第 10 期。

69. 王铬:《论食品安全研究引入博弈论的必要性》,《商场现代化》2008 年第 23 期。

70. 王宏伟、刘军、肖海清等:《国内外锂离子动力电池相关标准对比分析》,《电子元件与材料》2012 年第 10 期。

71. 王怀明、崔吉:《消费者对企业社会责任表现的响应及影响因素》,《北京理工大学学报(社会科学版)》2014 年第 3 期。

72. 王军、张越杰:《消费者购买优质安全人参产品意愿及其影响因素的实证分析》,《中国农村经济》2009 年第 5 期。

73. 王俊秀、陈满琪:《社会心态蓝皮书:中国社会心态研究报告(2016 年)》,社会科学文献出版社 2016 年版。

74. 王威、綦良群:《基于结构方程的区域装备制造业产业结构优化影响因素研究》,《中国科技论坛》2013 年第 12 期。

75. 王文婧、杜惠英、吕廷杰:《基于第三方认证的云服务信任模型》,《系统工程理论与实践》2012 年第 12 期。

76. 王向文：《政府公信力概念的三个维度：以利益相关者价值网络为视角》，《中央财经大学学报》2012 年第 3 期。

77. 王兴杰、谢高地、岳书平：《经济增长和人口集聚对城市环境空气质量的影响及区域分异——以第一阶段实施新空气质量标准的 74 个城市为例》，《经济地理》2015 年第 2 期。

78. 王宇红：《我国转基因食品安全政府规制研究》，西北农林科技大学，博士学位论文，2012 年。

79. 王玉燕、李帮义、申亮：《两个生产商的逆向供应链演化博弈分析》，《系统工程理论与实践》2008 年第 4 期。

80. 王峥：《欧盟产品质量安全与缺陷产品召回法律法规及管理体系》，《质量与标准化》2012 年第 4 期。

81. 王志刚、黄棋、陈岳：《美国"毒菠菜"事件始末及其对中国食品安全的启示》，《世界农业》2008 年第 4 期。

82. 吴明隆：《结构方程模型：AMOS 的操作和应用》，重庆大学出版社 2013 年版。

83. 吴元元：《信息基础、声誉机制与执法优化——食品安全治理的新视野》，《中国社会科学》2012 年第 6 期。

84. 谢地、孙志国：《监管博弈与监管制度有效性——产品质量监管的法经济学视角》，《学习与探索》2010 年第 2 期。

85. 辛暨梅：《以质量监管为基础的企业危机防范——基于"日本雪印牛奶中毒"事件的思考》，《战略决策研究》2011 年第 4 期。

86. 辛士波、陈妍、张宸：《结构方程模型理论的应用研究成果综述》，《工业技术经济》2014 年第 5 期。

87. 熊伟、奉小斌：《基于企业特征变量的质量管理实践与绩效关系的实证研究》，《浙江大学学报（人文社会科学版）》2012 年第 1 期。

88. 徐枞巍、盖素霞：《中国企业知识管理关键成功因素及其管理策略研究》，《管理世界》2012 年第 3 期。

89. 徐启生：《美国"问题鸡蛋"致 1300 人患病》，《光明日报》2010 年 8 月 21 日。

90. 许民利、王俏、欧阳林寒：《食品供应链中质量投入的演化博弈分析》，《中国管理科学》2012 年第 20 期。

91. 杨宏山：《政府规制的理论发展述评》，《学术界》2009 年第 4 期。

92. 杨柳：《我国食品安全监管体系研究》，武汉大学，博士学位论文，2015 年。

93. 尹世久、陈默、徐迎军等：《消费者对安全认证食品信任评价及其影响因素——基于有序 Logistic 模型的实证分析》，《公共管理学报》2013 年第 3 期。

94. 于涛、刘长玉：《基于因子分析的产品质量影响因素及评价体系研究》，《东岳论丛》2013 年第 2 期。

95. 于涛、刘长玉：《政府与生产企业间产品质量问题博弈分析》，《山东大学学报（哲学社会科学版）》2014 年第 2 期。

96. 于涛：《关于我国县域经济的表现特征及面临机遇分析》，《东岳论丛》2007 年第 1 期。

97. 宇燕：《欧盟制造业竞争力分析》，《中国贸易救济》2014 年第 11 期。

98. 袁晓玲、仲云云：《我国区域经济发展效率的时空变化及影响因素分析——基于超效率 DEA 模型的实证分析》，《商业经济与管理》2010 年第 7 期。

99. 岳中刚：《信息不对称、食品安全与监管制度设计》，《河北经贸大学学报》2006 年第 5 期。

100. 云振宇、刘文、蔡晓湛等：《美国乳制品质量安全监管及相关法规标准概述》，《农产品加工学刊》2010 年第 1 期。

101. 臧传琴：《政府规制——理论与实践》，经济管理出版社 2014 年版。

102. 张碧波：《供给侧结构性改革背景下的政府规制转型》，《山西农业大学学报》2017 年第 7 期。

103. 张秉福：《发达国家政府规制创新特点及其对我国的启示》，《经济体制改革》2012 年第 3 期。

104. 张红凤、杨慧：《规制经济学沿革的内在逻辑及发展方向》，《中国社会科学》2011 年第 6 期。

105. 张凯华、臧明伍、王守伟等：《国内外禽蛋农（兽）残留限量标准对比研究》，《世界农业》2016 年第 1 期。

106. 张丽英：《国内外航空汽油标准对比分析及进口产品质量监控建议》，《石油商技》2015 年第 5 期。

107. 张璐：《食品安全利益相关者行为及规制的经济学分析》，陕西师范大学，博士学位论文，2013 年。

108. 张瑞霞：《杜邦：特富龙迷雾》，《竞争力》2007 年第 3 期。

109. 张维迎：《博弈论与信息经济学》，上海人民出版社 2004 年版。

110. 张文、郭苑、徐小琴：《宏观视角下我国区域经济发展水平的结构性因素分析——基于31 个省级地区数据的实证研究》，《经济体制改革》2011 年第 2 期。

111. 张文学：《政府监管在质量体系中的核心作用》，《质量探索》2011 年第 5 期。

112. 张佑林：《我国食品安全问题探析》，《北方经贸》2009 年第 10 期。

113. 赵翠萍、李永涛、陈紫帅：《食品安全治理中的相关者责任：政府、企业和消费者维度的分析》，《经济问题》2012 年第 6 期。

114. 赵弘等：《2016—2017 年中国区域经济发展形势与展望》，社会科学文献出版社 2017 年版。

115. 赵文权：《中橡协首次发布子午胎工艺技术规范》，《中国橡胶》2012 年第 9 期。

116. 赵玉忠、何桢:《对中国制造企业质量管理现状的研究》,《科技管理研究》2009 年第 2 期。

117. 左伟:《基于食品安全的企业、监管部门动态博弈分析》,《华南农业大学学报》2009 年第 3 期。

118. 郑春荣、望路:《德国制造业转型升级的经验与启示》,《人民论坛·学术前沿》2015 年第 11 期。

119. 郑亚平:《基于质量评价的区域经济管理研究》,中国矿业大学,博士学位论文,2012 年。

120. 植草益:《微观规制经济学》,中国发展出版社 1992 年版。

121. 仲秋雁、闵庆飞、吴力文:《中国企业 ERP 实施关键成功因素的实证研究》,《中国软科学》2004 年第 2 期。

122. 周玲、沈华、宿洁等:《风险监管:提升我国产品质量安全管理的有效路径》,《北京师范大学学报(社会科学版)》2011 年第 6 期。

123. 周茜:《中国区域经济增长对环境质量的影响——基于东、中、西部地区环境库兹涅茨曲线的实证研究》,《统计与信息论坛》2011 年第 10 期。

124. 朱安远、郭华珍等:《历届诺贝尔得主国籍的分布研究》,《中国市场》2015 年第 5 期。

125. 周涛、鲁耀斌、张金隆:《移动商务网站关键成功因素研究》,《管理评论》2011 年第 6 期。

126. 周小梅:《我国食品安全管制的供求分析》,《农业经济问题》2010 年第 9 期。

127. 朱立龙、于涛、夏同水:《政府——企业间质量监管博弈分析》,《软科学》2013 年第 1 期。

128. 左键:《盘点全球都有哪些国家(地区)设立了国家质量奖励制度》,《中国纤检》2016 年第 5 期。

129. Ahire S., Dreyfus, P., "The Impact of Design Management and

Process Management on Quality: An Empirical Investigation", *Journal of Operations Management*,2000(5).

130.Akdeniz B., Calantone R. J., Voorhees C .M., "Effectiveness of Marketing Cues on Consumer Perceptions of Quality: The Moderating Roles of Brand Reputation and Third-party Information", *Psychology & Marketing*,2013(1).

131.Albersmeier F., Schulze H., Jahn G. et al., " The Reliability of Third-Party Certification in the Food Chain: From Checklists to Risk-Oriented Auditing", *Food Control*,2009(10).

132.Andrews R. et al., "Organizational Strategy: External Regulation and Public Service Performance", *Public Administration*,2008(1).

133.Anwar S., Prideaux B., " Regional Ecomonic Growth: An Evalution of the Northern Territory", *Journal of Applied Economics&Policy*,2005(3).

134.Arrow. K.J., *Benefits-cost Analysis in Environmental Health and Safety Regulation: A Statement of Principles*, The AEI Press,1996.

135.Barber M. J., "Modularity and Community Detection in Bipartite Networks", *Physical Review*,2007(6).

136.Battiston S., Catanzaro M., "Statitical Properties of Corporate Board and Director Networks", *Physics of Condensed Matter*,2004(2).

137.Bennett J .T., "Introduction to Cost-benefit Analysis", *Monthly Labor Review*,2016(8).

138.BesankoD., Spulber D .F., "Antitrust Enforcement under Asymmetric Information", *Economic Journal*,1989(396).

139.Black S. A., Porter L. J., "Identification of the Critical Factors of TQM", *Decision Sciences*,1996(1).

140.Bowman J. S., Stevens K. A., "Public Pay Disclosure in State Government: An Ethical Analysis", *American Review of Public*

Administration,2013(4).

141.Breen M., Gillanders R., "Corruption Institutions and Regulation", *Economics of Governance*,2012(3).

142.Cadman T., " Evaluating the Quality and Legitimacy of Global Governance: A Theoretical and Analytical Approach", *International Journal of Social Quality*,2012(1).

143.Daniel C., Grimmer J., Lomazoff E., "Approval Regulation and Endogenous Consumer Confidence: Theory and Analogies to Licensing Safetyand Financial Regulation", *Regulation&Governance*,2010(4).

144.Chen C., "Design for the Environment: A Quality-Based Model for Green Product Development", *Management Science*,2001(2).

145.Cho B.H., Hooker N.H., "The Opportunity Cost of Food Safety Regulation-An Output Directional Distance Function Approach", *Agricultural Environmental and Development Economics*,2004.

146.Coates, I.J.C., "Cost-Benefit Analysis of Financial Regulation: Case Studies and Implications", *Yale Law Journal*,2014.

147.Coenders G., Batista-Foguet J. M., Saris W E., "Simple Efficient and Distribution-free Approach to Interaction Effects in Complex Structural Equation Models", *Quality&Quantity*,2008(3).

148.Council of Europe, "European Convention on Products Liability in Regard to Personal Injury and Death", *International Legal Materials*,1977(1).

149.Crandall R. W., Lave.L.B., *The Strategy of Social Regulation: Decision Framework for Policy*, Brookings Institution,1981.

150.Crosby P B., Quality is Free: *The Art of Making Quality Certain*, New York: New American Library,1979.

151.David Dranove, Ginger Zhe Jin, "Quality Disclosure and Certification Theory Practice", *National Bureau of Economic Research*,2010(4).

152.David Hammond, Patrick Beullens, "Closed—loop Supply Chain Network Equilibrium under Legislation", *European Journal of Operational Research*,2007 (2).

153.Deaton B.J., "A Theoretical Framework for Examining the Role of Third—party Certifiers", *Food Control*,2004(8).

154.Diamond P. A., Mirrlees J. A., "Optimal Taxation and Public Production I: Production Efficiency", *American Economic Review*,1971(1).

155.Dranove D., Jin G. Z., " Quality Disclosure and Certification: Theory and Practice", *Journal of Economic Literature*,2010(4).

156.Ellig J., Mclaughlin P. A., Morrall J .F., "Continuity Change and Priorities: The Quality and Use of Regulatory Analysis across US Administrations", *Regulation&Governance*,2013(2).

157.Fairchild R.J., "The Manufacturing Sector's Environmental Motives: A Game—Theoretic Analysis", *Journal of Business Ethics*,2008(3).

158.Feigenbaum A.V., *Total Quality Control* , Mc Graw—Hill Professional Publishing,1986.

159.Forristal P .M., Wilke D. L., Mccarty L. S., "Improving the Quality of Risk Assessments in Canada Using a Principle—based Approach", *Regulatory Toxicology & Pharmacology Rtp*,2008(3).

160.Francisco J. Andre, Paula Gonzalez, Nicolas Porteiro, "Strategic Quality Competition and the Porter Hypothesis", *Journal of Environmental Economics and Management*,2009(2).

161.Gaia R., Griffith D. A., Goksel Y., "Technological and Design Innovation Effects in Regional New Product Rollouts: A European Illustration", *Journal of Product Innovation Management*,2012 (6).

162.Gary H.Chao, Seyed M.R.Iravani, R.Canan Savaskan, "Quality Improvement Incentives and Product Recall Cost Sharing Contracts",

Management Science,2009(7).

163.George J. Stigler,"The Theory of Economic Regulation",*Journal of Economics and Management Science*,1971(1).

164.Ghani E.,"Spatial Determinants of Entrepreneurship in India",*Regional Studies*,2014(6).

165.Gracia M., Fearne A., Caswell J. A.,"Co-regulation as A Possible Model for Food Safety Governance; Opportunities for Public-Private Partnerships",*Food Policy*,2007(3).

166.Hair J.F., Black W.C., Babin B.J. et al., *Multivariate Data Analysis*(7th Edition), New Jersey: Prentice Hall,2009.

167.Hatanaka M., Bain C., Busch L.,"Third-party Certification in the Global Agrifood System",*Food Policy*,2005(3).

168.Hendricks K.B., Singhal V.R.,"The Long-Run Stock Price Performance of Firms with Effective TQM Programs",*Management Science*,2001(3).

169.Hoekstra A., Kaptein M.,"The Institutionalization of Integrity in Local Government",*Public Integrity*,2012(1).

170.Hoover E. M., Giarratani F.,"An Introduction to Regional Economics",*The Economic Journal*,1972(82).

171.Jill J. Mccluskey,"Game Theoretic Approach to Organic Foods: An Analysis of Asymmetric Information and Policy",*Agricultural and Resource Economics Review*,2000(1).

172.Lester M., *The Tools of Government: A Guide to the New Governance* , Oxford University Press,2002.

173.Loeb M., Magat W. A.,"A Decentralized Method for Utility Regulation",*Journal of Law& Economics*,1979(2).

174.Maeyer P. D., Estelami H.,"Consumer Perceptions of Third Party

Product Quality Ratings", *Journal of Business Research*,2011(10).

175.Maiorano F., Regulation and Performance: Evidence from the *Telecommunicaitons Industry*, City University,2009.

176.Martinez M.G., Fearne A., Caswell J.A. et al., " Co-regulation as a Possible Model for Food Safety Governance: Opportunities for Public-private Partnerships", *Food Policy*,2007(3).

177.Matthew D. Alder, Erica Posner, *Cost-benefit Analysis: Legal Economic and Philosophical Perspectives*, University of Chicago Press,2001.

178.McAllister L. K., "Regulation by Third-Party Verification", *Boston College Law Review*,2012.

179.Mcnally R. C., Akdeniz M. B., Calantone R. J., " New Product Development Processes and New Product Profitability: Exploring the Mediating Role of Speed to Market and Product Quality", *Journal of Product Innovation Management*,2011(S1).

180.Michael R. Darby, EdiKarni, "Free Competition and the Optimal Amount of Fraud", *Journal of Law and Economics*,1973(1).

181.Millstone E., Zwanenberg P .V., "The Evolution of Food Safety Policy - Making Institutions in the UK EU and Codex Alimentarius", *Social Policy&Administration*,2003(6).

182. Mitja D., Janez S., Maja K., "E-government and Cost Effectiveness Taxation in Slovenia", *Transylvanian Review of Administrative Sciences*,2010(3).

183.Molina-Azorin J.F. et al., "The Importance of the Firm and Destination Effects to Explain Firm Performance", *Tourism Management*,2010(1).

184.Narasimhan R., Ghosh S., Mendez D., "A Dynamic Model of Product Quality and Pricing Decisions on Sales Response", *Decision Sciences*,2007(5).

185.Newman M. E., Girvan M.,"Finding and Evaluating Community Structure in Networks",*Physical Review*,2004(2).

186.Noble A .W., *The Effectiveness of Local Government Regulation of the Taxi Trade*, University of Birmingham,2014.

187.Pyzybyla K., Kulczyk–Dynowska A., Kachniarz M.," Quality of Life in the Regional Capitals of Poland", *Journal of Economic Issues*,2014 (1).

188.Rudokas J., Miller P J., Trail M. A. et al.,"Regional Air Quality Management Aspects of Climate Change: Impact of Climate Mitigation Options on Regional Air Emissions", *Environmental Science& Technology*,2015(8).

189.Ryumina E. V., Anikina A. M.," Environmentally Adjusted Evaluation of Regional Economic Growth", *Studies on Russian Economic Development*,2009(2).

190.Sabine S., Gunther M.,"The Third–party Model: Enhancing Volunteering through Governments, can Green Building Councils Serve as Third Party Governance Institutions? An Economic and Institutional Analysis", *Energy Policy*,2012(49).

191.Sedlacek S., Maier G.," Can Green Building Councils Serve as Third Party Governance Institutions? An Economic and Institutional Analysis", *Energy Policy*,2012(10).

192.Simpson B.P., "The Effect of Environmental Regulations and Other Government Controls on Oil and Gasoline Production", *Energy & Environment*,2011(3).

193.Sonter L. J., Moran C. J., Barrett D.J., "Modeling the Impact of Revegetation on Regional Water Quality: A Collective Approach to Manage the Cumulative Impacts of Mining in the Bowen Basin, Australia", *Resources Policy*,2013 (4).

194.Sparks P., Farside T., "Social Dimensions of Judgments of Integrity in Public Figures", *British Journal of Social Psychology*,2011(1).

195.Starbird S. A., " Designing Food Safety Regulations: The Effect of Inspection Policy and Penalties for Noncompliance on Food Processor Behavior", *Journal of Agricultural and Resource Economics*,2000(2).

196.Steven B., Joel W., "Product Quality and Market Size", *Journal of Industrial Economics*, 2010 (1).

197.Stigler G. J., "The Theory of Economic Regulation", *Bell Journal of Economics*,1971(1).

198.Stogate S. H., " Exploring Complex Networks", *Nature*,2001.

199.Supriya Mitra, Scott Webster, "Competition in Remanufacturing and the Effects of Government Subsidies", *International Journal of Production Economics*,2008 (2).

200.Terziovski M., Gloet M., "Exploring the Relationship between Knowledge Management Practices and Innovation Performance", *Journal of Manufacturing Technology Management*,2004(5).

201.Viscusi, J.N.Vernon J.E., Harrington J. R., *Economies of Regulation and Antitust*, The MIT Press,1995.

202.Wang D. H., Zhou L., Di Z.R., "Bipartite Producer‐consumer Networks and the Size Distribution of Firms", *Physica A*,2006(2).

203.Wen D.C., Cheng L.Y., "An Analysis of Discerning Customer Behavior: An Exploratory Study", *Total Quality Management&Business Excellence*,2013(11).

204.Wuest T., Irgens C., Thoben K. D., "An Approach to Quality Monitoring in Manufacturing Using Supervised Machine Learning on Product State Data", *Journal of Intelligent Manufacturing*,2014(5).

205.Zhou Min, Deng Feiqi, Wu Sai, "Coordination Game Model of Co−opetition Relationship on Cluster Supply Chains", *Journal of Systems Engineering and Electronics*,2008(3).

后　记

　　该书以国家社科基金重点项目"我国区域产品质量影响因素及监管对策"（13AGL012）课题研究成果为基础，初稿主要内容由刘长玉博士执笔，几经课题组讨论修订，历时三年撰写而成。参加课题研究的成员除著者外，还有山东师范大学商学院的夏同水、姜道奎、王高山、杨毅、付奕林、常乐等老师和同学。他们为课题的研究和本书的出版在实地调研、数据收集及分析处理、课题论证等方面付出了大量心血。因此，本书更是一项团队合作的成果。

　　课题组根据研究计划开展了区域产品质量相关调研、数据收集与分析及模型构建等工作。在研究过程中分别于2013年12月邀请山东大学、山东财经大学、山东质量协会等14位专家召开项目开题论证会，对课题前期的研究思路、研究方法、研究内容进行了探讨，对项目研究的可行性、方法的可操作性进行了分析；2015年4月邀请上海交通大学、山东大学、山东财经大学等7位专家召开中期论证会，主要是从调研内容、方法选择等方面，对数据收集及处理、结构方程模型与博弈模型构建等内容进行了调整和论证；2016年1月邀请同济大学、上海大学、山东大学等9位专家召开项目结项前论证会，对项目的研究成果、完成情况予以论证和评价分析，主要是结合政府监管现状及模型分析结果，在监管对策方面进一步补充完善；2016年5月，邀请中国科学院、清华大学、同济大学及山东大学等5位专家召开结题论证会，主要是针对课题完成情况，进一步从立论的正确性、方法的科学性、对策的可操作性等内容进行了论证，各位专家最后以项目评议表的形式对该书提出了修改建议并给予充分肯定。

在项目研究过程中，课题组成员多次到各级质量相关部门和不同类型企业进行调研、学习，期间分别得到了中国质量协会、山东省质量管理协会、山东省质量评价协会等行业协会及相关企业的热情帮助和大力支持，获得了大量真实有效的相关资料和数据，开展了多次政府访谈调研，得到了国家质检总局、山东省质监局、潍坊市质监局、烟台市场监督管理局、安丘市质监局等多个单位的支持和帮助，使课题组得以充分了解我国产品质量监管现状，发现监管存在问题并能够提出切实可行的监管对策。

在国家社科基金项目支持下，课题组四年来共发表学术论文 24 篇，其中 CSSCI 论文 21 篇，被下载 8000 多次，被重要期刊引用 500 多次。另外，在项目支持下，课题组成员分别于 2014 年 10 月参加了第六届中国质量学术与创新论坛、2015 年 4 月参加了全国质量技术奖励大会暨第十二届全国六西格玛大会、2015 年 8 月参加了第十七届中国管理科学学术年会、2016 年 5 月参加了第六届运营管理前沿国际研讨会、2016 年 5 月参加了美国密尔沃基举办的世界质量改进大会国际会议。通过参加国内与国际学术会议不仅能够密切结合区域产品质量监管研究的焦点问题，深入了解当前我国制造业企业质量管理现状，全面掌握国外产品质量监管的法律、制度和机构等情况，而且能够更加广泛地交流课题研究成果，完善课题研究内容，提高课题组的学术研究水平。

该书是以我国产品质量监管存在的现实问题为背景，在研究内容和研究方法上，对区域产品质量监管问题进行了较为深入的分析和探索。课题初稿成书于 2016 年 6 月，经国家社科规划办组织专家初审和复审，几经修订完善，于 2017 年 12 月定稿。书中所涉机构、部门和单位名称及公开的数据资料均以当时情况为准。课题于 2018 年 10 月正式批准结项，鉴定结果为优秀。付梓之时，由于机构改革和经济形势的发展，书中有些观点和建议难免有过时之虞，且由于研究能力和时间所限，还存在许多不足和缺陷之处，敬请同行专家批评指正，以使我们在今后的研究过程中不断改进与提高。

　　该书能够出版，得益于国家社科规划办的有力资助，得益于人民出版社的大力支持，得益于山东师范大学质量研究中心专业的学术平台，得益于吴焰东副主任事无巨细的辛劳，得益于同仁和同学们的共同努力，谨此致以衷心的感谢！

作　者
2018 年 12 月于济南

责任编辑:吴焰东

封面设计:胡欣欣

图书在版编目(CIP)数据

我国区域产品质量影响因素分析及监管对策研究/于涛,朱立龙,刘长玉
　著.—北京:人民出版社,2019.12
ISBN 978－7－01－020967－8

Ⅰ.①我…　Ⅱ.①于…　②朱…　③刘…　Ⅲ.①区域-产品质量-影响因素-
因素分析-中国 ②区域-产品质量-监管制度-研究-中国　Ⅳ.①F279.23

中国版本图书馆 CIP 数据核字(2019)第 122597 号

我国区域产品质量影响因素分析及监管对策研究
WOGUO QUYU CHANPIN ZHILIANG YINGXIANG YINSU
FENXI JI JIANGUAN DUICE YANJIU

于　涛　朱立龙　刘长玉　著

人民出版社 出版发行
(100706　北京市东城区隆福寺街 99 号)

北京中科印刷有限公司印刷　新华书店经销

2019 年 12 月第 1 版　2019 年 12 月北京第 1 次印刷
开本:710 毫米×1000 毫米 1/16　印张:24.25
字数:330 千字

ISBN 978－7－01－020967－8　定价:98.00 元

邮购地址 100706　北京市东城区隆福寺街 99 号
人民东方图书销售中心　电话 (010)65250042　65289539